经济日报记者丛书

能 源 广 角

王轶辰 ◎ 著

经济日报出版社
北 京

图书在版编目（CIP）数据

能源广角 / 王轶辰著. -- 北京：经济日报出版社，
2024.7
ISBN 978-7-5196-1479-9

Ⅰ．①能… Ⅱ．①王… Ⅲ．①能源经济－文集 Ⅳ．
①F407.2-53

中国国家版本馆CIP数据核字(2024)第081497号

能源广角
NENGYUAN GUANGJIAO

王轶辰　著

出　　　版：	经济日报出版社	
地　　　址：	北京市西城区白纸坊东街2号院6号楼710（邮编100054）	
经　　　销：	全国新华书店	
印　　　刷：	北京文昌阁彩色印刷有限责任公司	
开　　　本：	710毫米×1000毫米　1/16	
印　　　张：	20.25	
字　　　数：	254千字	
版　　　次：	2024年7月第1版	
印　　　次：	2024年7月第1次印刷	
定　　　价：	58.00元	

本社网址：edpbook.com.cn，微信公众号：经济日报出版社
未经许可，不得以任何方式复制或抄袭本书的部分或全部内容，**版权所有，侵权必究。**
本社法律顾问：北京天驰君泰律师事务所，张杰律师举报信箱：zhangjie@tiantailaw.com
举报电话：010－63567684

本书如有印装质量问题，请与本社总编室联系，联系电话：010－63567684

做党和人民信赖的合格新闻工作者

"做党的政策主张的传播者、时代风云的记录者、社会进步的推动者、公平正义的守望者。"这是习近平总书记在党的新闻舆论工作座谈会上,对广大新闻舆论工作者提出的明确要求和殷切期望。

经济日报创刊40年来,在风云激荡中引领思想,在众声喧哗中回应民意,忠实记录了中国改革开放波澜壮阔的光辉历程,见证了经济跨越、社会进步和国家富强,谱写出无愧于时代的华彩篇章。

与时代同步、与人民同行。40年来,经济日报涌现出一大批优秀的党的新闻工作者,他们不忘初心、牢记使命,坚持正确的政治方向、舆论导向、新闻志向和工作取向,在弘扬传统中持续深化改革创新,在改进报道中不断讲好中国故事。

人才是事业发展的根本保证,提升新闻传播力、引导力、影响力、公信力,离不开一支高素质的新闻人才队伍。多年来,经济日报社高度重视人才队伍建设,不断创新人才培养方式方法,持之以恒地为记者成长成才提供平台、创造空间。

近两年，我们为12名青年记者同时开设个人言论专栏，是一次成功的探索和尝试，这在中央党报乃至整个中国新闻界都是不多见的。我们遴选的这批记者拥有多年跑口经验，既具备研究素养，又有大众化传播才华，陆续开设《每周经济观察》《国际经济观察》《忠阳车评》《三农瞭望》《粮食大事》《市场监管》《香江观察》《财金视野》《科创之声》《房地产周评》《能源广角》《文体市场面面观》等12个固定评论专栏。这些专栏具有个人风格和专业特色，其针对社会现象和舆论热点的立场表达，是对编辑部文章、社论、评论员文章等重要评论的补充和延伸，满足了不同类型读者的阅读需求，对于放大主流观点、凸显经济特色起到了独特作用。

目前，经济日报已构建起由编辑部文章、评论员文章、一版"金观平"文章、12名青年记者个人专栏、时评版，以及"头条热评"等组成的评论传播矩阵，"评论立报"的格局初步形成，并与"调研兴报""理论强报""开门办报"一起，成为推动经济日报高质量发展的工作重点。

媒体融合发展时代，在新闻越来越难以实现"独家"的前提下，立论就是立报之本，要以权威观点、独到视角和理性分析获得优势、占据主导。实践证明，无论媒体生态如何变化，无论传播方式如何迭代，一篇有思想、有温度又兼具良好阅读体验的评论文章，一个集"颜值""言值"和"研值"于一体的评论专栏，其本身就是闪光、有力且自带流量的。

一批评论专栏能赢得受众、成为品牌，是与专栏记者的努力分不开的，是与同志们悉心培养、全力推动分不开的。

在我看来，尊重才华，尊重个性，给年轻同志开专栏，既是提高报纸质量的重要方式和有力举措，也是培养优秀新闻人才队伍的重要方法和有效途径。报社成就着记者，记者也在成就着报社，二者是共生共荣、一同成长的发展共同体。

总体看，12个个人专栏评论时效性强、热点抓得准，兼具了高度、深度和广度等特点，但也要看到，因为多种因素制约，这些专栏文章还存在不足。差距是潜力也是动力，青年记者要继续在实践中增强"四力"，既要掌握好信息的第一发布权，也要掌握好第一解释权，守好新闻舆论阵地，引导好社会预期。

以笔为犁千秋业，只在承前启后中。习近平总书记指出，"我们这一代人，继承了前人的事业，进行着今天的奋斗，更要开辟明天的道路"。在新时代新征程上，唯有踔厉奋发、笃行不怠，方能成为一名党和人民信赖的合格新闻工作者。

（作者系经济日报社社长兼总编辑）

目 录
Contents

风光大基地更风光　/ 1

确保能源安全关键在保供　/ 4

"双 11"别拿低碳当噱头　/ 7

不必过度担心今冬能源供应　/ 10

风电下乡能否"转"出高效益　/ 13

核能供暖小试"牛刀"　/ 16

10 亿千瓦可再生能源装机意味着什么　/ 19

从减碳源头拧紧节能"阀门"　/ 22

莫让新基建变成"吃电"大户　/ 25

别让屋顶光伏"馅饼"变"陷阱"　/ 28

突破核电技术发展瓶颈　/ 31

欧洲能源危机带来的启示　/ 34

煤价不具备大幅上涨基础　/ 37

农村能源转型迫在眉睫 / 40

元宇宙能过"能源关"吗 / 43

北京冬奥为能源转型加速 / 46

警惕国际油价飙涨风险 / 49

核电"蓄能"正当时 / 52

加快推进油气储备体系建设 / 55

能源转型要先立后破 / 58

更高质量保障能源安全 / 61

煤炭清洁高效利用是根本出路 / 64

发展氢能产业须警惕三大倾向 / 67

化石能源如何实现零碳 / 70

新型储能应坚持"两个多元化" / 73

下决心打通能源市场"梗阻" / 76

哄抬煤炭价格必须严打 / 79

煤电大规模退役不现实 / 82

油气增储上产不可松懈 / 85

保供并不意味放弃降碳承诺 / 88

啃下民航碳排放"硬骨头" / 91

防止拉闸限电现象再发生 / 94

发挥好能源投资乘数效应 / 97

煤炭保供力度不能松 / 100

油价每升超 10 元意味着什么 / 103

新能源不是 20 年前的房地产 / 106

不要误读油价调控政策 / 109

虚拟电厂意在推动能源绿色转型 / 112

飞机喝"地沟油"顺应减排 / 115

积极安全有序发展核电 / 118

谨防"弃风弃光"大规模反弹 / 121

能源安全必须立足国内为主 / 124

理性看待居民电费攀升 / 127

电力装机创新高为啥还缺电 / 130

谨防光伏行业大起大落 / 133

保障能源安全离不开国际合作 / 136

补齐天然气储气设施短板 / 139

确保核电安全万无一失 / 142

科学理性看待煤化工 / 145

夯实煤炭增产保供安全基础 / 148

别让热泵"冷"下来 / 151

能源转型是一场高科技竞争 / 154

原料用能"松绑"释放哪些信号 / 157

清洁能源加入今冬供暖菜单 / 160

给"绿电"消费发放通行证 / 163

风电登顶还差"临门一脚" / 166

扩大中俄能源合作有何深意 / 169

"后院"的煤矿挖不得 / 172

"人造太阳"商业化之路仍很漫长 / 175

世界最大清洁能源走廊有多强 / 178

别让能源绿洲成为海市蜃楼 / 181

油品升级不等于油价上涨 / 184

警惕家里的"电费刺客" / 187

用电结构优化折射经济向好 / 190

解锁海洋能源这个宝藏 / 193

加快推进天然气市场价格机制改革 / 196

地热能有望"热"起来 / 199

特高压建设提速箭在弦上 / 202

煤炭消费占比微升并非开倒车 / 205

不可轻视数据中心高能耗问题 / 208

全球能源安全的"断裂"与"缝合" / 211

可再生能源装机超煤电意味着什么 / 214

沙特阿美牵手我国石化企业 / 217

煤电核准量增加推动产能升级 / 220

新型储能要走市场化之路 / 223

光热发电迎来规模化良机 / 226

着力破解绿氢输送难题 / 229

电光锂"新三样"走红背后 / 232

负电价有望带来正效益 / 235

确保抽水蓄能电站建设不掉队 / 238

理性看待火电热 / 241

水电角色将发生重大变化 / 244

光伏产业面临洗牌 / 247

水库大坝安全不容忽视 / 250

"获得电力"考量营商环境 / 253

风电升级激活存量市场 / 256

关注电力央企分拆上市 / 259

煤炭老矿区如何获新生 / 262

迎峰度夏需求侧须多下功夫 / 265

多举措化解充电桩涨价 / 268

电表升级向精准"碳计量"转变 / 271

持续提升地热能发电水平 / 274

挖掘存量电网输送潜力 / 277

核电站临海不是为方便排污 /280

废弃盐穴变身"空气充电宝" /283

让退役新能源设施再显"风光" /286

电费岂容随意加价 /289

天然气发电为什么受青睐 /292

合理消纳新能源避免浪费 /295

多举措破解假日汽车充电难 /298

数字化助能源系统减重增智 /301

"氢舟"待过万重山 /304

煤炭真的是夕阳产业吗 /307

后　记 /310

风光大基地更风光

10月12日举行的《生物多样性公约》第十五次缔约方大会领导人峰会上，我国提出将大力发展可再生能源，在沙漠、戈壁、荒漠地区加快规划建设大型风电光伏基地项目。适时启动风光大基地项目，在给新能源行业注入新动力的同时，也彰显我国大力推进碳中和、促进人类可持续发展的信心和担当。

"双碳"目标提出以来，我国密集出台了一系列扶持政策，以风电、光伏为代表的新能源产业取得了飞速发展。为何现阶段要加快建设风光大基地？首要原因是新能源建设规模仍无法满足能源转型对清洁能源的巨大需求。近段时间各地出现"拉闸限电"，原因之一也是新能源供给不足。受硅料、硅片、光伏玻璃等上游材料价格快速上涨影响，今年上半年，我国光伏新增装机速度大幅放缓。据中国光伏行业协会年初预测，2021年国内光伏全年新增装机数量为6000万千瓦左右，而根据国家能源局数据显示，今年前9个月光伏投产仅2200万千瓦，实际装机进度与预期有较大差距。

受能源革命和经济复苏不均衡影响，全球主要发达国家都陷入能源短缺状态。国际能源署近日发布《2021全球能源展望》报告称，全球清洁能源转变进展"过慢"，无法按时完成气候变化相关承诺，其中也隐藏着更大的能源价格波动风险。因此，国际能源署呼吁各国加大对清洁能源转变的投资。

加快发展风光大基地项目，正是要推动新能源建设提速。我国地域辽阔、风光资源富集，相较于零敲碎打的分布式新能源建设，基地化、规模化建设风光大基地更利于短期放量，将成为未来一段时期重要的新能源开发方向。近日，第一期装机容量约1亿千瓦的大型风电光伏基地项目已有序开工，仅以此规模计算，便相当于新建5个三峡水电站。且从实施情况看，近期风光大基地项目推进节奏明显加快。据不完全统计，9月份有多个基地招标优选，共披露2000万千瓦招标规模。目前已招标的基地大多要求年内甚至更早开工，2023年底前并网，成为明后年新增装机主力。

加快发展风光大基地项目，还可进一步摊薄新能源建设投资成本。随着风电、光伏逐步迈入平价时代，规模效应在项目开发中的价值日益凸显。加快发展风光大基地项目不仅可以降低建设和设备采购成本，在现有跨省区通道送端地区建设风光大基地项目，亦可充分利用剩余输电通道空间，提高通道利用率，降低平均输电成本，实现大范围资源优化配置。同时，在新能源进入主力电源替换阶段下，大基地内不同类型电源之间还可实现技术互补，保障电网安全。

此轮风光大基地项目建设地点首次锁定沙漠、戈壁、荒漠地区，区域意义重大。相较火电、核电而言，由于发电效率更低，同样装机规模的电站，风电光伏通常需要占用更多土地。沙漠、戈壁、荒漠地区不仅风能、太阳能资源丰富，还可为项目建设提供大量土地资源。此举或将解决我国远期新能源建设用地不足以及资源开发不充分等问题。此外，还能够促投资、稳增长，带动西部地区产业发展，助力乡村振兴，改善当地生态环境和人居环境。

风光大基地将成为下一阶段新能源建设的主力模式，项目建设务必警惕大而无当。大的前提是高质量发展，项目建设要选择更先进的技术、更高效的组件、更稳定耐用的产品，让滥竽充数者无空可钻。当然，由于外送能力等限制，"十四五"期间新能源增量光靠风光大基地项目依然不足，还需要分布式电源、微电网等共同支撑发展。未来，中国新能源须坚持大基地和分布式建设并举，两条腿走路才能行稳致远。

（刊发于 2021 年 10 月 22 日产经版）

确保能源安全关键在保供

近期电、煤、油、气市场波动频频，能源短缺"全家桶"在全球传导，给世界经济持续稳定发展蒙上阴影。随着我国冬季供暖时间临近，能源保供成为焦点。在世界经济艰难复苏大背景下，各国比以往任何时候都更关注能源安全，中国也不例外。近日，习近平总书记在胜利油田考察时指出，石油能源建设对我们国家意义重大，中国作为制造业大国，要发展实体经济，能源的饭碗必须端在自己手里。

确保能源安全有多重要？有史为鉴。1973 年到 1990 年短短 17 年间，全球接连发生了 3 次石油危机。油价暴涨带给经济的严重冲击让人们记忆犹新。

对于我国而言，能源安全矛盾也突出体现在油气安全上。数据显示，2019 年我国原油进口量 5.06 亿吨，同比增长 9.5%，石油对外依存度达 70.8%；天然气进口量 9660 万立方米，同比增长 6.9%，对外依存度达 43%。我国仍是发展中国家，发展是解决一切问题的基础和关键。随着我国工业化、城镇化深入推进，油气对外依存度还有继续上升的趋势。

能源安全事关发展安全、国家安全，是关系国家经济社会发展的全局性、战略性问题，对国家繁荣发展、人民生活改善、社会长治久安至关重要。未来，必须要在保障能源安全的前提下，推动碳中和进程，实现高质量发展。"十四五"规划和2035年远景目标纲要首次将"能源综合生产能力"纳入安全保障类指标。此前召开的国家能源委员会会议指出，供给短缺是最大的能源不安全，必须以保障安全为前提构建现代能源体系，着力提高能源自主供给能力。

提高能源自主供给能力，要稳住煤炭这个基本盘。煤炭是我国的基础能源，富煤、少气、贫油的能源结构较难改变。在充分发挥煤炭在能源系统中"压舱石"作用的同时，要做到"吃粗粮干细活"，大力推进煤炭清洁高效利用，发展现代煤化工，优化煤炭产能布局。根据发展需要合理建设先进煤电，继续有序淘汰落后煤电，最大限度减少煤炭资源开发对生态环境的不利影响。

提高能源自主供给能力，要用好可再生能源这支生力军。我国可再生能源资源丰富，已开发的可再生能源包括水电、风电、光伏、生物质能等，目前都不到技术可开发量的1/10，潜力巨大，且没有对外依存问题。要站在"双碳"目标和能源安全的战略高度，优先发展可再生能源，创造条件提升可再生能源装机规模，并加大电力输送通道和调峰电源建设，保障可再生能源消纳与电网安全。

提高能源自主供给能力，要补好油气产能短板。目前我国能源消费强度较高，随着经济规模扩大，油气对外依存度将进一步提高。要充分推动国内石油、天然气增储上产。充分利用市场化手段，调动油气上游投资积极性，加大国内油气勘探开发，积极发展页岩气、煤层气等，加强油气储备能力建设，减少对外依存度上升的压力。

提高能源自主供给能力，要"开源"更要"节流"。我国能源利用效率仍然较低，单位GDP能耗是主要发达国家的2倍至4倍。提升能源利用效率，要通过合理的能耗"双控"和价格机制，促进节能减排和产业结构调整。同时，推广节能设备和技术，提升能源数字化智能化水平，寻求能效最优解。

只有咬定能源供给不放松，才能有效保障能源安全，将能源安全牢牢控制在自己手上。

（刊发于 2021 年 10 月 28 日产经版）

"双11"别拿低碳当噱头

今年的"双11"有了绿色视角。与以往企业对销售数据增长的痴迷不同,今年"双11"平台企业集体打出"低碳牌"、强调社会责任,这到底是玩噱头还是来真的?

10月27日,天猫"双11"正式上线绿色会场。这是天猫"双11"举办13年以来,首个以"绿色、低碳"为主题的购物会场。同日,苏宁易购发布"低碳消费力"战报,"双11"启动首周,苏宁易购门店以旧换新业务咨询量增长超300%,订单量同比提升153%。京东则启用新能源物流车替换传统燃油厢式货车,以分布式光伏发电模式探索零碳仓储路径。

能效是判断能源系统优劣的重要标志,是连通社会能源系统与社会经济系统的桥梁。过去,我们更多将节能减排注意力放在钢铁、水泥等高能耗行业上,对于互联网科技企业的能耗问题关注甚少。随着数字经济快速跃进,互联网科技企业在大幅降低生产生活成本的同时,却成为耗能大户。

互联网科技企业碳排放主要来自电力使用,数据中心、云计算中心等大型互联网基础设施的电力使用是主要能耗。在大数据、云计算、物联网时代,全球信息数据总量呈现爆炸式增长,信息基础设施的电力需求还会不断攀升。据华北电力大学预测,到2035年,中国数据中心和5G总用电量将为2020年的2.5~3倍，达6951亿~7820亿千瓦时，占中国全社会用电量的5%~7%；同时，2035年两者的碳排放总量将达2.3亿~3.1亿吨，占中国碳排放量的2%~4%，相当于目前两个北京市的二氧化碳排放量。

互联网科技行业的脱碳发展无疑是中国实现碳中和的重要一环。相对于电力、钢铁、交通等行业已经较为清晰的减碳路径，互联网科技企业日益增长的能源需求与碳排放量将成为碳中和道路上的重大挑战，影响中国能源转型进程。从这个意义上说，"双11"已不仅是一个数亿网民参与的巨大消费场，更是一个互联网科技企业的减碳试验场。

数字基础设施具有很强的低碳转型潜力。互联网科技企业亟须抓住低碳发展机遇，尽快启动碳中和规划，制定脱碳路线图和时间表。采用清洁的可再生能源是企业迈向碳中和的重要手段之一。企业应根据自身发展需求，以多种方式应用可再生能源。应充分发挥技术与产业模式的创新潜能，研发能耗更低的硬件设施，并通过算力共享，提升资源统一调度效率，让单位算力效率和价值最大化，以实际行动助力碳中和。

碳中和是国家主张，要依靠企业和个人行动。任何一种能源转型路径都离不开群体的力量，加入的群体越多，实现能源转型的速度才能越快。除了推动自身低碳化进程，大型互联网平台一头连着生产销售厂商，一头连着广大消费者，具备推动全产业链低碳发展以及全民低碳消费的天然优势，互联网科技企业理应引导商家低碳生产、节能减排，并将节能意识传递给消费者，倡导绿色低碳生活方式。

对于互联网科技企业而言，"双碳"不只是一种责任，更是高质量发展的机遇。"双碳"浪潮下，ESG（环境、社会与治理）投资已成为全球共识性的投资理念。企业在追求经济效益的同时，越来越需要对环境治理作出积极贡献。全面使用可再生能源、践行低碳发展理念，不仅有助于企业提升市场竞争力、推动可持续发展，也是企业抵御长期经营风险的重要选择。

（刊发于2021年11月4日产经版）

不必过度担心今冬能源供应

一面是全国性寒潮带来的"断崖式"降温，一面是煤炭期货价格短期触底之后出现小幅反弹，两相叠加再次引发社会对冬季能源供应的担忧。不少人认为，冬春两季是能源消费高峰，能源供应能否稳定在预期水平尚存不确定性，加之受极端天气等因素影响，冬季能源保障可能会面临较大挑战。

这种担心不无道理。去年冬季受几次寒潮影响，多个省份电网负荷创历史新高，湖南、江西等地出现电力吃紧的情况。今年冬季北方气温较常年同期偏低，受经济稳定增长、取暖用电快速增加等因素影响，预计全国最高用电负荷将逐步攀升，有可能超过今年夏季和去年冬季峰值。有分析认为，燃料供应保障和气候情况是影响今冬电力供需形势主要的不确定性因素，若全国电力燃料供应持续紧张或出现长时段大范围寒潮天气，将导致多地电力供应偏紧，部分省级电网可能呈现不同程度的紧张态势。

其实没有必要对用电压力过度紧张。此前一些地区出现"拉闸限电"情况，表象是电力不足，深层是煤炭短缺。一般而言，7天是电厂存煤可用天数的底线，12天是正常水平。经过努力，电厂存煤已达到常年正常水平。据监测，11月5日，全国统调电厂存煤1.16亿吨，可用天数20天。其中，黑龙江、吉林、辽宁3省统调电厂存煤可用32天，湖北、湖南、江西等地区电厂存煤可用25天。这意味着目前电厂存煤远高于安全水平。

电厂存煤能否持续稳定在安全水平之上关键在煤炭供应。产量上，随着煤矿核增产能释放、建设煤矿逐步投产、临时停产煤矿复产，10月份以来煤炭产量持续保持增长态势，最高日产量达1193万吨，创近年新高。运输上，电煤铁路装车保持在6万车以上历史高位，11月份以来电煤装车同比增长超过35%。受此影响，电厂供煤持续大于耗煤，存煤快速增加，已回到往年同期高位。随着煤炭产量继续增加，存煤提升还将进一步加快。

电力足不足取决于电厂给不给"力"。发电出力是行业术语，指发电厂的输出功率。动力煤作为火电供应的重要燃料，今年以来价格一路上涨，电厂"越发越亏"，导致一些电厂出工不出"力"，高峰时有接近3亿千瓦的煤电机组无法正常出力。在发电装机充裕情况下，人为造成电力供给不足。随着近期煤炭期现货价格大幅回落，加上发电供热企业煤源全面落实，中长期合同签订率基本实现全覆盖，电厂出力无后顾之忧。考虑到今冬全国电力总装机将达24亿千瓦左右，顶峰发电能力可超12亿千瓦，全国最大发电能力完全能够保障最高用电负荷需求。

今年以来国际天然气价格暴涨，达到历史高位，天然气也成为今冬能源保供重点。截至目前，我国已落实供暖季天然气保供资源量1700多亿立方米，同比增幅超两成。从储备情况看，各大地下储气库已基本完成注气，形成储气量270亿立方米以上。在价格方面，由于很多企业提前签订了天然气中长期合同，加之中央企业保油气供应的主动担当，虽然国际市场LNG（液化天然气）现货到岸价格一度高达每立方米9元左右，但各地门站价普遍在每立方米2元以下，国际天然气价格上涨影响可控。这些举措表明，我国有资源、有条件、有能力保障人民群众温暖过冬。

当然，我们在放宽心的同时，也要时刻警惕可能出现的突发情况。入冬之后，能源需求会因即时天气变化短时大幅增长，发电侧光伏和风电也可能因天气原因无法出力。各有关部门和地区还需研究能源保供与弹性生产办法，以满足市场需求季节性变化特征。要制定雨雪冰冻天气影响运输时的电力调度、电煤互济预案，必要时针对库存告急、铁路运输受限电厂开通汽运绿色通道。同时，地方和企业要坚持民生优先，科学制订有序用能方案，坚决做到"限电不拉闸""限电不限民用"，确保能源供应平稳运行。

（刊发于2021年11月11日产经版）

风电下乡能否"转"出高效益

光伏电站整县推进在全国多点开花之时,风电行业也打起"下乡"的主意。在不久前召开的北京国际风能大会上,118个城市与600多家风电企业共同发起风电伙伴行动·零碳城市富美乡村计划,提出"十四五"期间在全国100个县5000个村安装1万台风机,为5000个村集体带来稳定持久收益。与光伏不同,动辄上千万元一台的风机想要立在村集体的土地上并不是件容易的事。"风电下乡"究竟是概念炒作,还是真能"转"出高效益?

乡村利用风能早有先例,而且远比光伏历史悠久。工业革命以前,农业生产就得益于风车的广泛应用,大幅提升了产能和效率。全球最大的风机公司之一维斯塔斯,创始之初就是一家农机设备公司。如今,随着低风速风电技术取得突破,我国大部分乡村地区,尤其是中、东、南低风速资源区域已具备开发条件,可供开发的资源潜力约14亿千瓦,而目前利用率不足1/10。

风机在乡村能不能"种"下去,关键要看"收成"好不好。从经济性上看,风电已具备成为乡村振兴主体能源之一的条件。以风速较低的河南省为例,据中国可再生能源学会风能专业委员会测算,安装2台5兆瓦机组的工程总承包成本每千瓦不到6000元,保守计算年发电量超2500万千瓦时。根据当地每千瓦时0.3779元的上网电价计算，年均净利润超300万元。风电开发企业在保证合理收益水平前提下，拿出一部分利润与村集体分享，每年可为村集体提供15万元至20万元固定收入。同时，风电产业链长、带动力强，有利于提升就业。相比之下，2019年全国近一半村集体收入低于5万元，风电下乡能够快速提高村集体经济收入水平。

风电下乡可避免与人争地的问题。当前一个风机机位占地仅100平方米，在农村安装风电机组可利用田间地头，不会影响农业生产。据初步测算，农村有大量零散未利用土地，扣除城乡建设用地、基本农田、生态保护区、蓄滞洪区等不可建设区域，还有巨大的建设潜力空间。风电下乡不仅可以满足未来乡村新增电力需求，而且能促进乡村能源结构优化转型，为乡村振兴提供动力支撑。

风电下乡还可消除风电产业"成长的烦恼"。2.97亿千瓦、2.78亿千瓦，这分别是截至今年9月全国风电和光伏发电的累计装机量。6年前，这一数据分别是1.29亿千瓦和4318万千瓦。随着装机增速连年放缓，原本具有先发优势的风电产业正面临被光伏产业反超的局面。乡村地区堪称风电产业"希望的田野"。

不过，风电下乡要实现预期效果，还需考虑生态环保、电网接入、土地征用以及安全运行等问题。一增一减，能够看出有关部门对风电下乡的审慎态度。

不同于分布式光伏布置可以见缝插针、灵活多样，分散式风机个头高、噪声大、技术复杂，需要前期科学选址，既要平衡好综合收益，也要避免触碰农村用地红线，一旦出现工程质量问题还可能威胁到人民群众生命财产安全。再者，乡村是生物多样性最重要的保留地，是生态保护的重点地区。在乡村地区大量建设风电设施，可能会对某些生态系统造成不良影响。

风电下乡以什么方式推进，要发展到何种程度，还需要有关部门多方论证、科学施策，确保风电在乡村"转"出高效益。

（刊发于 2021 年 11 月 18 日产经版）

核能供暖小试"牛刀"

不知不觉中,核能供暖悄然走进我们的生活。11月9日,国家能源核能供热商用示范工程二期450万平方米项目在山东海阳投运,供暖面积覆盖海阳全城区,惠及20万居民,海阳成为全国首个"零碳"供暖城市。同时,海阳居民住宅取暖费每建筑平方米较往年下调1元。

在给老百姓带来温暖实惠的同时,核能供暖是否有安全风险?在我国能否大范围推广?这些问题引人关注。

从安全性角度看,核能供暖是完全有保障的。谈起"核",人们关心的首要问题便是安全。其实,核能供暖和煤电厂供暖原理相同,都是电厂余热利用。主要是从核电机组二回路抽取蒸汽作为热源,通过厂内换热首站、厂外供热企业换热站进行多级换热,最后经市政供热管网将热量传递至最终用户。核电站与供暖用户间有多道回路进行隔离,供暖方、采暖方之间只有热量交换,不存在其他任何介质传输。好比大家熟悉的"自热小火锅",下面是加热层,上面是食物层,中间经过物理隔绝,下面的加热材料仅仅发挥加热作用,不会与上面的食材接触,更不会跑到锅里去。

核能供暖并不新鲜。从国内外核能供暖的实践看,核能供暖安全性、可靠性已得到了证明。早在20世纪70年代,俄罗斯、保加利亚、瑞士、罗马尼亚等国就研发建造了不少核能供热系统,作为区域集中供热或工业供热热源,积累了丰富的运行经验。如果按照每单位电力造成的死亡人数计算,核能危险性远低于煤炭、石油、生物质能和天然气。

发展核能供暖很有必要。数据显示,我国冬季供暖面积以年均约10%的增速增长,截至2019年底,全国集中供热面积达110亿平方米。北方城镇供暖能耗为1.91亿吨标准煤,约占建筑总能耗的1/4。北方供暖需求增长快,但热源在减少,需要大力发展包括核能供暖在内的清洁能源供暖。核电机组热效率高且无碳排放,专家测算,利用沿海核电余热,可满足沿海至腹地200公里至300公里范围内、近70亿平方米建筑冬季供热需求,约占我国北方城镇未来供热建筑总量的1/3。

为达成"双碳"目标,未来我国需要建立近零排放能源体系,对余电制氢、清洁供暖、清洁工业供汽等技术提出了更多要求。考虑到新能源短期无法为能源系统提供充足可控容量,核能将成为低碳能源供给的重要补充。目前,我国核电的"单一供电"模式无法适应新的能源体系。"十四五"规划和2035年远景目标纲要提出,开展山东海阳等核能综合利用示范,为我国核能产业发展开辟了新赛道。下一步,核能将扮演核能制氢、核能供汽、核能供暖、海水淡化等多种角色。此外,多联供的核能系统还可通过调节不同能源品种产量实现电力调峰。

核能是一个极有前景的领域,如果商用快速核反应堆和热核聚变实验堆计划得以实现,世界能源供给可能将不受限制。当前,人们对核能应用还缺乏足够的了解,这在某种程度上限制了核能的发展,延缓了先进核能成果商业化步伐。实践是最好的科普,相对于核电，核能综合利用拉近了核能与老百姓的距离，有利于切实打破"邻避效应"，助推核能产业加速发展。

如何既确保安全，又在经济性上具有竞争力，是摆在核能开发面前的巨大挑战。要解决这个矛盾，只能通过技术创新取得发展。各科研机构和企业要携手并进，在核燃料、核材料、核控制技术方面加强研发和技术成果转化，充分利用先进数字技术提高核能运行安全性、系统设备可靠性以及核能经济性。加强核电厂址保护、为产业发展预留空间的同时，也要随着安全技术进一步提升优化厂址选取条件，拓宽发展空间。

核能供热小试"牛刀"，家更暖了、天更蓝了、价更低了，获得人们广泛好评。在我国，核能不是要不要发展的问题，而是如何安全利用、物尽其用的问题，发展核能大有可为。

（刊发于2021年11月25日产经版）

10 亿千瓦可再生能源装机意味着什么

清洁电力时代正加速到来。据行业统计，截至 2021 年 10 月，我国可再生能源发电累计装机容量突破 10 亿千瓦，占全国发电总装机容量比重达 43.5%。其中，水电、风电、太阳能发电和生物质发电装机均持续保持世界第一。人们不禁要问：为何装机创历史新高我国还会缺电？

回答问题前，先要弄明白 10 亿千瓦装机是什么概念。跟国内比，世界最大水电站三峡电站总装机容量 2250 万千瓦，10 亿千瓦可再生能源装机相当于新建 45 座三峡水电站。跟国外比，以世界第一大经济体美国为例，其所有煤电、气电、可再生能源发电加起来不足 12 亿千瓦，我国仅可再生能源装机容量就接近美国发电装机总容量。单纯从装机数字来看，这个世界第一名副其实。

这个第一背后还隐藏着更多内容。10 亿千瓦可再生能源装机意味着，我国保障能源安全更有底气。今年以来，电、煤、油、气市场波动频频，不少人真实感受到能源短缺的威胁。对我国而言，能源安全矛盾突出体现在油、气安全上，2020 年我国石油、天然气对外依存度分别攀升至 73% 和 43%。而我国每平方米可再生能源潜力要远高于世界上大多数国家，当前已开发的可再生能源不到技术可开发量的 1/10，潜力巨大，且没有对外依存问题。

能源广角

随着能源清洁低碳转型深入推进，我国将逐步摆脱对煤炭、石油等化石能源的依赖。据研究机构测算，到2060年，我国非化石能源消费占比将由目前的16%左右提升到80%以上，非化石能源发电量占比将由目前的34%左右提高到90%以上，建成以非化石能源为主体、安全可持续的能源供应体系，将实现能源本质安全。

10亿千瓦可再生能源装机意味着能源绿色低碳转型更有底气。雾霾少了、天更蓝了，这是老百姓近年来的真切感受，这方面可再生能源功不可没。可再生能源既不排放污染物、也不排放温室气体，是天然的绿色能源。2020年，我国可再生能源开发利用规模达到6.8亿吨标准煤，相当于替代煤炭近10亿吨，减少二氧化碳、二氧化硫、氮氧化物排放量分别约达17.9亿吨、86.4万吨与79.8万吨，为打好大气污染防治攻坚战提供了坚强保障。

10亿千瓦可再生能源装机意味着中国将引领世界可再生能源的发展。截至2020年底，我国可再生能源累计装机占全球可再生能源总装机规模的1/3，成为全球可再生能源开发利用的中坚力量，有力促进了风电、光伏等新能源技术快速进步、成本大幅下降，加速了全球能源绿色转型进程。

既然装机屡创新高，"拉闸限电"为何还会上演？事实上，很多人对能源转型速度的认识仍存在误区，对能源转型的量化通常仅根据新增装机容量规模，忽略了可再生能源的实际产出。由于发电可利用小时数远低于燃煤机组经济运行小时数，可再生能源装机容量占比尽管超过40%，但是发电量占比不足总发电量的30%。尤其是装机增速更快的风电和光伏，装机容量占比接近25%，但发电量占比不足10%。再加上光照、来风、来水等情况还要"靠天吃饭"，可再生能源的不稳定性导致其目前在能源体系中尚难担当中流砥柱。

未来，随着智能电网、大规模储能技术进步，可再生能源将不再"听天由命"。

为实现"双碳"目标，达成对国际社会的庄严承诺，下一步我国还要制定更加积极的新能源发展目标。大力推动可再生能源大规模、高比例、高质量、市场化发展，着力提升新能源消纳和存储能力，积极构建以新能源为主体的新型电力系统，健全完善有利于全社会共同开发利用可再生能源的体制机制和政策体系，有力推动可再生能源从补充能源向主体能源转变，为构建清洁低碳、安全高效的能源体系提供坚强保障。

（刊发于2021年12月2日产经版）

从减碳源头拧紧节能"阀门"

12月1日,全国规模最大既有居住建筑节能改造项目——太原既有居住建筑节能改造一期项目全部完工。困扰当地多年的墙体透寒、不节能、室内温度不达标等一系列问题得到彻底改变,30余万居民住上冬暖夏凉的节能房。今年以来,"节能"已成不少地区、行业推动"双碳"工作的关键词。

不久前,中共中央、国务院印发《关于完整准确全面贯彻新发展理念做好碳达峰碳中和工作的意见》强调,把节约能源资源放在首位,实行全面节约战略,持续降低单位产出能源资源消耗和碳排放,提高投入产出效率,倡导简约适度、绿色低碳生活方式,从源头和入口形成有效的碳排放控制阀门。

为何把节约能源资源放在如此重要的位置?要实现碳中和,在能源消费端要做到开源节流:"开源"主要是提高清洁能源供给水平,"节流"则是降低能源消耗,其实节能才是能源消费革命的核心。

这背后主要有三个原因:其一,我国能源消费总量大,且仍在不断增长,能源供给存在压力,要从需求侧进行调节。目前我国能源消费总量在49.8亿吨标准煤左右,如按现有能效水平,2060年该数字将突破100亿吨。

其二,清洁的新型能源对既有能源系统的渗透速率无法满足快速增长的能源消费需求。能源替代是一个漫长过程,25%市场占比是一个重要节点,煤炭达到这个数字用了35年,石油用了40年,天然气用了55年。

其三,我国能源消费总量大,节约空间也很大。2020年我国单位GDP能耗是世界平均水平的1.5倍,能源效率仍然偏低。终端环节节能具有极强的放大效应,终端设备每提高1%的相对效率,就相当于能源生产环节提高5%左右的相对效率,节约1千瓦时电能相当于节约3倍左右的一次能源。据测算,通过增强公众节能意识,可以减少20%的能源消费。因此,要维持原有经济增长速度,同时降低碳排放,必须贯彻节约理念。

从源头拧紧节能"阀门",关键要从工业生产环节下手。当前,工业能源消耗占能源消费总量比重达70%左右,也是碳排放的主要来源。要充分发挥政府的宏观调控职能,以连续性、稳定性政策规范为抓手,建立符合市场经济规律的节能激励和约束机制,明确企业在节能减排中的主体地位,约束企业不当的能源消费,鼓励企业通过节能获取额外收益和奖励。还应推动节能产业发展,培育专业的第三方节能服务机构,加大绿色金融支持力度,为企业节能提供专业支持。

同时,要通过产业结构调整和技术创新激活节能内生动力。通过合理规划产业布局,大力压减高耗能高碳排放能源消费,遏制钢铁、建材、化工等高耗能行业过快增长,淘汰落后高耗能企业,促进产业结构优化升级。据测算,第三产业比重上升1个百分点,同时第二产业下降1个百分点,单位GDP能耗可降低约1个百分点。此外,要通过技术创新提高能源利用效率。比如,随着超超临界发电等技术的研发和推广，单位发电耗煤量大幅降低，传统化石能源也能实现高效利用。

长远看，从源头拧紧节能"阀门"还须提升居民节能重视度。目前我国居民生活用电量远低于三大产业用电量，但参考发达国家经验，随着经济发展和生活水平提高，居民将成为能源消费主力。2019年英国居民用电量占全社会用电量比重达35%，高于工商业。美国居民人均耗电量约为中国居民的6倍。必须着力提高居民节能意识，加强清洁低碳生活方式宣传，并通过制度设计鼓励居民积极参与节能减排，形成崇尚节能的良好氛围。

实行全面节约战略是一项系统性工程，需要发动全社会力量共同完成，形成以政府为主导、企业为主体、全民共同推进的工作格局。要把节能作为满足新增能源需求的首要途径，以更大力度实施节能降耗。这不仅有助于缓解能源供应保障压力，也有利于在保障能源安全前提下早日实现碳中和。

（刊发于2021年12月9日产经版）

莫让新基建变成"吃电"大户

12月8日，国家发展改革委、国家能源局等四部门对外发布《贯彻落实碳达峰碳中和目标要求 推动数据中心和5G等新型基础设施绿色高质量发展实施方案》，提出到2025年，数据中心和5G基本形成绿色集约的一体化运行格局，数据中心运行电能利用效率和可再生能源利用率明显提升。

近年来，数字经济快速发展推动数据量爆发式增长，带动数据传输、存储、计算、应用环节和互联设备能耗大幅上升，数字基础设施日益成为"吃电"大户，一些大型数据中心甚至能"吃掉"半个县城的用电量。以数字技术为代表的新基建如果迈不过"能耗"这道坎，既不利于"双碳"目标如期达成，也会使新基建的综合效益大打折扣。

由于对新情况认识不足，很多时候人们忽略了对于数字设备能耗状况做系统分析，且该领域在传统六大高耗能行业范围之外，人们普遍认为数字新基建耗能不高。事实上，我们的生产生活在数字时代高度依赖数字设备，几乎所有数字基础设施均由电力驱动且需24小时不间断运行，5G基站、数据中心、边缘计算服务器等消耗的电量远大于日常电子消费品，甚至超出人们的想象。

特别是广泛使用的5G技术，由于高带宽、高流量、高发射功率，其单站能耗比 4G 大幅增加。数据显示，目前主要运营商的 5G 基站主设备功耗为 4G 单站的 2.5 倍至 3.5 倍。同时，由于信号传输距离缩短，基站覆盖面积变小，5G 基站数量约为 4G 基站数量 2 倍以上才能达到相同覆盖范围。据统计，三大运营商移动基站总电费每年高达 200 亿元左右。面对巨额用电支出，运营商戏称自己是"电网打工人"。

相比 5G 基站，数据中心能耗更高，对电力系统的影响也更大，被公认为"不冒烟的钢铁厂"。数据中心是集中存储和处理数据的场所，其在驱动服务器等硬盘设施所需的电力之外，还需要通过空调、冷水机等辅助设施降温，以及备用电源提供不间断电源保障。其中，冷却部分用能占辅助设施用能 60% 以上。据统计，2018 年全国数据中心耗电总量达到 1609 亿千瓦时，超过上海市当年全社会用电量，占全国用电量比重的 2.35%。随着人工智能、物联网等新兴技术大规模推广应用，各类数据还将呈现指数级增长，从而推动数据中心数量和规模大幅增长，给电力供应和碳排放带来新挑战。

新基建关键在于"新"，推动能源结构转型、实现绿色发展是新基建的应有之义。如果"十四五"期间，电力消费按年均 3% 的速度增长，2025 年数字基础设施占全国用电量的比例将接近 10%。随着数字经济持续发展，这一比例还将继续攀升。严峻的现实要求我们必须在政策制定过程中，对数字新基建引起的能耗问题给予高度重视。

解决数字新基建能耗问题，要强化统筹布局。优化数据中心建设布局，支持东部地区有关后台加工、存储备份等非实时算力需求，同时，尽可能向西部风光资源富集、气候适宜的地区转移。支持基础电信运营企业开展 5G 网络共建共享和异网漫游，强化资源复用。

加快推动老旧高能耗设备退网和升级改造。

解决数字新基建能耗问题,要大力提高能效水平。支持采用新型机房精密空调、液冷、机柜式模块化、余热综合利用等方式建设数据中心。加快节能5G基站推广应用,采用新工艺、新材料、新方案、新设计,降低基站设备能耗。鼓励在数据中心和5G网络管理中应用人工智能技术,加强自动化、智能化能耗管理,提升整体节能水平。

解决数字新基建能耗和碳排放问题,调整电力结构是关键。应鼓励使用风能、太阳能等可再生能源,通过自建拉专线或双边交易,提升数据中心和5G基站绿色电能使用水平。支持模块化氢电池和太阳能板房等在小型或边缘数据中心规模化推广应用。结合储能、氢能等新技术,提升可再生能源在数据中心能源供应中的比重。

(刊发于2021年12月16日产经版)

别让屋顶光伏"馅饼"变"陷阱"

屋顶光伏正在"急刹车"。

2021年6月开始,整县推进屋顶分布式光伏开发试点申报后,屋顶光伏按下"加速键",新增装机规模首次超过集中式光伏,成为光伏新增装机主要来源。然而,好景不长,11月1日,河南邓州市发展改革委发布通知,暂停全市范围内利用自己屋顶自行投资的屋顶光伏项目工作。除邓州外,目前全国已有超过10个县市暂停光伏项目备案。短短数月从启动到暂停,屋顶光伏到底是"馅饼"还是"陷阱",引发社会争议。

屋顶光伏并非新事物。早在1998年,荷兰提出"百万个太阳能屋顶计划"。2010年,美国通过了"千万太阳能屋顶计划",2013年至2021年每年投入不少于2.5亿美元补贴屋顶光伏项目。2009年,我国开始实施"金太阳工程",为屋顶光伏发电项目提供财政补贴。

我国建筑屋顶资源丰富、分布广泛,开发建设屋顶分布式光伏潜力巨大,仅乡村户用光伏装机总容量可达10亿千瓦,对应市场总容量3万亿元。开展整县推进屋顶分布式光伏建设,有利于整合资源实现集约开发,削减电力尖峰负荷,也有利于节约优化配电网投资,引导居民绿色能源消费,是实现"碳达峰、碳中和"与乡村振兴两大国家重大战略的重要措施。由此看来,屋顶光伏这块"馅饼"

确实诱人。

馅饼美味，但用料和做法不对则容易变成"陷阱"。早在数年前的屋顶光伏建设热潮中，凭借广为流行的"光伏贷"，大批金融机构和杂牌光伏企业涌入市场，催生出卷款跑路、货不对板、无人运维等乱象，让一些用户背负高额贷款无法偿还，银行贷款也变为不良资产。

此轮整县推进屋顶光伏建设过程中，一些企业在利益驱使下，出现抢跑心态，通过圈而不建、虚假宣传、无资质建设等扰乱市场秩序行为蚕食"蛋糕"。比如，有的企业聘用本地业余人员推销，盲目抢占屋顶，但不考虑屋顶安装条件；再加上光伏组件质量参差不齐、设备安装不规范、后期运维服务跟不上，造成群众利益严重受损。

大量企业短时间内扎堆申报屋顶光伏，对电网冲击较大，电网容量和安全难以承载。屋顶光伏设备小、稳定性差、布局分散，缺乏集中式电站的监控和运行能力，给电网安全带来极大挑战。如果不详细调研当地电网荷载和消纳能力，放任各类企业任意开发，在未来大规模并网之后，屋顶光伏还将面临更多不确定性。

屋顶光伏是最贴近百姓生活的新能源利用形式之一，无序发展不仅会影响老百姓的信心，也不利于形成可再生能源发展的良好舆论氛围，从而影响"双碳"进程。

做大屋顶光伏"馅饼"，要统筹规划发展。屋顶光伏直接布置在用户侧，与城市乡村发展规划、电源电网规划等密切相关。其发展规划要与各专项规划相互呼应、有效衔接。要遏制当前"大跃进"的势头，首先通过试点方式积累经验，针对当前出现的系列问题探索解决办法，在试点成功基础上，分阶段推广应用。

做大屋顶光伏"馅饼",要规范有序并网。大规模屋顶光伏并网将对电力系统的规划设计、电能质量、调度运行等方面带来深刻影响,要针对屋顶光伏制定相关技术标准和管理规定,在遵循一定的规程条件下有序并网,避免对公共电网的安全稳定运行产生冲击,保证屋顶光伏项目的安全和长久性。

做大屋顶光伏"馅饼",要加强技术和商业模式创新。光拼价格、拼速度,不符合新时代要求。屋顶和光伏分属建筑和新能源两大跨界行业,必须要保证屋顶安全才能保障光伏电站长达25年的使用寿命。要研发更适合屋顶的高效光伏系统,推动屋顶电站向光伏建筑一体化拓展。同时,通过合理的商业模式调动用户积极性,保障各方利益。

总之,屋顶光伏建设不是"抢地盘",整县屋顶光伏推进背后,地方政府、央企、民企利益交织,如何避免乱象丛生,实现多方共赢,仍需多方共同探索。

(刊发于2021年12月23日产经版)

突破核电技术发展瓶颈

近日,国家科技重大专项——华能石岛湾高温气冷堆核电站示范工程首次并网成功,发出第一度电,标志着全球首座具有第四代先进核能系统特征的球床模块式高温气冷堆,实现了从"实验室"到"工程应用"质的飞跃,标志着我国成为世界少数几个掌握第四代核能技术的国家之一,意味着在该领域我国成为世界核电技术的领跑者。

高温气冷堆的建成,有望开创核能应用的一条新路线,成为人类能源进步史上的一个里程碑。随着全球经济发展对能源需求持续增加,人们逐渐认识到,核能能量密度大,核电运行稳定、可靠、换料周期长,生产过程中几乎不产生碳排放,在技术上可作为大规模替代化石能源的基荷电源。

尽管优势明显,但核电有一大"命门"——安全。历史上,1979年美国三里岛、1986年苏联切尔诺贝利、2011年日本福岛等严重的核电站事故,都曾引发较大社会恐慌,给核电发展蒙上阴影。人们意识到,任何时候都必须保证核反应堆堆芯能够充分冷却,否则将会造成严重事故。为此,核电站增设了多种注水、补水系统,这些系统包括大量水泵、阀门等能动部件,需要确保其动力源的可靠性,这导致系统愈加复杂、庞大,大幅推升核电建设成本和周期。

世界核电发展也陷入瓶颈期。

核能发电的原理其实和火电厂没太大区别，都是利用热能"烧开水"，只是后者用燃煤、燃气等产生热量，前者用核反应堆产生热量。因此，发展具有固有安全，即不依靠人为干预，仅仅利用自然规律，使反应堆自动冷却的反应堆技术，成为各个堆型一直追求的发展目标。据国际标准，第四代先进核能系统有两大核心指标：一是，无论核电站发生什么事故，都不会对站外公众造成损害；二是，在经济上能够和其他电力生产方式相竞争。

高温气冷堆的准商业化是突破核电发展瓶颈的关键一步。高温气冷堆，顾名思义是指具有高温特征、使用气体进行堆芯冷却的核反应堆技术，固有安全性为其核心特征。相比其他反应堆，高温气冷堆产生的余热少，仅靠自然散热就能够把堆芯的热量带走，其燃料构成也很特别，能够经受大约1600℃的熔点高温。即使在丧失所有冷却能力、面临严重事故的情况下，不采取任何外界干预，反应堆仍能保持安全状态，不会出现堆芯熔毁事故，被称为"傻瓜堆"。

在解决安全问题的同时，高温气冷堆发电效率也得到大幅提升。核反应堆冷却剂的出口温度对发电效率有决定性影响。高温气冷堆氦气出口平均温度可达750℃，并具备提高至950℃以上的潜力，采用氦气循环方式，热效率可达50%。与压水堆相比，高温气冷堆的发电能力相当于一座同等热功率压水堆发电能力的1.5倍。

高温气冷堆采取小型模块化的"乐高式"拼接设计，使得核电利用更加便利。我们能像搭积木一样拼接式组建核电站，这种模块化设计和建造的方法，能够大幅缩短核电站的建造周期，同时降低建设成本。基于固有安全特性，高温气冷堆还可大量简化应急措施，厂址适应性更强，具备在人口相对稠密的大中型城市附近建设的条件。

更重要的是，高温气冷堆大幅拓展了核电利用的领域。高温气冷堆产生的高温工作介质可以作为高温工艺热源，用于煤的气化、液化、技术冶炼等工艺，区域供热和海水淡化，并能大大降低高温制氢的成本，形成无污染、无排放的能源链。余热分级利用，还可降低电站运营成本。

推动能源转型，实现"双碳"目标是一个复杂的系统性工程，由于每一种能源方案都有其优缺点，无法仅依靠单一类型能源完成转型任务。鉴于全球变暖和人类发展的规模，在能源供给中，核电仍将占据重要位置。高温气冷堆的出现使得人们可以像玩乐高一样安全高效地建设利用核电，其安全性和经济性优势一旦在商业化中证实，将产生重大影响。面对全球核能系统即将更新换代的形势，应充分利用我国在高温气冷堆技术上相对领先的优势，借助示范工程，继续推动高温气冷堆有关技术攻关，探索高温气冷堆的商业应用和商业优势，抢占世界核电技术制高点，让先进核电技术更好地保障能源安全，服务碳中和。

（刊发于2021年12月30日产经版）

欧洲能源危机带来的启示

能源短缺的苦果仍在欧洲传导。凛冬之下,欧洲天然气价格再度暴涨,数据显示,仅2021年12月内价格涨幅已超70%。2021年以来,欧洲天然气价格已上涨超600%。欧洲电价也处于疯涨状态,欧洲主要国家的电力均价都已超过每兆瓦时300欧元,德国、英国、西班牙等多国电价均处于历史高位,而2019年同期该数字仅保持在每兆瓦时50欧元以内。

随着天然气价格飙升、欧洲电价暴涨,"能源危机"对企业生产和居民生活的负面影响日益扩大。为最大限度节约能源,欧洲南部科索沃地区开始对近200万用户滚动断电;塞尔维亚被迫切断部分用户的电力供应;有关部门预计,新一年英国家庭能源账单将上涨超50%。在生产端,由于天然气荒,一些国家已出现电厂停工、小型能源企业破产、企业生产成本大幅上涨、高耗能产业减产停产等情况,经济复苏进程受到较大影响。

全球能源供需失衡叠加极端天气,困扰欧洲的能源问题短期看不到缓解迹象。愈演愈烈的欧洲能源危机,给同处能源转型期的中国带来三点启示。

启示一,能源供给要寻求独立。欧洲之所以出现能源危机,主要是因为欧洲本土天然气产量下滑、俄气供应不及预期等综合因素造成。作为灵活性强且碳排放量较少的化石能源，近年来天然气在欧洲能源组合中的占比不断攀升。但欧洲的化石能源家底薄弱，约九成天然气依赖进口，其中大部分来自俄罗斯。受地缘政治因素影响，连接德国与俄罗斯的"北溪二号"天然气管道项目无法投入运营，俄罗斯对欧输气量处于低位，加剧了欧洲"气荒"。

对我国而言，能源安全矛盾也突出体现在油、气安全上。2020年我国石油、天然气对外依存度分别高达73%和43%。随着我国工业化、城镇化深入推进，能源的"饭碗"必须端在自己手里。未来，要不断提高能源自主供给能力，补好油气产能短板，充分推动国内石油、天然气增储上产。充分利用市场化手段，调动油气上游投资积极性，加大国内油气勘探开发，积极发展页岩气、煤层气等，加强油气储备能力建设。同时，要站在"双碳"目标和能源安全的战略高度，优先发展可再生能源，创造条件提升可再生能源装机规模。

启示二，能源替代要科学部署。造成欧洲能源危机的另一大因素是过于激进的能源转型。放眼全球，欧洲能源转型最早最快，风能、太阳能等间歇性新能源装机容量大幅攀升，2020年欧盟国家可再生能源发电量已超化石能源。但2021年夏季以来，受气候影响欧洲风电供给明显下降，大幅增加了对化石能源的需求。新能源替代过程中，如果能源系统的灵活调节能力无法保障，将拖累能源转型进程。

我国能源转型要坚持"先立后破"，传统能源逐步退出要建立在新能源安全可靠的替代基础上。尽管装机容量快速攀升，但不能简单地考虑新能源技术的未来价值，我们仍需要很多年才能明确判断其长期可靠性和经济性。在能源转型初期要加大科技创新和基础设施投入力度，加大电力输送通道和调峰电源建设，保障可再生能源消纳与电网安全，为构建以新能源为主体的新型电力系统打好坚实基础。

启示三，能源转型要立足国情。过于单一的能源转型路径也威胁到欧洲主要国家的能源安全。为加快能源转型进度，以德国为首的多个欧洲国家"一边倒"转向新能源，先是大量关停火电，后又因潜在核污染大量放弃核电，最终在此轮能源危机中吞下苦果。反观法国，自第一次石油危机爆发后，为实现能源自主开始大力发展核能，逐渐成为欧洲最大核电净出口国，有效保障了能源安全。

对我国而言，富煤、少气、贫油的能源结构较难改变，要立足以煤为主的基本国情，推动煤炭和新能源优化组合。在充分发挥煤炭在能源系统中"压舱石"作用的同时，做到"吃粗粮干细活"，大力推进煤炭清洁高效利用，发展现代煤化工，优化煤炭产能布局。根据发展需要合理建设先进煤电，继续有序淘汰落后煤电，最大限度减少煤炭资源开发对生态环境的不利影响。

（刊发于2022年1月6日产经版）

煤价不具备大幅上涨基础

一纸禁令再度将煤炭推上风口浪尖。世界上最大动力煤出口国印度尼西亚不久前宣布，为缓解国内煤炭供应紧缺，于 2022 年 1 月 1 日至 1 月 31 日停止煤炭出口，以避免国内出现供电不足的现象。受此影响，2022 年首个交易日我国动力煤期货价格大幅高开。不少机构认为，国内煤价已基本见底具备反弹条件。截至 1 月 11 日，印度尼西亚仍未就解除煤炭出口禁令做出决定，再度引发人们对"煤超疯"会否重新上演的担忧。

从基本面分析，可以判断当前我国煤价并不具备大幅上涨的基础。从外部环境看，印度尼西亚虽然高居世界动力煤出口国榜首，又是我国最主要动力煤进口来源，但与中国自身庞大的煤炭产能相比，来自印度尼西亚的煤炭进口量占我国消费总量有限，主要起到调节国内煤炭供给结构和价格的作用。数据显示，我国 2021 年前 11 个月生产原煤 36.7 亿吨，进口煤炭仅 2.9 亿吨，其中印度尼西亚煤仅占煤炭供应总量 4%。

同时，印度尼西亚自身经济对于煤炭出口的依赖，也不支持该国长期限制煤炭出口。印度尼西亚煤占我国进口煤总量的 60% 左右，短期大幅减少进口，会对市场产生波动，但国内可做适度调节以缓解市场波动。如果长期大幅度减少进口量且难以替代，才有可能影响国内煤炭市场供需关系。据印度尼西亚能矿部数据，预计2021年印度尼西亚煤炭消费量为1.9亿吨，仅占其总产量三成左右，多余产能需依靠出口消化。基于印度尼西亚国内较低的煤炭消费量，加之煤炭出口禁令引起印度尼西亚国内多方面激烈反对，该政策恐难持续。

看供给侧，随着煤炭保供增产措施持续发力，我国煤炭供需形势已大幅好转。在产量上，随着煤矿核增产能释放、建设煤矿逐步投产、临时停产煤矿复产，2021年11月份以来，煤炭产量延续高位水平，最高日产量创近年新高。运输上，电煤铁路装车同样保持历史高位。受此影响，电厂供煤持续大于耗煤，存煤快速增加，已回到往年同期高位。持续增加的存煤将为保障下游需求，以及煤炭期现货价格维持低位提供有力支撑。

在需求端，除非极端天气频发，煤炭消费量难以像去年那样出现阶段性大幅增长。2021年煤炭紧缺的重要原因是用电量增速远大于煤炭产量增速。整体来看，在2021年用电量高基数背景下，2022年随着全球供应链逐步恢复导致出口增速回落，加之房地产下行周期影响到建材行业生产，以及能耗"双控"政策推进，工业用电用煤需求减弱，全社会用电量增速有望大幅回落。从中长期看，在"双碳"目标下，国家积极推进能源转型，鼓励清洁能源使用，煤炭占一次能源消费的比重将不断降低。

即便考虑到可能出现的极端情况，以2021年我国煤炭增产增供的经验，我国煤炭产能具备较大弹性，有关部门仍可根据需求预期，通过煤炭保供以及有序用电等措施来调控煤炭市场，做到稳供稳价稳预期。

煤炭是关系国计民生的重要商品，也是我国能源安全的基础保障。当前，我国正处于推动能源转型和经济高质量发展的关键期，要时刻警惕煤炭市场的大幅波动。针对目前国内国际煤炭供需形势，有关部门仍应未雨绸缪，做好应对措施，警惕资金、企业借机囤积居奇、恶意炒作、哄抬煤价等非法牟利行为，防止出现新一轮煤炭市场波动。

从中长期发展来看，主管部门应珍惜来之不易的"窗口期"，避免"头痛医头，脚痛医脚"。针对我国煤炭作为主体能源的国情，结合大型现代化煤矿特别是智能化煤矿建设取得成效，煤矿安全保障程度大幅提升的实际，加快研究建立我国煤矿弹性产能机制，根据市场供需形势变化、可再生能源出力情况，对大型现代化煤矿实施产能弹性管理，平抑煤炭市场波动。同时，加快建立煤炭价格区间调控长效机制，引导煤炭价格在合理区间运行，使煤炭价格真实反映市场供求基本面，防止价格出现大起大落，综合施策促进煤炭产业链、供应链健康发展。

（刊发于2022年1月13日产经版）

农村能源转型迫在眉睫

农村在我国能源转型版图上是不可或缺的一部分。近日，国家能源局、农业农村部、国家乡村振兴局联合发布《加快农村能源转型发展助力乡村振兴的实施意见》提出，到2025年，建成一批农村能源绿色低碳试点，风电、太阳能、生物质能、地热能等占农村能源比重提升，农村电网保障能力进一步增强，新能源产业成为农村经济的重要补充和农民增收的重要渠道。

农村能源消费主要包括炊事、取暖、照明等生活用能，以及农林牧渔业等生产用能。由于农村能源消费占我国一次能源消费总量比例远低于工业，农村能源问题往往成为被忽略的角落。实际上，自1979年以来，农业领域能源消耗的碳排放一直呈上升趋势，能源消耗碳排放量从1979年的3002万吨持续上升至2018年的2.37亿吨，增长了7倍。在"双碳"目标与乡村振兴战略的双重历史责任下，农村能源转型迫在眉睫。

我国农业领域能源消耗的碳排放持续上升，跟取暖、炊事等生活用能密切相关。长期以来，散煤燃烧是农村地区最主要的取暖方式，也是环境污染的重要来源。我国煤炭硫分和灰分含量较大，约85%的二氧化碳、90%的二氧化硫排放都来自燃煤。极端气候条件下，使用散煤产生的污染可达煤炭污染总量的40%，大气污染防治压力巨大。2017 年，国家启动北方冬季清洁取暖试点，虽取得一定成效，但"煤改气"和"煤改电"存在成本高、政府难以持续大量补贴、天然气供应不足导致大面积"气荒"等问题。

在农业生产领域，能源消耗碳排放也有加速上涨的态势。近年来，农业机械化水平快速提高，2021 年全国农机总动力已超 10 亿千瓦，农机大规模使用推高了农村碳排放。随着新一代农村人口加速向城镇流动，农村青壮年劳动力短缺成为常态，农业机械化还有较大提升空间，由此产生的能源消耗还将带来新的碳排放，这将成为影响我国农业整体碳达峰的主要不确定因素。

农村地区能源绿色转型发展，是满足人民美好生活需求的内在要求，是构建现代能源体系的重要组成部分，对巩固拓展脱贫攻坚成果、促进乡村振兴，实现碳达峰、碳中和目标与农业农村现代化具有重要意义。

推动农村能源转型，核心要提升农村电气化水平，在粮食主产区、特色农产品优势区，推动粮食生产、农产品加工包装、仓储保鲜、冷链物流等全产业链电能替代。同时，大力推广太阳能、风能供暖。在大气污染防治重点地区的农村，可以整县域开展"风光＋蓄热电锅炉"等集中供暖。合理发展以农林生物质、生物质成型燃料等为主的生物质锅炉供暖，并在地热资源丰富、面积较大的乡镇，优先开展地热能集中供暖。

推动农村能源转型，要发挥好光伏、风电等新能源"生力军"作用。大力发展农村新能源产业，不仅可以推动农业生产、农民生活、农村交通用能清洁化、低碳化，还可降低农户用能成本，促进减支增收。要支持具备资源条件的地区，以县域为单元，采取"公司＋村镇＋农户"等模式，利用农户闲置土地和农房屋顶，建设分布式风电和光伏发电，配置一定比例储能，自发自用，余电上网，农户获取稳定的租金或电费收益。支持村集体以公共建筑屋顶、闲置集体土地等入股，参与项目开发，增加村集体收入。

推动农村能源转型，前提是先行先试、因地制宜。农村能源转型是一个复杂的大课题，要防止一哄而上、重复建设。大面积推进前，可在乡村振兴重点帮扶县优先推进农村能源绿色低碳试点，充分结合各地资源禀赋，选择合适新能源品种和发展模式，优先就地、就近消纳，减少能源输送距离和转化环节，提高农村能源资源综合利用效率，打造农村能源转型"样板间"。

（刊发于 2022 年 1 月 20 日产经版）

元宇宙能过"能源关"吗

越来越热的元宇宙概念和能源有关系吗？可以肯定地说，有！去年年底以来，元宇宙概念在资本市场持续热炒，游戏、互联网、旅游、餐饮等各行各业争相与元宇宙挂钩，北京、上海、杭州等各大城市也在元宇宙上展开布局。不少网友感叹，"还有什么能阻挡元宇宙时代的到来？"答案很简单：断电。在有限的能源供给面前，元宇宙其实很脆弱。

全球著名互联网企业甚至更名，彰显进军元宇宙的决心。他们认为，互联网的下一代是"一个身临其境的互联网"。简单理解，元宇宙就是与现实世界平行，可提供游戏、购物、社交等沉浸体验的开放虚拟世界。要实现高阶元宇宙，数字世界需要持续模拟和复制现实世界，通过各类传感器和外接设备，人们可自由穿梭于两个世界之间。

几乎支撑元宇宙运行的每一个设备都需要能源支持，要维持元宇宙长期运作，充足稳定的能源供应必不可少。1946年2月，世界上第一台现代电子数字计算机在美国宾夕法尼亚大学诞生。这台计算机占地约150平方米，重达30余吨，耗电功率约150千瓦。启动这个巨型机器时，常导致部分街区停电。元宇宙的发展，让信息设备能耗再次大幅跃升。

为创造堪比真实世界的沉浸感，元宇宙发展需要 5G、人工智能、区块链、云计算、大数据、物联网、VR、AR 等数字技术支持。物联网和工业互联网打通线上线下数据；5G 网络帮助数据高速稳定传输；区块链将元宇宙中的数据资产化，形成新的可信机制和协作模式；VR 和 AR 改变人机交互的方式。其中，每一项技术的大规模发展都要以提高能耗为代价。

当前，VR、AR 技术离真正具有低延迟、高沉浸的理想体验还有很长的路要走。以 VR 为例，设备分辨率至少要达到 8K 以上才会有非常真实的体验，设备刷新率也还有较大提升空间。要突破这些瓶颈，对网络、存储、计算、电池的要求会大幅提升。

区块链是元宇宙的基础技术构成要素之一，基于区块链技术的数字货币是元宇宙运转的重要工具。区块链中区块的生成需要进行大量无意义的计算，而算力又与电力高度正相关。研究显示，全球比特币挖矿每年消耗约 91 太瓦时的电力，这超过了拥有 550 万人口的芬兰的用电量。

数据中心能耗更高，对电力系统的影响也更大。据统计，2018 年全国数据中心耗电总量达到 1609 亿千瓦时，超过上海市当年全社会用电量，占全国用电量比重 2.35%。随着元宇宙世界不断生长，各类数据还将呈现指数级增长，从而推动数据中心数量和规模大幅增长，给电力供应和碳排放带来新挑战。

跟原子相比，比特的传输速度更快、成本更低，因此数字化的事物往往呈现指数级增长。在元宇宙时代，数据量爆炸、数据来源多元且更新频繁，现有算力和技术并不能满足未来元宇宙发展的需求。要让元宇宙时代真正到来，在提高算力和技术的同时，清洁且可持续供应的能源成为决定性因素之一。

在无法实现清洁能源稳定充足供给前，政府部门应加强顶层设计，紧跟"双碳"工作节奏做好元宇宙产业规划。坚持节能优先战略，明确元宇宙相关企业在节能减排中的主体地位，约束企业不当能源消费，鼓励企业通过节能获取额外收益和奖励。避免在严控传统高耗能产业发展的同时，又催生出一个全新的高耗能产业。

要鼓励相关企业根据自身发展需求，以多种方式积极采购可再生能源，不具备条件的企业可通过认购绿色电力证书等方式应用可再生能源。同时，企业还应充分发挥技术与产业模式的创新潜能，采用新工艺、新材料、新方案、新设计，降低设备能耗，并通过算力共享，提升资源统一调度效率，让单位算力效率和价值最大化。

长远来看，分布式的可再生能源系统或是元宇宙可持续发展的重要解决方案。支撑永续发展的庞大元宇宙数字空间，需要以巨大的计算能力和海量的数据存储空间为基础，这决定了元宇宙时代基础设施将高度依赖分布式系统，需要全球计算和存储资源全面协同。每一个分布式元宇宙基础设施都可通过分布式能源系统提供电力支持，应结合储能、氢能等新技术，提升可再生能源在其能源供应中的比重。

单从能源供给角度而言，元宇宙的全面爆发还很遥远，这一天或许要等到全球真正实现能源自由。

（刊发于 2022 年 1 月 27 日产经版）

北京冬奥为能源转型加速

冬奥场馆历史上首次实现100%绿电供应,全球首次大批量使用氢燃料电池客车服务体育赛事……北京冬奥会开赛以来,不仅场内比赛吸引了全世界的目光,场外也进行着历史性的"追风逐日"竞赛。这场竞赛让人们看到中国能源转型在加速,并将对全球经济社会转型带来深远影响。

当前,实现碳中和目标已成为世界主要国家的共同愿景,可再生能源大规模替代传统化石能源则是实现这一目标的关键一环。凭借多年实践和探索,北京冬奥会三大赛区26个场馆全部实现绿色供电,这些绿电主要由河北张家口的光伏发电和风力发电提供,不仅在奥运史上尚属首次,也实现了人类能源史上一次重要突破。

电是一种特殊商品,在电力系统中,电能的发、输、配、用在瞬时同步完成,整个电力系统时刻处于动态平衡状态。一旦这种平衡被打破,严重时将对电网运行造成冲击,引发大面积停电和安全生产事故。"靠天吃饭"的风电、光伏等新能源,就是这个系统中的不安定因子。随着新能源大规模接入电网,发电时间和发电量较难为人所控,电力供需失衡将成常态,如何"驯服"风光,保障大规模新能源并网安全,是全球新能源发展面临的共性问题。

为解决这一难题,保障冬奥绿电供应,我国在多个环节进行了技术创新。电网作为电力系统的中枢与核心，是新型电力系统的关键组成部分。能源转型要加速，首先要打通电网梗阻。为此，我国创新研发建设了张北可再生能源柔性直流电网试验示范工程，将张北地区原本分散四处的风电场、光伏电站连成了一个有机整体。该工程采用我国原创的柔性直流电网新技术，创造了12项世界第一，具有可控能力强、功率调节速度快、运行方式灵活等特点，能够有效抑制交流电压波动，减少功率波动对受端电网影响，成为破解新能源大规模并网消纳难题的"金钥匙"。

电网技术的革新并不能解决所有问题，一旦遇上风光尽失的极端天气，再柔性的电网系统也无力回天。作为重要补充，在柔性电网基础上，我国还为冬奥绿电工程配建了世界上最大的抽水蓄能电站——丰宁抽水蓄能电站。该电站总装机规模360万千瓦，相当于给电网配备了一个"超级充电宝"，其巨大的库能一次蓄满可储存新能源电量近4000万千瓦时。丰宁电站建设首次实现抽蓄电站接入柔性直流电网，有效实现新能源多点汇集、风光储多能互补、时空互补、源网荷协同，为破解新能源大规模开发利用难题提供了宝贵的"中国方案"。该电站还首次系统性攻克了复杂地质条件下超大型地下洞室群建造的关键技术，为今后抽蓄大规模开发建设提供了技术保障和工程示范。

冬奥绿电交易机制是北京冬奥会的又一创新。有关部门专门搭建了适用于冬奥会的跨区域绿电交易机制，根据场馆需求变化适时组织绿电交易，调整清洁能源供应。在绿电交易平台上，冬奥电力用户通过电力交易的方式，从发电企业购买绿电，该机制为悉数消纳新能源发挥了兜底保障作用。"既有能源用、又没有污染、价格还便宜"是能源转型中的"不可能三角"，破解这个三角既要依靠技术创新，也要依靠体制创新。建立有序竞争、价格机制合理的电力市场，则是体现新能源低碳价值、扩大新能源消纳的可持续低成本路径。北京冬奥会的绿电交易实践，为今后在更大范围内开展绿电交易提供了成功样本。

冬奥会不仅是一个体育赛场，也是一个高端技术、竞争优势、经济潜力的展示平台。"双碳"目标下，一届全力以赴的"绿色奥运"，有望加速推进中国能源转型，并向世界展示我们的决心。北京冬奥会对清洁能源的追求与努力，彰显了中国政府大力发展清洁能源产业、积极践行减碳大国责任的信心和态度；以举办冬奥会为契机，集中力量技术攻关，探索新能源大规模输送、并网及消纳的一体化新路径，充分展示新能源应用潜力，也有利于推动新能源产业化推进，为我国乃至全球能源低碳转型积累宝贵经验。此外，冬奥会的巨大影响力还有助于提高全民低碳发展意识，普及清洁能源利用方式，形成崇尚绿色环保的良好氛围。

（刊发于2022年2月10日产经版）

警惕国际油价飙涨风险

今年以来，国际油价持续上行，屡创近年新高。2月15日，Wind数据显示，伦敦商品交易所布伦特原油连续价格突破95美元，距每桶100美元大关仅一步之遥。受原油价格大幅波动影响，A股上市以来"跌跌不休"的中国石油股价连续大涨。在高油价助推下，全球通胀进一步加剧，引发各方担忧。

此番国际油价开启强势行情，催化剂是频繁上演的地缘政治冲突——俄乌冲突持续升级，市场担心俄罗斯因此受到经济制裁，进而影响原油市场供给；直接原因是供需失衡——油价变化要看主要生产国供给增长能否跟上全球需求增长速度。近期，一些国家放松新冠疫情管控措施导致原油需求增长，同时国际原油库存和闲置产能等两大关键指标都处于历史低位，造成供给增量不及预期；深层原因是全球能源转型，全球碳减排浪潮下，大型石油公司面临资产受困和政府新规趋严，许多国家削减了勘探预算，上游油气投资持续减少。未来若干年，油气行业都将缺乏充足投资，供不应求的局面将导致油气市场反复收紧。

从交通、工业到居民取暖，能源成本影响到经济社会的方方面面。由于能量密度高、用途广泛、易于保存运输等因素，1964年石油超过煤炭成为世界头号能源来源。除了作为燃料广泛使用，石油还是化工行业的基础，为塑料、化肥、化妆品、药品和纺织品等各类商品提供原料。能否获得稳定且可负担的石油供应，直接影响一国制造业的全球竞争力。油价过快上涨将降低经济增速，加剧通货膨胀，甚至引发经济危机。碳中和目标下，与其他大宗商品相比，石油天然气价格大幅波动将长期存在，成为全球经济发展的最大不确定因素之一。对于中国而言，由于中长期合同保障，国际油价上涨短期影响有限，但我国对国际油气资源依赖度极高，且石油需求还在继续增长，中长期风险不容忽视。

长期来看，我国要切实保障能源安全，需大力推进无油化进程。原油属于不可再生资源，在全球能源转型的现实背景下，必须改变原油依赖的发展战略，避免走西方国家的老路，才能从根本上突破原油价格周期性波动的困扰。国际社会的去油化实践已有先例，10多年前，瑞典政府宣布，2020年以后，将完全摆脱对石油的依赖，成为全球第一个全面使用可再生能源的无油国。

我国石油消费途径主要包括两个：约2/3用于交通运输燃料，其余1/3为工业生产原料。当前我国石油对外依存度为73%，意味着如果能在交通领域实现无油化，即可实现石油自给。要让交通领域脱碳，最廉价、最简单的办法就是让其电气化并确保电力来自零碳一次能源，同时在重型交通工具领域推广氢能和生物质燃料。据最新研究，如实行有效石油消费总量控制，我国石油消费可在2025年实现达峰，2050年完全实行自给。

当然，去油化并不意味着要在短期内"一刀切"。对于能源转型，很多人误认为清洁能源将很快取代化石能源，实际上这将是一个长达30年至50年甚至更长的过程。即使世界实现碳中和，也并不意味着化石燃料的终结，尤其是原料用能还离不开油气资源的保障。国际能源署此前预测，如果世界在 2050 年前实现净零排放，其天然气和石油的使用量仍将相当于现在的近一半和大约 1/4。在去油化过程中，我国仍要注重煤炭和天然气利用，尤其是天然气作为较为清洁的过渡能源，增产潜力巨大，对外依存度相对石油较小。且我国煤层气、页岩气等非常规天然气资源非常丰富，具有很好的勘探开发前景。如果给予合理引导开发，有望缓解我国优质化石能源资源相对不足的局面。

在国内资源有限、供需缺口不断增大的形势下，进一步丰富进口来源。多元化海外油气资源获取方式，是提高我国油气供应保障度的战略选择。在经历两次石油危机后，主要石油消费国都认识到过度依赖单一地区资源的风险，积极实施多元化的石油获取战略。中亚、俄罗斯地区油气资源距离我国相对较近，且与我国政治关系友好，具有地缘优势，未来应重点加强与该区域国家的油气开发合作，同时加强海外能源资源运输渠道的多元化建设。此外，应注重油气资源进口贸易方式的多样性，增加长期供应合同占比，积极利用期货贸易方式，规避价格波动风险，增强对全球石油价格影响力。

（刊发于 2022 年 2 月 17 日产经版）

核电"蓄能"正当时

随着欧洲能源危机不断发酵，核电发展重新受到重视。近日，法国总统马克龙宣布大规模重振核电计划，这代表着法国在核电立场上的重大转变。在我国，2021年底召开的全国能源工作会议将"积极安全有序发展核电"作为重点任务，核电建设经过长时间放缓后，再次明确将"积极"推动核电发展。在日益紧迫的"双碳"目标下，作为净零排放的基荷电源，核电"蓄能"可谓正当时。

2011年日本福岛核事故发生后，世界各国开始对核电发展保持谨慎态度，我国也一度暂停了核电项目审批，将"安全""有序"作为核电发展的关键词。2021年《政府工作报告》明确提出，"在确保安全的前提下积极有序发展核电"，这也是多年来《政府工作报告》首提"积极"发展核电，明确了核电在清洁低碳、安全高效能源体系中的地位和作用。近期，广东、福建、海南、江苏、浙江、山东等多地政府工作报告相继出炉，亦将核电列为2022年工作重点。在"双碳"目标大背景下，核电已成为能源转型重要选项。

在发展核电的道路上，多国正在同步推进。不仅法国重启核电计划，哈萨克斯坦能源部表示，在预计出现电力短缺的情况下，哈萨克斯坦建设核电站是最具前景的解决办法。巴西已开始为新增核电机组选址，巴西矿业和能源部表示，核能是巴西能源转型的关键和基础。俄罗斯国家原子能公司和菲律宾能源部日前也提出一项联合行动计划,双方将探索在菲律宾部署小型堆核电厂的可能。印度、南非等国同样计划大幅扩建核电,在满足本土电力需求增长的同时,利用核电降低对煤电的依赖。

能源转型是一项长期而复杂的工程,需在能源系统稳定性、经济性、清洁性之间维持平衡。过于激进地向光伏、风电等新能源转变,不仅推高了能源价格,也引发了阶段性能源危机。为在不大幅拖累经济增速的前提下,如期实现碳中和,各国迫切需要寻求新路径。核电不仅能够降低用能成本和能源领域碳排放,还可降低一国能源对外依存度,越来越多的国家和企业意识到需要核电来补齐能源系统缺口。

打造清洁低碳的新型能源系统,核能的优势显而易见。其一,它可以在不用燃烧的情况下产生热量,也不会产生烟尘、二氧化硫和氮氧化物等污染。其二,尽管新建核电站成本高昂,但是运营成本较低,因为铀资源充足且不贵。其三,核能的能量密度远高于可再生能源。数据显示,1千克铀235的全部核裂变将产生20吉瓦小时的能量,相当于释放2000吨煤的能量。其四,核能运转更可靠和高效,可全天候发电,风电、光伏等新能源则需"看天吃饭",年发电利用小时数不及核电的1/4。

对于中国而言,积极发展核电还可有效带动出口,助力经济稳增长。供给端,我国已具备先进核电设备规模化制造能力,且造价仅为海外同类机组价格的60%左右,具备明显比较优势。需求端,据预测到2030年仅"一带一路"共建国家将新建上百台核电机组,共计新增核电装机1.15亿千瓦。每出口1台核电机组需要8万余台套设备、200余家企业参与制造和建设,可创造约15万个就业机会，单台机组投资约300亿元。

事实表明，安全如期达成"双碳"目标，核电"蓄能"势在必行。除了优选厂址，新建核电机组外，目前我国核电的"单一供电"模式尚无法适应新的能源体系。"十四五"规划和2035年远景目标纲要提出，开展山东海阳等核能综合利用示范，为我国核能产业发展开辟了新赛道。下一步，核能还需要扮演电力调峰、核能制氢、核能供汽、核能供暖、海水淡化等多种角色。

核安全是核电发展的生命线。历史上，多次核电事故曾引发巨大的社会恐慌，并导致重大人员财产损失，使世界核电发展陷入低谷。我国在积极有序发展核电的同时，将安全贯穿于核电设计、制造、运行和退役的全过程。要持续加大科研攻关力度，推动具有本质安全的第四代先进核电技术示范和商业化运行。同时，加强对核废料处理技术的研究，自主研发先进的乏燃料后处理技术，加快构建先进核燃料闭式循环体系，实现核资源最大化利用、核废物最小化处置和防核扩散，降低核电发展对环境的负面影响。

（刊发于2022年2月24日产经版）

加快推进油气储备体系建设

受地缘政治冲突刺激,国际油价自2014年以来首次突破每桶100美元大关。俄罗斯是世界第二大石油出口国和世界第一大天然气出口国,在世界油气市场举足轻重。持续升级的俄乌冲突,再次引发人们对能源价格飙涨和能源供给短缺的担忧。

此番油价"破百"是多重因素叠加的结果。一方面,全球原油需求稳步恢复,但国际原油库存和闲置产能两大关键指标都处于历史低位,造成供给不足;另一方面,全球碳减排浪潮下,许多国家和企业削减了勘探预算,上游油气投资持续减少。此外,扑朔迷离的国际局势,加剧了全球原油供给的不确定性,再加上短期内资金情绪助推,使得国际油价迈向阶段新高。

考虑到高油价潜在的破坏性冲击,国际能源署(IEA)日前发表声明称,将继续密切关注市场并评估启动应急石油系统的必要性,IEA成员国随时准备采取集体行动,确保全球石油市场供应充足。美国、澳大利亚、日本、韩国纷纷表示,如果俄乌冲突影响到全球石油供应,将考虑释放战略石油储备。数据显示,截至2021年12月底,IEA成员国的石油总库存接近41.6亿桶,其中15亿桶为政府应急储备。

受IEA成员国石油抛储消息影响,国际油价一度短线下挫。但考虑到全球日均1亿桶的石油消费量,各国释放的储备量很快就会被供不应求的石油市场吞没。从中长期来看,石油抛储难以对油价产生持续影响。去年11月,在施压"欧佩克+"增产未果后,美国批准从战略石油储备中释放5000万桶原油,以应对不断飙升的油价。但截至目前,仍未抑制住脱缰的油价。

虽然无法彻底扭转涨势,但战略原油储备的重要性是毋庸置疑的。1973年第一次石油危机后,发达国家联手成立了国际能源署。这是发达国家保障能源安全的联合行动,其宗旨是成员国共同采取措施,控制石油需求,在紧急情况下分配石油,并规定成员国有义务储备相当于90天净进口量的石油。

从西方国家的经历来看,虽然战略石油储备不能从根本上抑制石油短缺带来的价格上涨,但在应对某些突发事件,一定周期内保障国家能源安全和稳定石油市场,还是很有效的。2005年9月,为帮助缓解因美国飓风造成的石油市场紧张局面,IEA宣布,该机构所有成员国一致同意动用战略石油储备,为期30天,总计投入市场的石油达6000万吨。这是在和平时期,IEA及其成员国最大规模的一次动用石油储备行动,最终促使当时的国际油价连续大幅回调。

由于资源禀赋和经济结构原因,我国石油对外依存度高达70%以上。世界石油市场变化,对我国石油安全的影响主要表现在两方面:其一,存在国际石油供应暂时短缺的可能;其二,国际石油价格有可能出现短期内大幅波动,石油价格过高可降低GDP增长速度,价格过低将使国内石油行业亏损。因此,建立成熟的国家战略石油储备体系,对我国经济社会发展极为重要。

2001年,我国明确提出要建立石油战略储备,并规划从2003年起,分三期完成油库等硬件设施建设。从目前可查的国家公布的最新石油储备数据来看，截至 2017 年年中，我国已建成 9 个国家石油储备基地，利用上述储备库及部分社会企业库容储备原油 3773 万吨。总体上看，我国石油储备体系建设取得积极成效，但与发达国家相比，在规模、结构、体制等方面依然存在一定差距。

作为油气进口大国，应把油气储备体系建设摆到与油气勘探开发投资同等重要的位置，加快形成政府储备、企业社会责任储备和生产经营库存有机结合、互为补充，实物储备、产能储备和其他储备方式相结合的石油储备体系。建立健全地方政府、供气企业、管输企业、城镇燃气企业各负其责的多层次天然气储气调峰和应急体系。多措并举应对可能出现的国际油气供应中断和价格波动。

从更高维度来看，在坚定不移加快推进清洁能源转型的同时，应健全能源供应保障和储备应急体系。统筹能源绿色低碳转型和能源供应安全保障，提高适应经济社会发展以及各种极端情况的能源供应保障能力，优化能源储备设施布局，完善煤电油气供应保障协调机制。完善煤炭、石油、天然气产供储销体系，探索建立氢能产供储销体系。积极推动流域龙头水库电站建设，提升水库储能、运行调节和应急调用能力。

（刊发于 2022 年 3 月 3 日产经版）

能源转型要先立后破

3月5日下午,习近平总书记在参加内蒙古代表团审议时提出,绿色转型是一个过程,不是一蹴而就的事情。要先立后破,而不能未立先破。不能把手里吃饭的家伙先扔了,结果新的吃饭家伙还没拿到手,这不行。这一重要论断再次警醒我们,能源转型不可"拔苗助长",必须立足基本国情,把握好转型节奏,实现不同能源品种间的平稳过渡,先立后破。

历史经验表明,能源转型是一个复杂的系统工程。早在2020年,欧盟国家可再生能源发电量已超化石能源。但2021年夏季以来,受气候影响,欧洲风电供给明显下降,大幅增加了对化石能源的需求,导致天然气价格暴涨。从结果看,在新能源大规模接入后,以当前的技术和基础设施规模,尚无法有效保障能源系统的灵活调节能力。此外,欧洲"超前"的转型力度已经带来了较为沉重的经济和社会负担,这些因素都将阻碍转型进程。

过于激进的能源转型目标往往也会导致误判。从20世纪70年代开始,各届瑞典政府都会针对瑞典能源供应转型制订大胆的计划。该国在2006年便做出承诺,将在不使用任何核能的前提下,于2020年成为世界上首个不使用石油的国家。根据这一目标,瑞典必须在6年内将一半的一次能源供应转换为可再生能源,难度可想而知。事实上，直到2019年，瑞典仅有30%的交通用能来自可再生能源。

事实证明，传统能源逐步退出，应建立在新能源安全可靠的替代基础上。当前我国可再生能源发电累计装机容量突破10亿千瓦大关，占比超过40%。可由于发电可利用小时数远低于燃煤机组经济运行小时数，发电量占比不足总发电量的30%。尤其是装机增速更快的风电和光伏，装机容量占比接近25%，但发电量占比不足10%。再加上光照、来风、来水情况都要"靠天吃饭"，可再生能源在当前能源系统中尚难担当中流砥柱。接下来，在持续加大太阳能、风能等新能源投资力度的同时，必须着力提升新能源消纳和存储能力，积极构建以新能源为主体的新型电力系统，健全完善有利于全社会共同开发利用可再生能源的体制机制和政策体系，有力推动可再生能源从补充能源向主体能源转变。

与此同时，包括煤炭、天然气在内的化石能源，既是保障能源安全的"压舱石"，又是高比例新能源接入的新型电力系统下电力安全的"稳定器"。一方面，我们应立足以煤为主的基本国情，抓好煤炭清洁高效利用，推动煤炭和新能源优化组合。在充分发挥煤炭在能源系统中"压舱石"作用的同时，做到"吃粗粮干细活"，大力推进煤炭清洁高效利用，发展现代煤化工，优化煤炭产能布局。根据发展需要合理建设先进煤电，继续有序淘汰落后煤电，最大限度减少煤炭资源开发对生态环境的不利影响。

另一方面，应充分重视天然气作为过渡能源的作用。当前及未来较长时期，我国能源发展进入增量替代和存量替代并存的发展阶段，天然气是碳排放量较低的化石能源，灵活性强，大力发展天然气对于降低碳排放具有重要意义。随着"双碳"目标的提出，天然气在我国能源绿色低碳转型中的"桥梁"作用日益突出。要充分利用好国内、国际两个市场，坚持立足国内，持续提升国内气田增产增供水平，加快推进"全国一张网"建设，提升互联互通能力，进一步完善储气调峰体系，增强多元化进口能力，多措并举应对可能出现的国际油气供应中断和价格波动。

  能源转型在做到"开源"的同时，也不能忽视"节流"。节能是能源消费革命的核心。2021年《政府工作报告》提出单位国内生产总值能耗降低3%左右，年度实际完成降低2.7%，距离完成指标尚有一些差距。未来，要继续把节约能源资源放在首位，实行全面节约战略，持续降低单位产出能源资源消耗和碳排放，提高投入产出效率，倡导绿色低碳生活方式，从源头和入口形成有效的碳排放控制阀门。

（刊发于2022年3月10日产经版）

更高质量保障能源安全

近段时间，受俄乌冲突刺激，国际基准油价之一的布伦特原油价格一度攀升至每桶140美元，创下2009年以来新高。随着对油气断供风险的恐慌情绪蔓延，能源安全再度成为全球主要国家的关键议题。今年全国两会上，能源安全被放在与粮食安全同等重要的战略高度。代表委员指出，高质量保障能源安全事关经济社会发展大局。

能源是国民经济的命脉。党中央、国务院历来高度重视能源安全，党的十八大以来，习近平总书记提出"四个革命、一个合作"能源安全新战略。党的十九届六中全会审议通过的《中共中央关于党的百年奋斗重大成就和历史经验的决议》指出，保障粮食安全、能源资源安全。今年《政府工作报告》再度提出，确保粮食、能源安全。在向着全面建成社会主义现代化强国的第二个百年奋斗目标迈进的重大历史关头，必须把能源安全放在国家发展战略的重要位置。

过去一年，面对复杂严峻的国内外能源供需形势，我国在较短时间内扭转了局部地区能源供应紧张局面。以当前采暖季为例，能源供需较为平稳，电厂和采暖用煤可用天数稳定在20天以上，没有出现限电、限气情况，有力保障了经济社会平稳运行，以及人民群众温暖过冬。我国能源体系经过多年建设，有条件、有能力、有信心、有办法保障能源安全可靠供应。

在能源生产方面，2021年，我国煤炭稳定供应能力进一步增强。国内油气田勘探开发力度不断加大，油气生产供应能力持续提升。全年新能源发电量首次突破1万亿千瓦时大关；能源供应方面，"西煤东运""北煤南运"主要煤运通道能力持续加强。跨省区输电布局不断完善，电网资源配置能力明显增强。油气管网互联互通加快推进，南气北上、东北入关等通道油气输送能力持续提升；能源储备方面，一批大型储煤基地建设完成，区域和全国煤炭供应保障能力大幅提升。油气储备建设亦稳步推进，形成储气能力超270亿立方米。

虽然我国能源保障能力已大幅跃升，但长期挑战不容忽视。从国际看，能源安全形势严峻复杂。由于世界能源消费中心与能源资源富集区域的失衡和错配，加之地缘政治冲突，全球能源领域战略博弈持续深化。在全球减碳浪潮下，各国去煤化加速，石油天然气替代效益明显，对于油气资源的争夺更加激烈。未来能源安全所面临的风险因素将进一步增加。

从国内看，我国正处在工业化、城镇化快速发展期，对能源的需求量还会不断增长，能源供需矛盾、结构矛盾将长期存在。同时，稳妥推进碳达峰碳中和给能源保供提出更高要求，单纯依靠传统能源格局，难以满足中国经济的新发展需要。如何在实现低碳发展的同时，确保能源安全，是迫在眉睫的重大命题。

更高质量保障能源安全，必须建立多元安全的能源供应保障体系。要继续推动产能建设。大力推进以沙漠、戈壁等地区为重点的大型风电光伏基地和分布式新能源建设；有序释放煤炭先进产能，保持煤炭产量在合理水平；大幅增加油气勘探开发投入，推动油气增储上产；大幅增加抽水蓄能等调峰电源，统筹增加各类发电有效出力；合理优化电源结构，力争做到任一极端场景或单一品类能源短缺不会对电力系统造成灾难性影响。

要完善能源储备体系。"手中有粮，心中不慌"。把能源储备体系建设摆到与勘探开发投资同等重要的位置，健全能源供应保障和储备应急体系。统筹能源绿色低碳转型和能源供应安全保障，提高适应经济社会发展以及各种极端情况的能源供应保障能力，优化能源储备设施布局，完善煤电油气供应保障协调机制。

要建立能源应急预警机制。一方面应继续高度重视危机预警，广泛收集行业上下游及跨行业数据信息，综合应用大数据、人工智能等新技术，形成数字化、智能化危机预警体系；另一方面应完善应急预案管理，完善分级应急响应机制，并制定具体分级响应措施，最大程度降低负面影响。

（刊发于 2022 年 3 月 17 日产经版）

煤炭清洁高效利用是根本出路

近段时间，在石油、天然气供应危机倒逼下，不少西方国家重新向煤炭"求援"。德国宣布，让燃煤电厂处于待命状态。意大利宣称，可以重新开放 7 家燃煤电厂。法国和西班牙也因能源涨价出台了类似政策。实际上，2021 年整个欧洲的煤电发电量都处于增长之中，逆转了长期下降趋势。作为曾经去煤化的"急先锋"，欧洲主要国家重启煤电，意义深远。

中央经济工作会议提出，要立足以煤为主的基本国情，抓好煤炭清洁高效利用，推动煤炭和新能源优化组合。在 3 月 22 日召开的煤炭清洁高效利用工作专题座谈会上，中共中央政治局常委、国务院副总理韩正再次强调，要坚持从国情实际出发推进煤炭清洁高效利用，切实发挥煤炭的兜底保障作用，确保国家能源电力安全保供。要加强统筹谋划，聚焦重点领域，整合各方面资源，形成推进煤炭清洁高效利用的合力。中国作为世界上最大的能源消费国，要有力保障能源安全，推动经济社会可持续发展，同样必须高质量做好煤炭这篇大文章。

我国能源禀赋具有"富煤贫油少气"的特点，已探明煤炭储量占我国化石能源的 90% 以上，占世界煤炭储量的 33.8%。同时，我国煤炭产量连续多年位居世界第一，煤炭在一次能源结构中仍处主导地位。考虑到煤炭生产消费数量大、比重高，大规模替代并不容易。因此，在相当长一段时间内，如何利用好煤炭这一稳定、经济且自主保障程度较高的能源，对我国能源转型、经济发展具有重要意义。

站在向着全面建成社会主义现代化强国的第二个百年奋斗目标迈进的重大历史关头，用好煤炭至少能发挥三大效用：其一，助力实现"双碳"目标，保持经济高质量可持续增长。目前，我国处于工业化、城镇化快速发展阶段，能源需求仍将保持增长。从目前的技术路线、资源禀赋、成本收益等方面综合来看，清洁能源尚无法在短时间内满足较高的电力消费增长。大幅压减煤炭消费虽能快速减碳，但对能源供需关系和经济发展影响较大。在控制煤炭退出节奏的同时，提升煤炭清洁高效利用水平，有助于保持国民经济高质量发展。

其二，为能源安全兜底。我国能源安全突出表现为油气安全，石油、天然气对外依存度分别高达70%、40%以上。受国际局势影响，2021年国际能源供应反复收紧、能源价格大幅波动，让我们深刻感受到，保障国家能源安全刻不容缓。煤炭既是燃料也是工业原料，在今后较长时期内，煤炭仍是我国自主可控、具备储量优势的一次能源，也是我国确保能源安全稳定供应和国际能源市场话语权的根基，作为兜底保障能源的作用不可替代。

其三，保障新能源大规模发展。煤炭和新能源既是替代关系，也是辅助关系，关键看如何推动二者优化组合。新能源发电需要"看天吃饭"，大规模并网存在一定难度。未来，风电、光伏大规模入网消纳和电网稳定运行都离不开煤电的调峰匹配。

煤炭的主体地位短期内无法动摇，但并不能高枕无忧，煤炭的未来必须走出一条清洁高效利用的新路。煤炭本质上是高碳能源，实现低碳化利用需要变革性技术创新。要依靠科技进步，着力推进煤炭安全、高效、绿色、智能化开采，清洁、高效、低碳、集约化利用。

从利用环节来看，减少排放的一种方式是提高电厂效率，即用较少的燃料产生同样多的电力。应推动煤电机组节能提效升级和清洁化利用、开展煤电机组供热改造，以及加快实施煤电机组灵活性制造和改造。未来，碳捕集、利用和封存（CCUS）技术的突破，能够从根本上解决煤电的排放问题，帮助煤电摆脱碳排放目标的约束。

同时，对于冶金焦化、水泥建材和散煤燃烧等高耗煤领域，也应加大政策支持力度。鼓励开展煤炭清洁高效利用基础理论与关键技术攻关，推动煤炭清洁高效利用示范工程建设，促进煤炭消费转型升级。

推动煤炭向原料利用转变也是一大思路。中央经济工作会议明确，原料用能不纳入能源消费总量控制。近10多年来，随着煤制油、煤制烯烃、煤制乙二醇等现代煤化工技术快速发展，煤炭作为工业原料属性越来越突出。将煤炭转化为工业原料，一般只有20%的二氧化碳排放到空气中。因此，要在水资源有保障、生态环境可承受的地区，开展煤制油、煤制天然气、低阶煤分质利用、煤制化学品等通用技术装备升级示范，支持在主要产煤地区建设大型煤化工产业园区，加强先进技术攻关和产业化，充分发挥煤炭的原料功能，进一步拓宽煤炭利用方向、途径和范围。

（刊发于2022年3月24日产经版）

发展氢能产业须警惕三大倾向

一纸规划下，氢能热再起。近日，国家发展改革委、国家能源局联合发布《氢能产业发展中长期规划（2021—2035年）》（以下简称《规划》），首次明确氢能是未来国家能源体系的重要组成部分，提出稳步推进氢能多元化示范应用，到2025年燃料电池车辆保有量约5万辆等目标。受利好政策影响，A股氢能板块走强。

据统计，迄今已有北京、上海、山东、湖北等超30个省市发布涉及氢能的规划和政策，明确氢能产业发展目标、路线图或时间表。从一段时间的发展实践来看，各地投资氢能热情高涨，有一哄而上之势，有可能带来一些不利影响。长远看，氢能产业发展要警惕氢源不绿、场景单一、重复投资三大倾向。

氢源不绿是首要问题。就氢能本身而言，它是一种来源丰富、绿色低碳、应用广泛的能源，对构建清洁低碳安全高效的能源体系、实现碳达峰碳中和目标，具有重要意义。但由于氢能是一种二次能源，需要通过消耗煤炭、天然气、可再生能源等一次能源才能产生。氢能的清洁程度取决于制取方式。2020年我国氢气来源中，62%为煤制氢，19%为天然气制氢，可再生能源制氢仅占比1%，氢来源亟待"绿化"。大规模推动氢能产业发展，将导致氢需求快速增长，面对当前高昂的"绿氢"成本，市场有可能倒向成本更低的"灰氢",不利于"双碳"工作推进。

氢能产业要实现高质量、可持续发展,必须构建清洁化、低碳化、低成本的多元制氢体系,重点发展可再生能源制氢,严格控制化石能源制氢。我国可再生能源装机居全球第一,在"绿氢"供给上有巨大潜力。高成本是当前可再生能源制氢大规模推广的主要难题,随着可再生能源大规模推广和技术进步,有望进一步降低制氢成本。中短期,可鼓励具备风、光、水等清洁能源优势和成本优势的地区,优先发展制氢产业。此外,专门用于制氢的高温核反应堆能在生产大量氢的同时不排放任何二氧化碳,氢能市场形成一定规模后,可采用核反应堆大规模低成本制氢。

应用场景过于单一也制约了产业破局。在当前已发布氢能产业政策的省市中,几乎都将发展重点聚焦在氢燃料电池汽车及其产业链上,对于氢能在其他领域的应用则很少提及。单一化的应用场景,不仅制约了氢能发挥比较优势、确立市场地位,而且导致一些真正脱碳困难的领域进展缓慢。实际上,氢能在乘用车领域的替代优势并不明显。无论是当前高昂的制氢、运输成本,还是滞后的加氢站、运输管网等基础设施建设,都使得氢能汽车在与纯电动汽车的竞争中处于下风。

氢能破局的关键在于找到差异化的应用场景,有序推进氢能多元化应用。在交通领域,氢燃料电池具有不受温度影响、续航里程更长,且补充燃料速度快等优势,可将发展氢燃料电池商用车作为整个氢能燃料电池行业的突破口,并在高寒、低温地区率先推广。氢能在化工、冶炼等一些脱碳难度大的工业领域同样具备绝对优势。"双碳"目标下,"绿氢"为化工、冶金等行业绿色化、高端化发展提供了新思路。要通过科技创新,示范引领,逐步拓展氢能在工业领域应用场景，为我国构建绿色低碳产业体系打下坚实基础。

重复投资风险同样值得警惕。当前我国氢能产业核心技术尚未突破，关键材料依靠进口，短期内尚不具备大规模商业化发展条件。但在氢能产业发展热潮下，一些地方政府头脑发热，忽视地方实际和产业规律，跟风上马氢能项目，将导致氢能产业低水平重复和资源浪费，影响我国氢能产业健康发展。

对此，要积极发挥政府规划引导和政策激励作用，推动地方结合自身基础条件理性布局氢能产业，严禁以建设氢能项目名义"跑马圈地"，实现产业健康有序和集聚发展。

（刊发于2022年3月31日产经版）

化石能源如何实现零碳

在全球减碳浪潮下,作为一种大规模温室气体减排技术,碳捕集、利用和封存(CCUS)日益成为各国净零排放道路上的重要选项。最新数据显示,仅2021年世界各国就宣布约100个新CCUS项目,如果这些项目顺利推进,到2030年全球碳捕集能力将翻两番,达到每年1.6亿吨。然而这一数字与庞大的碳排放总量相比仍无济于事,在紧迫的减碳目标下,CCUS将成为各国在绿色技术领域竞争的关键点。

所谓碳中和,并不是完全不排放二氧化碳,而是指二氧化碳达到人为碳排放和碳去除的平衡,即二氧化碳净零排放。为达到这一目的,主要有两大实现路径:一方面,可通过提升清洁能源占比、提高能源效率等方式降低实际碳排放量;另一方面,可针对一些较难降低碳排放的领域,提升碳去除水平。过去,我们的工作重心更多放在"降低碳排放"上。长远看,要实现整体深度脱碳,必须更加重视碳去除技术。

CCUS是指将二氧化碳从工业排放源中分离后,运输到特定地点加以利用或封存,以实现二氧化碳减排的工业过程。在众多温室气体减排技术中,CCUS是目前唯一能够大幅减少火电与工业二氧化碳排放的技术,也是低碳氢的重要生产途径。理论上说,有了CCUS技术，化石能源也能成为"零碳"能源。按照国际能源署（IEA）的预计，到2070年，全世界实现碳中和，仅二氧化碳捕集与封存的减排贡献度能占全球总减排量的19%。

近年来，CCUS受到越来越多国家和企业的重视，开始快速发展。2019年，二十国集团（G20）能源与环境部长级会议首次将CCUS技术纳入议题。英国石油公司计划到2030年捕集并封存二氧化碳1000万吨，建设英国第一个零碳工业区；道达尔承诺将总科研经费的10%投入CCUS技术研发；壳牌公司策划的鹿特丹项目，预计2030年实现封存二氧化碳1000万吨。去年以来，我国也先后启动首个海上二氧化碳封存示范工程，并建成首个百万吨级CCUS项目。

CCUS对能源结构以煤为主的中国具有特殊意义。煤的二氧化碳排放系数要高于石油和天然气，为降低碳排放，西方国家普遍走出了一条从煤炭向石油、天然气转型的道路。作为能源消费大国，我国油气对外依存度高，大规模提升油气消费占比不利于保障能源安全，能源转型将从煤炭时代直接跨越到可再生能源时代。由于短期新能源大规模并网仍存技术瓶颈，我国不可能完全抛弃自身的煤炭资源优势。

当前应对气候变化的压力日益增大。"双碳"目标下，需要为庞大的煤基能源产业以及钢铁、水泥等难以完全电气化的行业寻找绿色出路。在支撑经济合理增长、应对气候变化与保障能源安全的多重目标下，CCUS技术是基于基本国情、基本能情实现我国大规模深度减排的必然选择，是我国减少二氧化碳排放的重要战略储备技术。

目前，我国在CCUS技术研发和应用方面还处于初级阶段，成本过高，也存在一定安全风险。虽然现阶段 CCUS 技术暂不具备大规模推广应用的条件，然而，这仍是一项需要重点发展的技术，在难以进行电能替代的领域将有广泛应用场景。从 2020 年开始，全球主要国家和企业已经加大技术投入，随着技术突破和规模效应的产生，未来 CCUS 成本或将降低到商业化水平。

我国要想在碳中和时代下继续扮演重要角色，提升全球竞争力，必须在零碳技术上加大投入。对于 CCUS 这种关键性的零碳技术，在其经济性较差时，可以不大规模发展，但要超前进行技术储备和应用示范。要从国家能源安全和经济可持续发展的战略高度，重视 CCUS 技术创新和推广。要加强顶层设计，出台和完善财税金融政策与市场化机制，逐步形成符合国情的 CCUS 产业体系，为构建化石能源与可再生能源协同互补的多元能源供给体系提供重要支撑，这样才能牢牢掌握发展主动权。

（刊发于 2022 年 4 月 7 日产经版）

新型储能应坚持"两个多元化"

近日,国家发展改革委、国家能源局联合印发《"十四五"新型储能发展实施方案》,明确到 2025 年,新型储能由商业化初期步入规模化发展阶段,具备大规模商业化应用条件。不足 5 年时间,新型储能要完成全面商业化各项准备,挑战不小。作为能源绿色低碳转型的关键基础设施,新型储能技术路线纷繁复杂、应用场景灵活多变,构建完善的新型储能系统必须坚持技术和应用"两个多元化"。

新型储能是指除抽水蓄能以外的新型储能技术,包括电化学储能、压缩空气储能、飞轮储能、储热、储冷、储氢技术等。无论采用哪种技术,主要目的就是把多余电能储存起来,需要时再调用。电是一种特殊商品,在传统电力系统中,整个系统时刻处于动态平衡状态,发多少电就必须用多少电。一旦这种平衡被打破,严重时将引发大面积停电和安全生产事故。

在火电时代,通过电网精确调度,可轻松做到用多少电发多少电。随着"靠天吃饭"的风电、光伏等新能源大规模接入电网,发电时间和电量较难为人所控,电力系统实时平衡越来越难把握。按照 2060 年非化石能源消费比重达到 80% 以上测算,理论上我国风电、太阳能发电等新能源装机将达数十亿千瓦,成为电力供应主体,电力供需失衡或将成常态。如果将部分电能像普通商品一样存储在仓库中，用户需要时送出去，不需要时存进来，便可保持电力系统实时平衡。储能设施就是这个重要的"仓库"。

"双碳"目标下，加快推进新型储能技术规模化应用势在必行。在储能设施中，目前使用最为广泛、成熟且经济的当属抽水蓄能电站，但其对于地理条件要求较高，建设周期长，难以灵活布局。新型储能建设周期短、选址简单灵活、调节能力强，恰好与抽水蓄能优势互补。在新能源开发消纳规模不断加大，尤其是在戈壁荒漠大型风电光伏基地项目集中建设的背景下，新型储能重要性逐渐凸显。

当前，新型储能面临一大问题，就是技术种类繁多，不同技术路线性能不同、各有优劣，不存在一种技术"打天下"的可能。从发展阶段看，各类技术普遍处于应用示范阶段或大规模应用起步阶段，技术成熟度总体不高，仍需持续研发和工程优化。比如，技术相对成熟的电化学储能，仍面临安全性、适应性以及高成本等问题。从资源条件看，各技术发展空间尚存"天花板"。电化学储能受矿产资源约束，压缩空气储能则受地质地形因素限制。

因此，构建完善的新型储能系统应坚持"技术多元化"。当前阶段，新型储能技术进步仍存在不确定性，过于具体的政策规划容易造成资源错配。选择何种技术路线、装机如何匹配、各类技术怎么组合，也绝不能仅跟着资本的指挥棒前行。有关部门要做好顶层设计，结合我国现有的工业环境、技术水平、成本造价、各地资源禀赋等因素，进行科学论证，准确选择适合我国国情的新型储能技术给予重点支持、培育。针对争议较大的新型储能技术，要谨慎扩大商业化运营。

构建完善的新型储能系统还应坚持"应用多元化"。储能技术的应用贯穿新型电力系统转型的电源侧、电网侧、用户侧三个环节。目前，新型储能应用以风电场、光伏电站等电源侧配置为主。截至目前，我国已有超过20个省市发布了新能源配置储能政策，配置比例在5%~20%之间，虽然市场增速较快，但过于单一的应用场景限制了市场总体规模，也不利于充分发挥新型储能对新型电力系统的支撑作用。

储能系统本质上是灵活性供电的提供者，未来能源系统将是以新能源为主体、多种形式能源共同构成的多元化能源系统，对灵活性调节的需求越来越大，储能潜在应用场景也将不断拓展。其中，和多数人关系最密切的是用户侧储能，数据显示，2021年住宅储能系统占据德国电池储能市场的主导地位。随着5G通信、数据中心、新能源汽车充电桩等新基建建设加速，以及储能技术进步，电力市场不断完善，我国用户侧储能应用的广度和深度也将不断拓展。

（刊发于2022年4月14日产经版）

下决心打通能源市场"梗阻"

近日发布的《中共中央 国务院关于加快建设全国统一大市场的意见》指出，在有效保障能源安全供应的前提下，结合实现碳达峰碳中和目标任务，有序推进全国能源市场建设。从全局和战略高度明确了全国统一能源大市场建设的总体要求和重点任务，凸显了打通能源市场"梗阻"的决心。

能源市场化是有效促进能源资源优化配置的重要手段，放开能源价格，打破市场垄断，还原能源的商品属性已成为市场发展的必然趋势。经过多年探索创新，我国煤炭价格基本实现市场定价，油气勘探开发市场有序放开，油气管网运营机制改革取得关键进展，全国统一电力市场体系建设积极推进，多元竞争的市场格局基本形成。

虽然市场对能源发展的引导作用日益突出，但仍跟不上能源转型变革的步伐。我国正处在工业化、新型城镇化快速发展期，对能源的需求量还会不断增长，能源供需矛盾、结构矛盾将长期存在。同时，稳妥推进碳达峰碳中和对能源保供提出更高要求，单纯依靠传统能源格局，难以满足新时期发展需要。如何在实现低碳发展的同时，确保能源安全，是迫在眉睫的重大命题。解决这一问题，除了依靠技术创新，还需要在能源市场构建上继续下功夫。

下决心打通能源市场"梗阻"

建设全国统一的能源市场，有利于打通结构"梗阻"，推动我国从能源大国向能源强国转变。我国是全球最大的能源生产和消费国，可再生能源装机全球第一。在规模上已形成了全球最大能源市场，但体量庞大并不等同于具备相应的规模效应，能源仍是我国供给约束严重的领域。突出表现为，价格不能有效调节能源供需矛盾、煤电"顶牛"时有发生、能源用户对能源产品选择空间小、能源利用效率低下、新能源大规模消纳难、市场分割和地方保护比较严重等。

去年出现了煤炭供应紧张引发的限电问题，足以说明能源市场大而不强。不同于油气产品主要依靠进口，我国是煤炭生产大国，从产能和储量上完全有能力保障煤炭自主供应。这种情况下仍出现市场电煤紧缺，一大原因就是煤炭市场运转低效不畅。建设全国统一的能源市场，就是要打破堵点、痛点，促进能源市场要素流通，让能源大市场真正发挥规模效应，由大向强转变，有效保障能源安全、抵御外部断供风险，促进经济高质量发展。

建设全国统一的能源市场，有利于打通区域"梗阻"，让能源在全国范围内更高效配置。在中国地图上，从黑龙江黑河到云南腾冲画一条直线，就是著名的"胡焕庸线"。在分界线两端，能源分布西高东低、差距巨大。不同于一般商品，能源资源和用能需求逆向分布的特点，决定了我国能源供应需在全国范围调动匹配。过去几十年来，通过"西煤东运""西气东输""西电东送"等重大工程，全力促进能源"大挪移"，但能源局部短缺仍时有发生。随着对电网性能要求更高的新能源装机不断攀升，这种能源供需区域错配矛盾将更加显著。

建设全国统一的能源市场，要破除能源跨省跨区交易壁垒。当前迫切需要统一交易规则和技术标准，清理各种歧视性政策，降低交易成本，并通过市场价格信号引导能源高效利用，实现能源资源在全国更大范围内共享互济和优化配置。

统一的能源市场有利于打通行业"梗阻"，突破按品种管理能源的思路，真正建立多元供给的现代能源体系。大能源观下，没有一种能源可以"包打天下"，能源供给需要坚持类型多元化、供给方式多样化。过去，煤炭、石油、天然气、电力等行业一直在各自内部推进改革，自成体系，无法形成相对统一的管理机制，难以形成合力。

能源市场化改革是解决能源转型过程中各类主体间利益矛盾的重要手段，意味着各类能源协同发展，增强联动、优化组合，实现市场多元动态平衡，更有利于保障能源安全，推进"双碳"目标实现。

建设全国统一的能源市场是一个长期过程，不可能一蹴而就。能源商品特性复杂，且关系国家安全。要立足国情，充分考虑能源市场化对经济和民生的影响，避免急躁冒进，加大改革成本。

（刊发于2022年4月21日产经版）

哄抬煤炭价格必须严打

煤炭是关系国计民生的重要初级产品，维护煤炭市场稳定运行意义重大。近日，国家发展改革委价格司召开专题会议，研究明确煤炭领域哄抬价格违法行为认定标准。有关部门对煤炭投机行为"亮剑"，有利于引导煤炭经营者合法经营，维护煤炭市场正常秩序。

煤炭是我国主体能源。煤炭市场稳定运行，不仅有利于支持煤矿稳定生产，煤电平稳出力，更好发挥煤炭作为基础能源的兜底保障作用，维护国家能源安全，还有利于推动上下游行业协同发展，引导煤炭价格维持在合理区间，稳定下游企业用电用煤的成本，促进经济平稳运行。

良好的市场秩序是充分发挥煤炭市场作用的前提。在我国能源领域各行业中，煤炭的市场化程度最高。20世纪90年代起，我国逐步放开煤炭价格，不断推进煤炭市场机制建设，引导煤炭价格合理形成。自2009年以后，除电煤以外，各种煤炭产品已基本实现市场化定价。当煤炭价格在合理区间运行时，煤炭的产供储销能够维持平稳运行，煤炭、电力上下游能够实现协调发展。

但由于煤炭市场机制仍不完善，加上投机炒作时有发生，导致煤炭价格大起大落。当煤炭价格超出合理区间过度下跌或过度上涨时，就会带来不利影响。去年4月起，受煤炭供需等因素影响，国内煤炭价格开启涨势。10月中旬，5500大卡动力煤价格突破每吨2600元，刷新历史高位，坑口煤价一度逼近每吨3000元，严重偏离供需基本面。煤价高压下，一些电厂无法正常运转，少数地区出现拉闸限电，严重影响电力安全稳定供应和经济平稳运行。

哄抬价格、恶意炒作被认为是此轮煤炭价格非理性上涨的重要原因之一。另据国家发展改革委消息，自去年10月份以来，对15家市场主体的煤炭价格指数行为开展了评估和合规性审查发现，多数市场主体存在不合规或明显不合规行为。比如，编制发布价格指数的市场主体未独立于煤炭市场，有的甚至参与市场交易；有的指数则以个别采集点价格代替某一区域甚至全面价格。这也为市场投机提供了生存土壤。

稳定煤炭市场，要坚持对投机资本恶意炒作露头就打。从近年情况看，煤炭价格飙涨背后往往都有资本过度炒作因素。应采取"零容忍"的态度，严肃查处投机资本恶意炒作和市场主体捏造散布涨价信息、囤积居奇、哄抬价格、价格串通等违法违规行为，防止现货价格大起大落，维护煤炭市场平稳运行。

但"打"不能解决根本问题，稳定煤炭价格还要建立长效机制。日前召开的国务院常务会议指出，要运用市场化法治化办法，引导煤价运行在合理区间。为此，国家发展改革委于今年2月末明确秦皇岛港下水煤5500千卡中长期交易含税价格每吨在570元至770元之间，并将采取综合措施，引导煤炭价格在上述合理区间运行。此举获得行业普遍认可。

对此，也有人认为，煤炭价格已经放开由市场形成多年，如今明确煤炭价格合理区间，意味着政府要对煤炭价格进行直接管理。实际上，此举既不是重回计划价格，也不是放任自流。提出煤炭价格合理区间，实质上是一种预期管理手段，目的是在坚持煤炭价格由市场形成的基础上，建立价格区间调控机制，防止煤炭价格大起大落。同时，这也是政府职责所在，合法合规。比如，《中华人民共和国价格法》第四条规定："国家支持和促进公平、公开、合法的市场竞争，维护正常的价格秩序，对价格活动实行管理、监督和必要的调控。"

从中长期发展来看，除了价格调控，还应加快建立我国煤矿弹性产能机制，根据市场供需形势变化、可再生能源出力情况，对大型现代化煤矿实施产能弹性管理，平抑煤炭市场波动。进一步完善煤炭中长期合同制度，着力强化合同履约监管，确保中长期合同多签、实签。加强煤炭产品储备和产能储备建设，进一步增强政府可调度储煤能力，完善储备调节机制，适时收储和投放，有效平抑市场价格波动。综合施策促进煤炭产业链、供应链健康发展。

（刊发于2022年4月28日产经版）

煤电大规模退役不现实

国家能源局透露，截至 2021 年底，我国实现超低排放的煤电机组超过 10 亿千瓦、节能改造规模近 9 亿千瓦、灵活性改造规模超过 1 亿千瓦。"十三五"以来，我国煤电机组排放的烟尘、氮氧化物、二氧化硫等大气污染物不到全社会总量的 10%，已建成全球最大的清洁煤电供应体系。通过大力推动煤电节能降碳改造、灵活性改造、供热改造"三改联动"，煤电的角色正在悄然改变。

去年 12 月召开的中央经济工作会议强调，要立足以煤为主的基本国情，抓好煤炭清洁高效利用，增加新能源消纳能力，推动煤炭和新能源优化组合。习近平总书记在今年 1 月中央政治局第 36 次集体学习时指出，大力推动煤电节能降碳改造、灵活性改造、供热改造"三改联动"。

煤电"三改联动"是一项很专业、技术性较强的工作，为何受到党中央、国务院的高度重视？因为"三改联动"带来的综合效益远超行业本身，对我国实现经济高质量发展极为重要。经济学有个概念叫"正外部性"，是指一个经济主体的经济活动导致其他经济主体获得额外的经济利益，而受益者无须付出相关代价。比如，养蜂人的蜜蜂的活动给果农带来好处，而果农不必为此付钱。"三改联动"也具有很强的"正外部性"，此举不仅可引领煤电行业高质量可持续发展,还可支撑新能源大规模并网和新型电力系统构建,助力"双碳"目标如期实现。

从能源保供角度看,煤电节能降碳改造有助于夯实煤电兜底保障作用。我国是世界上最大的发展中国家,还处于工业化中后期和城镇化快速推进期,未来较长时期内电力需求将保持较快增长。2021年,我国全社会用电量同比增长10.3%,全国最大用电负荷创下新纪录,20多个省份出现有序用电,9月份甚至出现多年未见的拉闸限电情况。与此同时,我国可再生能源发电累计装机容量突破10亿千瓦大关,占全国发电总装机容量比重达43.5%。由于发电利用小时数较低,快速增长的可再生能源依然无法有效保障电力供给。

反观煤电,2021年以不足50%的装机占比生产了全国60%的电量,承担了70%的顶峰任务。我国以煤为主的资源禀赋,决定了煤电在相当长时期内仍将承担保障我国能源电力安全的重要作用。如果能大幅降低煤电机组的排放水平,就能在实现减排的同时有效保障电力供给。从实践看,经过超低排放改造的煤电机组,排放水平可接近天然气电厂水平,推动煤电机组节能降碳改造尤为重要。

从能源转型角度看,煤电灵活性改造可有效支撑新能源大规模并网,助力构建新型电力系统。风电、光伏等波动性电源大规模接入后,对电力系统提出了更高要求。目前全国具有灵活调节能力的电源不足20%,难以适应新能源大规模发展和系统调节需求,亟须推动调节性电源建设。2021年9月,我国东北多地由于风电骤减,电力供应缺口一度增加至严重级别,随着新能源装机快速增长,这一矛盾还将激化。

从一些发达国家的实践看,在碳达峰后主要依靠天然气发电的灵活性,来解决新能源的不稳定性、间歇性。我国天然气对外依存度高达43%，如大力发展天然气发电，不利于保障能源安全。考虑到能源禀赋和系统成本，在当前的技术条件和装机结构下，煤电依旧是最经济可行、最安全可靠的灵活调节资源。

我国提出"双碳"目标以来，一种声音越来越强烈——实现碳中和就是要让煤电机组尽快退役，为清洁能源腾出空间。基于以上分析，这种言论自然也就站不住脚了。"双碳"目标下，煤电大规模退役并不现实，更合理的做法是逐步由提供电力电量的主体电源转变为电力电量并重的支撑性和调节性电源，最终实现煤电有序退出。未来，在严控煤电项目的同时，要通过全面深入推进"三改联动"，充分发挥煤电的兜底保障作用和灵活调节能力，实现减排减污降能耗，提供综合服务，实现角色转变，为加快构建以新能源为主体的新型电力系统提供有力支撑，更好保障我国能源安全。

（刊发于2022年5月5日产经版）

油气增储上产不可松懈

在俄乌冲突影响下,油气供应成为全球能源安全的核心关注。近日,国家能源局发布数据显示,一季度我国石油天然气保持良好增产势头,原油产量同比增长4.4%,天然气产量同比增长6.6%,继续保持自2019年以来油稳气增的态势。尤其在国际天然气价格高企的背景下,国产气持续发挥"压舱石"作用,有力保障了国内市场稳定。

在国际油气勘探投资普遍不足的背景下,我国油气增储上产获得持续突破并不容易。2016年开始,受低油价冲击,国内油气勘探开发投资持续下降,原油产量连续3年下滑,天然气对外依存度快速攀升,国家能源安全隐患加剧。2019年,国家能源局正式实施油气行业增储上产"七年行动计划",国内石油企业加大勘探开发资金和科技投入力度,上游勘探成果密集显现,原油产量止跌回升。截至目前,我国原油产量已连续3年回升,天然气产量连续5年增产超百亿立方米,打了一个漂亮的"翻身仗"。

不过面对复杂多变的国际局势,油气增储上产工作仍不可松懈。一方面,推动油气增储上产是保障国家能源安全的战略选择。俄乌冲突已持续两个多月,国际货币基金组织预测,失去俄罗斯天然气和石油供应可能将导致欧盟国内生产总值损失3%。国际油气市场剧烈动荡，再次给国家能源安全敲响了警钟。油气安全是能源安全的核心，我国油、气对外依存度分别高达70%、40%以上，只有不断增强油气自给能力，才能将能源饭碗牢牢地端在自己手上。

另一方面，推动油气增储上产是实现"双碳"目标的关键。"双碳"目标下，石油和天然气被可再生能源逐步替代是大势所趋，我国处于工业化中后期和城镇化快速推进期，未来较长时期内能源需求仍将保持较快增长。在可再生能源有能力挑大梁之前，油气仍然不可或缺。尤其是天然气具有清洁、供应稳定性高和获取成本低的优势，在能源绿色低碳转型过程中，将发挥重要的接续和桥梁作用。据预测，2035年左右我国天然气需求将达到6000亿立方米以上，天然气在能源消费结构中的占比将增加至14%左右。如不继续加强天然气自主供应能力，天然气对外依存度还将大幅攀升。

为有效保障油气供应，国务院发布的《2030年前碳达峰行动方案》提出，加快推进页岩气、煤层气、致密油（气）等非常规油气资源规模化开发。此后，国务院国资委召开中央企业负责人会议再次强调，加大国内资源勘查力度，推动国内油气增储上产，更好发挥重要能源资源生产自给的支撑作用。

从资源条件来看，未来我国油气增储上产仍具较大潜力。石油方面，近3年来我国年新增原油探明地质储量均超10亿吨，该规模有望继续保持；天然气方面，我国煤层气、页岩气等非常规天然气资源非常丰富，具有很好的勘探开发前景。过去5年，非常规天然气（页岩气、煤层气）产量占全国天然气总产量的比例由不足7%提升到约14%，占比翻番。未来，随着勘探开发不断拓展和工程技术进步，非常规天然气的产量和经济性有望继续提升，有望成为未来我国天然气供应的重要组成部分。

油气增储上产不可松懈

当前，受供需形势影响，油气行业在经历了数年下行周期后重新迎来复苏，高景气度推动下游资本开支加速，给我国油气企业增加投资、增储上产提供了较好的外部环境。能源主管部门、油气企业应坚持常抓不懈，坚守"我为祖国献石油"的使命，弘扬大庆精神、铁人精神，全力推动原油稳产增产，天然气持续快速上产，保障国家能源安全。

要持续提升油气勘探开发和投资力度，全力突破油气勘探开发系列关键技术；积极培育油气增储上产新动能，加强海洋油气勘探开发，深入推进页岩革命；加快盘活未动用储量，加快油气矿业权退出及流转；充分发挥集中力量办大事的显著优势，形成各方面共同支持油气增储上产工作的强大合力。

（刊发于2022年5月12日产经版）

保供并不意味放弃降碳承诺

5月17日，国家发展改革委召开5月份新闻发布会再次强调，以煤炭为"锚"做好能源保供稳价工作。通过完善煤炭产供储销体系、强化市场预期管理等措施，引导煤炭价格在合理区间运行，通过稳煤价来稳电价，进而稳定整体用能成本。去年年底以来，我国集中出台了一系列保障煤炭供应和煤电生产的政策，有人担心这些举措偏离了降碳大方向。这种担心其实是杞人忧天。

保障能源安全是世界主要国家的核心关切。面对当前的油气供给危机，欧盟国家纷纷转向供给相对有保障且廉价的煤炭。数据显示，2021年整个欧洲的煤电发电量都在增长，逆转了长期下降趋势。随着煤炭需求量攀升，多国加快购买煤炭节奏，今年3月份欧洲各国煤炭总进口量同比增长40.5%。

保障能源安全亦是我国的重中之重。我国能源结构以煤为主，煤电占全社会发电量约60%，保障能源安全、稳定用能成本，必须立足这一基本国情，切实抓好煤炭保供稳价。去年10月中旬，受多重因素影响，国内5500大卡动力煤价格突破每吨2600元，刷新历史高位，严重偏离供需基本面。煤价高压下，一些电厂无法正常运转，少数地区出现拉闸限电现象，严重影响电力安全稳定供应和经济平稳运行。

可以说，出台煤炭保供稳价政策，是保障能源安全的必然要求。供给短缺是最大的能源风险，面对复杂严峻的外部形势，我国要统筹好疫情防控和经济社会发展，必须持续做好能源保供稳价工作。这需要先立后破，只有先保安全，才能促转型，能源的饭碗必须牢牢端在中国人自己手上。

切实保障能源安全的同时，我国坚定不移锁定"双碳"目标，坚持不懈推动可再生能源发展，取得了举世瞩目的成就。2021年10月，我国可再生能源发电累计装机容量突破10亿千瓦大关，占全国发电总装机容量比重达43.5%。其中，水电、风电、太阳能发电和生物质发电装机均持续保持世界第一。以世界第一大经济体美国为例，其所有煤电、气电、可再生能源发电加起来不足12亿千瓦，我国仅可再生能源装机容量就接近美国发电装机总容量。

推动可再生能源跨越式发展，我国为全球降碳作出了不可磨灭的贡献。2020年，我国可再生能源开发利用规模达到6.8亿吨标准煤，相当于替代煤炭近10亿吨，减少二氧化碳、二氧化硫、氮氧化物排放量分别约达17.9亿吨、86.4万吨与79.8万吨，每一个数字都是我国践行"双碳"承诺的有力证明。

去年以来，我国推动可再生能源发展的步伐继续加快。在2021年10月份举行的《生物多样性公约》第十五次缔约方大会领导人峰会上，我国提出将大力发展可再生能源，在沙漠、戈壁、荒漠地区加快规划建设大型风电光伏基地项目。在去年电力短缺最严重的时刻，果断调整能耗"双控"政策，新增可再生能源消费不再受限。今年4月份，提出健全多层次统一电力市场体系，研究推动适时组建全国电力交易中心，充分利用更高效的能源市场促进可再生能源高比例大范围消纳。类似政策不一而足，目的都在于促进可再生能源发展。

需要指出的是,当前围绕煤炭领域出台的很大一部分支持政策,同样是为了支撑可再生能源大规模替代。实践证明,能源转型是一个复杂而长期的过程,一口吃不成胖子。在可再生能源挑起大梁之前,推动煤炭清洁利用和煤电节能降碳改造、灵活性改造、供热改造"三改联动",不仅可引领煤炭煤电行业高质量可持续发展,还可支撑新能源大规模并网和新型电力系统构建,助力"双碳"目标如期实现。

我们也应看到,我国降碳进程将对全球降碳产生深远影响,而"一煤独大"的能源结构决定了我国实现"双碳"目标必将付出加倍努力。2020年,我国化石能源燃烧的二氧化碳排放量约占全球的32.5%,超过欧盟和美国之和,在所有工业大国中占比最高。下一步,在推动能源绿色低碳发展过程中,要平衡好长远目标和短期目标之间的关系,努力走出一条符合中国特色的能源转型之路。

(刊发于2022年5月19日产经版)

啃下民航碳排放"硬骨头"

近期，受国际油价上涨等因素影响，非洲多个国家面临航空燃油供应短缺，一些航空公司出现因缺油被迫取消航班的情况。考虑到我国充足的航油产能和能源保供力度，类似情况在我国出现的概率较低，不必过于担忧。但从中长期看，航空燃料替代是我国民航业高质量发展面临的棘手问题。

与电力行业相比，民航业算不上碳排放超级大户，受关注度不高。但要论降碳难度，民航业却是名副其实的"困难户"，必须重点关注。国际能源署报告显示，从2013年到2019年，全球民航运输业碳排放量已超过国际民航组织预测数值的70%。气候行动追踪组织将航空业碳中和发展目标进展评为"严重不足"。如果不加控制，到2050年全世界将有25%的碳排放来自航空业。

我国民航业脱碳形势同样严峻紧迫。从国际看，联合国下属的国际民用航空组织于2016年通过了国际航空碳抵消和减排计划，要求航空公司对国际航班超出基准线的二氧化碳排放进行补偿，国际航线将背负更大的碳减排压力。从国内看，随着人均收入水平提高，我国民航运输规模还将持续扩大，航空煤油消费产生的碳排放也将不断攀升。从行业看，民航领域极高的投资成本、较长的研发应用周期以及超高的安全性要求，使其成为最难实现近零排放的领域。

如何实现民航业有效降碳？航空运输业碳排放主要有三大来源：飞机航空燃油燃烧、与飞机相关的地面排放和航空相关的电力使用等，其中航油燃烧约占总排放量的79%，是民航业碳排放的大户。因此，民航业减碳最高效的做法是在航空燃料替代上做文章。

目前，全球广泛研究且可行性较高的能源替代方案有电动化、氢能化、可持续航空燃料三种方式。从技术层面来看，电动化、氢能化等方式难以在中短期内取得重大进展并对碳减排提供有效帮助。先看电动飞机，在现有电池技术下，受限于电池功率，支持飞机长途飞行所需电池组过大过重，且安全性也存在隐患，电动飞机尚不具备在大型客机中推广的可能。再看氢动力飞机，氢单位体积能量密度偏低，对于相同能量的燃料，储存液态氢所用的加压燃料箱体积约为常规飞机油箱的4倍，且燃料箱必须广泛绝热并增压，这些严苛的条件将限制氢动力飞机普及。

从技术及已有商业应用角度看，中短期内，可持续航空燃料将成为航空运输业减少二氧化碳排放的主要驱动力。可持续航空燃料具有与常规航油几乎相同的特性，主要分为可持续航空生物燃料和可持续航空合成燃料。在保证飞行动力的前提下，航空运输业可比一般航油减少80%的碳排放，且航空公司几乎不需要对飞机进行改装便可直接使用。因此，多数国家将可持续航空燃料看作航空业减排突破的关键。目前，全球已有超过40家航空公司的30万个航班使用了可持续航空燃料。

近年来，可持续航空燃料在我国也取得了一定突破。2014年2月份，中国民航局向中国石化颁发了技术标准规定项目批准书，为国产可持续航空燃料的商业应用铺平了道路。同时，我国先后完成了航空生物燃料验证飞行和载客商业飞行。

不过，迄今为止可持续航空燃料在我国尚未大规模商业应用。首要原因是生产成本高昂，不同生产技术对应的可持续航空燃料成本是传统航空燃油的2倍至3倍。现阶段，航空公司无法承受用可持续航空燃料大规模替代常规航油的成本压力。另一个原因是产能不足。由于原料收集成本高、量产不足，以及市场规模过小等，目前国内只有少数厂商在进行可持续航空燃料的自主生产。

对于我国而言，可持续航空燃料是控制民航业碳排放快速增长的关键技术手段，是民航业碳减排必须啃下的"硬骨头"，必须从国家战略高度加快可持续航空燃料产业发展。要在国家层面加强顶层设计，进一步明晰可持续航空燃料的战略定位，研究出台可持续航空燃料中长期发展规划，规范研发应用、原料种植收集、燃料储运机制、民航业应用方式与规模等。在保障粮食安全的前提下，政府部门应加强政策鼓励和引导，加快可持续航空燃料规模化生产技术集成创新和应用示范，并支持其生产；石油石化企业需要加大可持续航空燃料设施的投资力度。力争早日实现可持续航空燃料的规模化生产与应用。

（刊发于2022年5月26日产经版）

防止拉闸限电现象再发生

近日，国内多地迎来入夏第一轮高温天气，不少城市发布高温预警。中央气象台预计，进入6月，北方地区将再次迎来高温天气。气温快速攀升，叠加各地复工复产逐步推进，居民用电和工业用电高峰即将到来。5月11日召开的国务院常务会议要求，确保能源供应，决不允许出现拉闸限电。面对复杂严峻的国内外能源供给形势，有关部门和企业必须提高政治站位，全力保障电力供应，杜绝拉闸限电再度上演。

拉闸限电，本是在我国多年不见的现象，却在去年成为全民关注的焦点。2021年9月中旬起，浙江、江苏、广东、山东、辽宁、吉林、湖南等十多个省份陆续出现电力短缺、限电停产等情况。其中，东北多地由于风电骤减，电力供应缺口一度增加至严重级别，电网运行面临事故风险，为保证电网安全运行，不得已采取拉闸限电措施。

电力服务质量和可靠性直接影响生产生活秩序，关系到国民经济发展和人民生活水平的提高。一方面，"一刀切"的拉闸限电会影响居民的日常生活甚至社会的正常运转；另一方面，拉闸限电直接影响制造业和工业生产。短期生产"断档"，不仅将造成生产生活物资短缺，也将推升相关产品价格；如果持续时间较长，则会威胁到国内整体产业链、供应链的稳定安全，引发系统性风险。

当前，我国正处于疫情防控和经济稳增长的关键时期，如若拉闸限电再度大面积上演，不仅将损害企业正常生产经营秩序，甚至会危及企业生存，影响经济正常运行，伤及市场主体对经济发展的信心，给疫情之下来之不易的经济复苏势头制造新的困难。

保障能源供给、防范大面积拉闸限电，是确保经济社会平稳发展、国家"双碳"战略平稳有序推进，贯彻新发展理念的关键举措。必须坚决打赢打好迎峰度夏电力安全保供攻坚战。

虽然当前我国能源保供势头良好，但今年迎峰度夏面对的压力依然不小，不可松懈。从国际看，受地缘政治冲突影响，国际煤油气供应紧张，国际能源价格高位波动，煤炭格局日趋复杂。有机构预计，2022年欧洲天然气价格达到2021年的2倍，煤炭价格上涨80%，接近翻倍。能源价格持续高位波动已经深度影响到全球能源供应系统的稳定与安全，也将加大我国进口煤炭、天然气的压力。

从国内看，随着迎峰度夏期间全国气温不断攀升和空调制冷负荷不断释放，全社会用电需求将继续攀升，局部地区高峰时段将出现供需偏紧，如遇大范围持续极端高温天气，形势将更趋严峻。同时，国内下游煤炭库存处于相对低位，电煤价格高位波动，煤电企业持续大面积严重亏损，电力峰谷差不断加大等多方面因素交织叠加，也给电力供需形势带来较大不确定性。迎峰度夏期间煤电和气电保供依然面临潜在风险。

切实保障电力供应，要做到"扩产能"和"稳价格"两手抓。煤电占全社会发电量约60%，要在保障安全生产的前提下，优化煤炭企业生产、项目建设等核准审批政策，落实地方稳产保供责任，充分释放先进产能，确保煤炭供需平衡。交通运输部门要优先保障煤炭运输，确保生产的煤炭及时运到需要的地方。同时，针对煤电企业大幅亏损等困难，实施阶段性税收缓缴政策，引导鼓励金融机构保障煤电企业购煤等合理融资需求，支持煤电企业增加电力供应。

在稳价方面，应密切监测煤炭市场价格变化，严肃查处投机资本恶意炒作和市场主体捏造散布涨价信息、囤积居奇、哄抬价格、价格串通等违法违规行为。通过完善煤炭产供储销体系、强化市场预期管理、落实新一轮定价机制等措施，引导煤炭价格在合理区间运行，降低煤电企业的发电压力。并通过稳煤价来稳电价，进而稳定整体用能成本，为经济稳增长创造有利条件。

切实保障电力供应，大型能源企业要担起"压舱石"作用。大型能源集团是国民经济和能源产业发展的重要支柱，影响到社会生产和生活的方方面面，必须增强责任感和使命感，自觉站在保障国家能源安全和经济稳定运行的高度，带头保供稳价。重点煤企要按要求落实增产增供任务，中央发电企业要保障所属火电机组应发尽发，电网企业要强化电力运行调度和安全管理。多方协作、形成合力，方能共同维护能源系统运行安全。

（刊发于2022年6月2日产经版）

发挥好能源投资乘数效应

近日,国务院正式发布《关于印发扎实稳住经济一揽子政策措施的通知》,要求在确保安全清洁高效利用的前提下有序释放煤炭优质产能,抓紧推动实施一批能源项目,提高煤炭、原油等能源资源储备能力。当前,国际形势复杂多变,国内稳增长压力不小,若能充分利用能源投资的乘数效应,将给经济稳增长、保障国家能源安全、塑造全球竞争新优势带来深远影响。

能源投资一般包括能源资源开发投资、能源生产项目投资,以及能源网络设施建设投资等。中短期看,能源项目通常投资体量大、用工多,可直接拉动区域经济增长。同时,能源投资还具有较强的正外部性。由于能源工业产业链长、能够聚集整合资源,因此能源投资可撬动相关产业投资,带动制造业再发展,形成产业聚集,有效形成新的经济增长点。除此之外,能源产业还可为其他产业提供能源与原材料,是其他产业持续发展的关键影响因素。

例如,抽水蓄能电站作为能源基础设施,具有投资规模大、产业带动力强等特点,可带动社会投资、上下游产业整体发展,提供各类就业岗位,同时也能带动当地商业、旅游业发展,具有一举多得的综合效益。数据显示,"十三五"期间,仅国家电网公司便完成抽水蓄能建设投资700亿元,带动社会投资超过1500亿元,上下游产业整体投资规模接近 2300 亿元，提供各类就业岗位 10 万个，在拉动投资、带动产业链发展中发挥了重要作用。

能源投资的长期效应更值得重视。纵观能源发展史，能源体系的每一次重构都释放出推动经济效率提升的巨大力量，有效促进了经济增长。19 世纪，煤炭替代木材引发了第一次工业革命，英国率先完成转型，成为当时世界上最发达的国家。20 世纪，石油替代煤炭引发了第二次工业革命，借助这次能源转型，美国国力得以极大增强。两次能源革命都重塑了世界秩序，并极大促进生产力跨越式发展。

当前，新能源对传统化石能源的替代，有望引发新一轮工业革命。我国要在新历史机遇中占领制高点，迫切需要加大能源新兴产业投资力度，打造可以重塑国家竞争优势、支撑经济高质量发展的现代能源体系，并在此基础上发展绿色低碳的全新工业模式，带动上下游产业高质量发展，利用新一轮能源变革的发展机遇缩小与发达国家之间的差距，以更大外溢效应促进经济增长。

能源投资应重点聚焦绿色低碳转型。一方面，要从提高能源供给质量出发，加大对新能源、可再生清洁能源及其支撑设施的投资力度，包括风光大基地、智能输变电设施、特高压电网、抽水蓄能电站、新型储能设施等。通过大力发展低碳清洁能源，促进我国能源产业结构优化升级，更好地发挥能源投资对经济增长的拉动作用；另一方面，要从保障能源安全角度出发，优化传统化石能源组合。重点做好煤炭清洁高效利用，实施煤电节能降碳改造，加强石油、天然气等过渡能源增储上产力度，推进石化、钢铁等行业节能降碳改造。

以上绿色能源投资将在今后几十年内，为我国经济增长提供可观的投资推动力。能源基金会的一项分析表明，到2050年，面向中国碳中和的直接投资可达140万亿元，如果考虑到关联投资，实际投资潜力将远大于该规模。

当然，想实现上述投资潜力尚需加快推进能源领域市场化改革。能源电力行业具有自然垄断特征，和市场化程度较高的行业相比，我国能源电力行业活力不足、整体效率过低。要借助新一轮能源转型的契机，建设全国统一的能源市场，解决堵点、痛点问题，降低市场准入门槛，有序放开能源价格，打破市场垄断，还原能源的商品属性，促进能源市场要素流通。让电价机制在市场竞争中有效发挥作用，并能充分反映资源成本、环境成本和社会成本，以及市场供需变化，为新能源投资释放市场空间。

能源投资大规模资金来源是另一道坎。要创新能源投融资机制，加大政府对能源绿色低碳转型资金支持力度，建立相应的能源产业发展激励机制、投资政策及税收优惠政策，并鼓励民间资本和外资积极参与能源投资。为新能源产业设计针对性强的结构化金融产品，加大绿色债券、绿色信贷对新能源项目的支持力度，加快将新能源项目纳入基础设施不动产投资信托基金（REITs）试点支持范围，将更多的商业资本转化为产业资本。

（刊发于2022年6月9日产经版）

煤炭保供力度不能松

近日,应急管理部、国家能源局等四部门发布《关于加强煤炭先进产能核定工作的通知》要求,严格履行电煤保供稳价责任。核增产能煤矿要积极承担电煤增产保供责任,核增产能形成的新增产能必须全部按国家政策签订电煤中长期合同。随着各地气温升高,叠加复工复产加速推进,用煤用电高峰将至。保证煤炭供应充足,不仅关系能源安全,而且关乎经济平稳运行。这就要求煤炭在关键时刻"产得出、调得快、用得上"。

今年以来,受俄乌冲突等因素影响,我国能源外部压力持续增加。俄乌冲突不仅加速了短周期内煤炭对天然气的替代,而且迫使欧盟国家向俄罗斯之外的其他国家采购煤炭。由于俄罗斯煤炭出口量占全球15%左右,针对俄罗斯的煤炭禁令,加剧了全球范围内煤炭供应紧张,海外市场煤炭价格较去年年底上涨数倍。

部分国外煤炭生产大国资源丰富、生产成本低、煤质好,长期以来都是我国调剂国内煤炭市场的重要补充,从国内消费量来看,进口煤约占总消耗量的8%。国际煤炭市场供应紧张,导致国内外煤价倒挂,抑制我国煤炭进口。今年一季度,全国煤炭进口量同比下降24.2%。进口下滑带来的国内煤炭需求缺口,需要依靠自有煤矿产能补充。

煤炭保供力度不能松

国内方面，随着全国气温不断攀升、用电负荷不断释放，全社会用电需求将继续攀升，带来煤炭需求提升，局部地区高峰时段将出现供需偏紧，如遇大范围持续极端高温天气，形势将更趋严峻。截至6月9日，沿海八省电厂日耗大幅增长，电煤可用天数为17.6天，较前一周的20.4天大幅下降。同时，国内电煤价格高位波动，煤电企业持续亏损，电力峰谷差不断加大等多方面因素交织叠加，也给电力供需形势带来较大不确定性。迎峰度夏期间煤炭供应依然面临潜在风险。

煤炭保供是大事，也是难事。我国虽是煤炭生产大国，但煤炭生产基地相对集中且与主要消费市场逆向分布，经济发展和气候条件的地区差异以及产业政策的调整，决定了我国煤炭市场供需矛盾的复杂性。受资源条件、运输能力、需求变化、安全事故、突发事件等多方面因素影响，煤炭阶段性、区域性供应紧张时有发生。

当前形势下，做好煤炭保供工作须紧抓"三招"。

其一，充分释放先进产能，保障煤炭"产得出"。过去较长时间，我国煤炭政策以抑制产能过剩为主导，"十三五"期间，煤炭区域供应格局发生了深刻变化，全国煤矿数量大幅下滑，且向少数区域集中。"双碳"目标下，要在确保安全清洁高效利用的前提下，优化煤炭企业生产、项目建设等核准审批政策，加快办理保供煤矿手续，落实地方稳产保供责任，充分释放先进产能，确保煤炭供需平衡。此外，要构建完善的煤炭供需预测预警体系和调节机制，防止煤炭产能无序扩张或收缩，保障市场平稳运行。

其二，增强煤炭运输和储备能力，保障煤炭"调得快"。我国幅员辽阔，能源资源与需求逆向分布，要想在较短时间内将大量煤炭快速运输到需求侧，铁路、公路、水路运输都面临巨大考验。随着煤炭产能集中度不断提升，煤炭调入地区需求缺口明显，跨省跨区资源协调和运力保障难度进一步增大。交通运输部门要优先保障煤炭运输，确保煤炭及时运到需要的地区。持续加强煤炭集疏运建设，推进公路、铁路、水运多式联运，推动煤炭运输能力不断增强。同时，加快建设国家新型煤炭储备体系，充分发挥煤炭储备的"稳定器"和"蓄水池"作用。

其三，稳定煤炭市场价格，保障煤炭"用得上"。煤炭是关乎国计民生的特殊商品，不能简单以供求关系决定市场价格。由于煤炭供应渠道复杂、用户覆盖面广、煤质参差不齐，加之部分市场主体法治观念淡薄、存在投机心理，煤炭市场秩序容易偏离轨道。政府部门应密切监测煤炭市场价格变化，严肃查处投机资本恶意炒作行为，打击市场主体捏造散布涨价信息、囤积居奇、哄抬价格、价格串通等违法违规行为。通过完善煤炭产供储销体系、强化市场预期管理、落实新一轮定价机制等措施，引导煤炭价格在合理区间运行，有效降低电力企业用煤成本，为经济稳增长创造有利条件。

（刊发于2022年6月16日产经版）

油价每升超10元意味着什么

6月14日24时，国内成品油迎来今年第11轮调价。调整后，国内92号汽油全面进入"9元时代"，部分地区95号汽油正式迈入"10元时代"，刷新了国内成品油价格的历史纪录。以当前紧张的国际原油供需形势和历史经验来看，油价仍将在不短的时间内保持高位运行。

石油是现代工业之母，是当今世界头号能源。除了提炼成品油作为燃料广泛使用外，石油还是化工行业的基础，为塑料、化肥、化妆品、药品和纺织品等产品提供原料。可以说，石油已经渗透经济生活的方方面面，其价格大幅波动势必会给生活带来影响。高油价又将如何改变我们的生活，并重塑相关产业？

高油价让汽车电动化进一步提速，从而推进低碳生活。油价涨跌与老百姓关系最密切的是乘用车，今年以来，每次油价上调，加满一箱油往往需要多掏十几元。面对不断上涨的汽油柴油价格，网友们纷纷表示，"已经不敢踩油门了"。高油价会直接抑制汽油车需求，历史上三次石油危机期间，全球汽车销量均出现大幅下滑，并推高节油小型车的销量。

随着电动汽车技术的快速进步和产能提升，人们有了新的选择。高企的油价进一步拉大了燃油车与电动汽车使用成本的差距，让更多原本处于摇摆状态的消费者站队电动汽车。新能源汽车销量持续快速增长,是当前我国车市最大的亮点。据中国汽车工业协会统计,今年前5个月,纯电动汽车产销同比均增长1倍,继续保持高速增长势头。而新能源乘用车市场占有率为26.3%,再创历史新高。如果油价"高烧"不退,电动车还将继续蚕食燃油车的市场份额。

高油价将加速可再生能源替代。历史反复证明,每一次油价高涨,都会加快替代能源的发展,减少社会经济对石油的过度依赖。高油价下,世界主要石油消费国为了减少对单一能源品种的过度依赖,纷纷实行新的能源政策,努力开发不同的能源品种,丰富国内一次能源消费结构。根据BP能源统计年鉴,发生第一次石油危机的1973年,石油约占世界一次能源消费结构的50%,历经数次油价上涨后,这一比例逐渐缩减到2020年的近30%。此轮油价上涨再次倒逼主要国家加快能源转型步伐。近日,欧盟委员会公布了一项全新的行动方案,将欧盟2030年的可再生能源发展目标从占能源供应的40%增加到45%,并加速可再生能源项目批准流程。

"缺油少气"是我国基本国情。我国石油对外依存度高达70%以上,且未来增产空间有限。要化解这一能源安全的关键掣肘,必须高度重视可再生能源发展。"十四五"时期是能源低碳转型的关键期、攻坚期,要制定更加积极的新能源发展目标,大力推动新时代可再生能源大规模、高比例、高质量、市场化发展,着力提升新能源消纳和存储能力,积极构建以新能源为主体的新型电力系统,健全完善有利于全社会共同开发利用可再生能源的体制机制和政策体系,为构建清洁低碳、安全高效的能源体系提供坚强保障。并以清洁能源体系为基础,引导产业向低能耗、高技术方向发展,逐步降低石油在产业经济中的比重。

高油价将让煤炭的角色重新被认识。有一个普遍观点，煤炭燃烧是最主要的大气污染来源之一，使用煤炭产生的二氧化碳排放比石油高30%，比天然气高70%，被欧洲人称为"恶魔的粪便"。但有意思的是，人类从木柴时代向煤炭时代转型时，煤炭曾经被认为是一种清洁能源，因为相比木材的燃烧，煤炭带来的污染更少。在当前技术条件下，煤炭已经被证明是一种可以被清洁利用的能源产品。高油价下，欧洲多个国家重启煤炭发电以应对能源短缺。欧盟委员会表示，"一些现有煤炭产能的使用时间可能比最初预期的要长"。

煤炭是我国的主体能源，减煤速度过快、力度过大，将削弱煤炭对保障能源体系安全运转的"托底保供"作用。在合理有序推动煤炭消费减量的同时，应推动煤电机组节能提效升级和清洁化利用、开展煤电机组供热改造，并加快实施煤电机组灵活性改造。同时，适度推进以煤制油、煤制烯烃为代表的现代煤化工发展，逐步推动煤化工产品走向高端化、高值化。从某种意义上讲，这也是对高油价的对冲。

（刊发于2022年6月23日产经版）

新能源不是 20 年前的房地产

在近日举行的 2022 年新能源汽车产业链投资年会上，有经济学家表示，当下新能源相关的产业是未来最有希望、最具爆发力的领域。从长远看，当下不投资新能源，就像 20 年前没买房。这种观点似乎点燃了投资者的热情，本处于反弹阶段的 A 股新能源板块再次加速上涨，大有重回风口之势。

新能源到底是不是 20 年前的房地产？对于这个热点话题不能简单下结论。如果从投资规模、经济拉动效应和增长潜力来看，那么新能源与房地产尽管有相似之处，但不能简单等同。

据分析，一个产业的增加值占比达到 5% 时就成长为支柱产业，而房地产对我国 GDP 的贡献曾一度超过 10%。房地产作为国民经济支柱产业，不仅能直接拉动建材工业、建筑设备工业、建筑机械工业以及冶金、化工、运输机械、仪表等行业发展，还会影响家用电器、家具等民用工业以及旅游、园林、运输业、商业、服务业等第三产业发展。从 2000 年起，中国经济的飞速发展的确与房地产业密不可分。

新能源主要包括新能源汽车和新能源电力两大产业。先看新能源汽车，经过 100 多年的发展，汽车制造已成为世界上规模最大、产值最高的产业之一。汽车产业对各国工业结构升级和相关产业发展有很强的带动作用，具有产业关联度高、涉及面广、技术要求高、零部件数量多、附加值高等特点，同时具有明显的规模效应。目前，我国已在新能源汽车产业链上形成优势，拉动经济效益已经显现。有数据显示，未来整个新能源汽车的产业链规模将超 10 万亿元。

再看新能源电力，按照 2060 年非化石能源消费比重达到 80% 以上测算，风电、太阳能发电等新能源发电装机将达到数十亿千瓦，成为电力供应主体。分析表明，到 2050 年面向中国碳中和的直接投资至少可达 140 万亿元，若考虑到关联投资，实际投资潜力远大于该规模。

不同于房地产投资的短期刺激效应，新能源投资的长期效应要远高于短期效应。随着经济不断发展，过高的房地产投资比例和过热的房地产业发展现状成为突出问题。拉动经济增长的主要手段，应从"盖房子"逐渐转移到以新能源为主体的零碳能源系统和以数字技术为核心的现代产业体系重构上去。

哈佛商学院教授迈克尔·波特在《国家竞争优势》一书中提出，在国家层面上，"竞争力"的唯一意义就是国家生产力。国家经济升级需要生产力持续提高，而能源是其中一大关键生产力要素。纵观能源发展史，能源体系的每一次重构都释放出推动经济效率提升的巨大力量，有效促进了经济增长。在第一次工业革命中，煤炭成为主角。煤炭能量密度比木材更高，且储量丰富，人们可以以低廉的成本为蒸汽机提供动力，生产力大幅提高的同时，大规模远距离贸易成为可能，也加速了处于供应链每一环节的产业的发展。这个阶段英国率先完成转型，成为当时世界上最发达的国家。

第二次工业革命中，石油成为主角。石油能量密度更高，生产过程更简单、更安全，也更清洁方便，可以精炼成多种燃料和化工原料，各方面都优于煤炭。石油的出现进一步提高了现代经济的生产力，使得更快速的远距离飞行成为可能，进一步深化了全球化进程。在20世纪上半叶，美国是世界上最主要的产油国，借助丰富、廉价的石油，美国国力得以极大增强。

与前两次工业革命不同，新一轮工业革命将以分布在世界各地、随处可见的可再生能源为基础。科学家指出，太阳光线一个小时的照射所产生的能量足以支撑全球经济运行一整年。新一轮能源要素的切换无疑将改变整个世界。当前，我国在新能源利用方面已经领跑全球，只要有先进、经济的绿色技术，我国不仅能有效保障能源安全、实现能源独立，也可最大限度地实现能源的有效利用并维持经济的低成本、高效、可持续发展，最终在全球范围内建立竞争优势。

因此，从长期视角来看，显然不能将新能源简单等同于20年前的房地产，新能源将给人类进步和我国经济社会发展带来更为深远的影响。

（刊发于2022年6月30日产经版）

不要误读油价调控政策

近日，国家发展改革委宣布，为减轻下游用户和消费者负担，降低实体经济运行成本，当国际油价超过每桶130美元调控上限后，国内成品油价格短期内（不超过2个月）不再上调，后续如国际油价高于每桶130美元调控上限的时间累计超过2个月，将提前明确有关政策措施。今年3月份以来，国际油价保持在每桶100美元线上高位震荡。有人认为，此时强调该政策就是在释放油价将突破每桶130美元的信号。

这种看法其实是对政策的过度解读。原油属于供给弹性比较大、需求相对刚性的典型商品，国际石油价格的波动通常由多重变量因素决定，如世界石油供需关系、欧佩克和非欧佩克产油国的政策、地缘政治、恐怖袭击、美元汇率变动、市场预期、投机买卖等。因此，预测石油价格走势从来都是一大难题，油价的实际走势也常常出人意料。

上述政策其实早已有之。按照现行成品油价格机制，国内成品油价格根据国际市场原油价格变动，每10个工作日调整一次。根据2016年发布的《石油价格管理办法》有关规定，国际油价低于每桶40美元时，汽油、柴油零售最高限价不降低；当国际油价超过每桶130美元调控上限后，汽油、柴油价格原则上不提或少提。由此可见，将该政策与油价必然上涨联系在一起并不靠谱。

不过，无法预测并不意味着不能应对。我国是世界上第二大原油消费国和最大的原油进口国，原油对外依存度高达73%。当前我国原油价格已与国际市场接轨，国际石油价格波动对我国能源供应和经济社会发展具有重要影响。俄乌冲突爆发以来，国际油价大幅上涨，对我国经济社会的冲击已经显现。

对消费者来说，国际原油价格高企最直接影响的是成品油价格。今年以来，国内成品油零售限价调整共经历了12轮调价，10次上调2次下跌。据测算，最新一轮调价过后，国内多数地区92号汽油价格保持在每升9元以上，仍处较高水平。同时，航煤价格也不断攀升，导致航空燃油附加费接连上涨，创下自2000年开始征收燃油附加费以来的最高纪录。

有机构预测，在全年国际油价持续高位运行、布伦特原油均价超过每桶100美元的背景下，我国全年石油进口支出或增加1000亿美元以上，相当于海南省去年全年GDP总额，对我国的人民币汇率、国际收支平衡都会产生重要影响。此外，虽然油价在我国CPI中所占比重较小，但油价上涨会沿产业链向下传导，进而影响到生产和消费环节等方方面面。因此，油价的上涨不仅将带来通货膨胀的压力，还可能引发整体投资、产值的下降，制约稳增长政策落地。

以上情况短期内难以缓解。从基本面来看，相当长一段时间内国际油价易涨难跌。近日，欧盟正式通过对俄罗斯的第六轮制裁，将在未来6个月内，逐步停止成员国通过海运方式采购俄罗斯原油。预计到今年年底，欧盟从俄罗斯进口的石油将减少超过90%。另外，由于上游投资不足、政局动荡等因素影响，OPEC+增产空间有限，国际油市供需失衡的概率将加大。

此番国家发展改革委对油价调控政策的补充说明，正是为了稳定市场预期，最大限度降低高油价对实体经济和消费者的不利影响，未雨绸缪，为经济加快复苏创造有利条件。根据最新政策，当国际油价超过每桶 130 美元调控上限后，汽油、柴油价格原则上不提或少提。同时，为保护炼油企业生产积极性，保障成品油安全稳定供应，由中央财政对炼油企业给予阶段性价格补贴。这为国际油价一旦突破调控上限提供了阶段性操作细则，平衡了消费者和上下游企业的利益。

应对高油价挑战是一项复杂工作，还需要倡导企业和居民节约用油，多元化利用境外油气资源，加快完善石油储备体系，积极发展可再生能源。有效落实上述措施，将在一定程度上缓和国际油价高涨带来的负面影响。此外，国际期货交易活动是国际石油价格的主要避险工具之一。中国原油进口采购主要依赖长期合约和现货交易两种模式，只能被动接受国际石油价格的涨跌，价格风险较大。有关企业应积极参与国际石油期货交易活动，提高我国对国际石油定价的话语权，降低价格大幅波动造成的直接冲击。

（刊发于 2022 年 7 月 7 日产经版）

虚拟电厂意在推动能源绿色转型

资本市场总是不缺热门概念。近日，A股虚拟电厂概念股热度颇高，受到投资者追捧。虚拟电厂概念本轮走热，源自关于特斯拉的一则消息——太平洋燃气与电力公司联合特斯拉推出虚拟电厂试点项目。受此消息刺激，多家A股上市公司透露，涉及虚拟电厂相关业务，并展开积极布局。虚拟电厂走红背后，是能源系统数字化转型浪潮来袭。

提起电厂，人们脑海里第一反应往往是：高耸的烟囱、巨大的冷却塔、滚滚的白烟。如今在我们身边有一些电厂，既没有厂房，不烧煤，也不用其他燃料，却具备发电的能力，我们称之为虚拟电厂。虚拟电厂并不是真正意义上的发电厂，而是一种智能电网技术，其核心理念就是通过先进信息通信技术和软件系统，把工厂、商场甚至居民家的各类分散、可调节的电源和负荷汇聚起来，形成一个虚拟的"电厂"进行统一管理和调度。在虚拟电厂聚合下，企业、居民等用户均可参与电力市场交易，灵活性更高。

以大型商业综合体为例，通常这些楼宇都会配备大量的空调机组，冬天供暖夏天送冷都会消耗大量电能。在夏季用电高峰时段，如果通过预先安装的电子终端实现分钟级远程柔性可调节负荷需求响应，将中央空调的温度上调2摄氏度至3摄氏度，便可让日均用电量减少近20%，从而减轻电网的负担，同时商场用户也不会因为微小的温度上升而感到不适。如果能管控更多这样的大厦和工厂，就可以在不新建发电厂的前提下，更好地释放存量电力的潜能，保障电网安全。

虽然技术很先进，但虚拟电厂并非新概念。自1997年这个概念提出以来，便受到欧洲、北美和大洋洲多国关注。自2001年起，德国、英国、西班牙、法国、丹麦等欧洲国家开始兴起以集成中小型分布式发电单元为主要目标的虚拟发电厂研究项目；同期北美推进相同内涵的"电力需求响应"。澳大利亚、日本等亚太国家近年来也逐步加入虚拟电厂研究、部署行列。

我国尚未形成成熟的成套解决方案，虚拟电厂项目基本处于前期试点研究阶段。"十三五"期间，我国江苏、上海、河北、广东等地相继开展了电力需求响应和虚拟电厂试点。比如，江苏省于2016年开展了全球单次规模最大的需求响应工作。上海于2017年建成世界首个商业建筑虚拟电厂——黄浦区商业建筑虚拟电厂示范工程。国网冀北电力有限公司优化创新虚拟电厂运营模式，并高质量服务北京冬奥会。

在"双碳"目标下，虚拟电厂对提升电网安全保障水平、推动能源绿色低碳转型具有重要意义。当前，以可再生能源为代表的现代能源系统，正加速替代以油气为代表的传统能源系统。从能源生产、消费和配置各环节看，现代能源系统以电为中心、以电网为平台的特点日益显著。未来，分布式可再生能源、电动汽车、新型储能等配电网中的分散发电和有源负荷将呈现高速增长态势，更多电力用户将由单一的消费者转变为混合型的产消者。这些都对电网的安全、可靠、经济运行等提出的新挑战。

虚拟电厂正是针对这些新现象，聚焦再电气化进程中生产侧和消费侧同步发力的重要特征，提出适应未来能源清洁低碳发展趋势的技术和商业模式，在清洁供暖、用户侧需求响应、电动汽车等领域都具有广阔的应用前景。作为电网的"智能管家"，虚拟电厂将分散式电源和负荷集零为整，既可以作为"正电厂"向电力系统供电，也可以作为"负电厂"消纳系统的电力，起到灵活的削峰填谷作用，助力电网系统保持实时平衡。这不仅可以减少电源和电网建设投资，还可以为企业、居民等参与者提供新增收入的渠道，实现用户和系统、技术和商业模式的双赢。

能源再电气化和智慧化已成全球能源转型重要趋势。作为能源智慧化的关键技术，虚拟电厂应用前景广泛，全球都在抢占先机，争取战略主动。不过无论是在海外还是国内，虚拟电厂都还很年轻。在能源转型的道路上，尚须政府、企业、用户等各方共同努力，在市场机制建设、商业模式创新、核心技术研发以及用户广泛参与等方面积极探索，助力能源流与信息流高度融合，最终实现能源生产、交易、利用的高效化，以及能源基础设施的共享。

（刊发于 2022 年 7 月 14 日产经版）

飞机喝"地沟油"顺应减排

"地沟油"也可以变废为宝。近日，我国首套生物航煤工业装置在镇海炼化第一次产出生物航空煤油，标志着我国生物航煤向大规模生产及商业化应用迈出了关键一步。引发网友热议的是，与传统航空煤油不同，此次镇海炼化完成规模化试生产的生物航煤，其原料是餐余废油，也就是人们常说的"地沟油"。今后，喝上"地沟油"的大飞机不仅可以正常航行，还可以实现绿色飞行。

飞机能喝"地沟油"是航空业减排的现实需要。民航领域极高的投资成本、较长的研发应用周期以及超高的安全性要求，使其成为最难实现近零排放的领域。航空运输业碳排放主要来自飞机航空燃油燃烧，与电力、汽车等行业相比，航空业绿色转型的步伐明显偏慢，使用传统航空燃料带来的温室气体排放逐年增加。数据显示，2019年航空运输业产生的二氧化碳排放量超过全球排放总量的2%。气候行动追踪组织将航空业碳中和发展目标进展评为"严重不足"。如果不加控制，到2050年全世界将有25%的碳排放来自航空业。

随着实现"双碳"目标日期日益临近，航空燃料的绿色转型越发紧迫。目前，全球广泛研究且可行性较高的能源替代方案有电动化、氢能化、可持续航空燃料三种。民航飞机的特点和现阶段的技术水平决定了电能、氢能难以在短期内实现规模替代，并对碳减排提供有效帮助。航空业在低碳能源上并没有太多的选择,从技术及已有商业应用角度看,中短期内可持续航空燃料将成为航空业碳减排的主要驱动力。

生物航煤是可持续航空燃料中应用较广的一种,原料主要包括餐饮废油、动植物油脂、农林废弃物等。其成分与传统航煤较为接近,虽然燃烧也会产生碳排放,但由于其原材料在生长过程中会吸收空气中的二氧化碳,除精炼环节的能耗外,不会额外增加空气中二氧化碳的含量,从而起到减少碳排放的效果。据测算,在保证飞行动力的前提下,生物航煤全生命周期二氧化碳减排幅度比传统航油少80%,且航空公司几乎不需要对飞机进行改装便可直接使用。因此,多数国家将其看作航空业减排突破的关键。

我国作为人口最多的发展中国家,民航运输市场需求潜力巨大,能源消费和排放将刚性增长,实现民航绿色转型、全面脱碳时间紧、难度大、任务重。今年年初,民航局印发《"十四五"民航绿色发展专项规划》(以下简称《规划》)。这部民航历史上首个以"绿色发展"命名的《规划》明确提出,推动可持续航空燃料商业应用取得突破,相比我国超3000万吨的航油年消耗量而言,这个数字不大,但要完成这个"小目标"却并不容易。目前,国外生物航煤的发展重点已从原材料生产、加工工艺研究转向了商业化应用,开展了大量试飞和应用推广工作,不仅商业飞行次数达到10万量级,多个机场已实现生物航煤常规加注。我国虽然早在2013年就完成了生物航煤首次试飞,但至今尚未出现真正意义上的生物航煤产业,商业应用处于停滞状态。

究其原因,一是生产成本高昂。不同生产技术对应的可持续航空燃料成本是传统航空燃油的2倍至3倍。现阶段,由于缺乏强力政策扶持，航空公司燃油替代成本压力较大。二是原料供应缺乏保障。考虑到我国具体国情，现阶段发展生物燃料仍需以"不与民争粮、不与粮争地"为发展原则，现有技术水平下发展生物航煤更多以非食用油料为原料，大规模上产面临资源限制问题。数据显示，中国每年产生的废弃油脂折合约290万吨标准油，数量较为有限。同时，废弃油脂比较分散，不仅收集难，质量与定价监管也不容易。

"双碳"目标下，生物航煤应用已是大势所趋，必须从国家战略高度以更超前的眼光加快产业发展。一方面，要在国家层面加强顶层设计。研究出台可持续航空燃料中长期发展规划，建立生物航煤优先利用机制，出台终端补贴政策。推动生物航煤商业化生产，规范原料种植收集、燃料储运机制，并建立生物航煤示范运营航线。另一方面，政府部门应加强政策鼓励和引导，加大技术研发攻关和资金支持，尽快突破以纤维素等为原料的新一代生物航煤生产技术，以破解原料制约难题。

（刊发于2022年7月21日产经版）

积极安全有序发展核电

"核"向来是一个敏感话题。最近，两则热点新闻再度将核电推上风口浪尖。一是，日本原子能规制委员会正式批准了东京电力公司有关福岛第一核电站事故后的核污染水排海计划。二是，欧洲最大核电站扎波罗热核电站在俄乌冲突中遇袭。有关核泄漏的担忧，再次引发人们对于发展核电的质疑。

纵观人类核电发展史，安全始终是"生命线"。目前技术条件下，核动力主要依赖于裂变，不稳定是这种现象的固有属性。在核反应堆中，微小的变化就会导致功率出现迅速、巨大而危险的波动。历史上，1979 年美国三里岛、1986 年苏联切尔诺贝利、2011 年日本福岛等严重的核电站事故，都曾引发较大社会恐慌，"谈核色变"也成为公众心态。

我国到底要不要发展核电？这一问题要用发展的眼光来看待。在全球气候变暖的威胁下，当前全世界一项中心任务就是，以对环境破坏最小的方式满足日益增长的能源需求。与煤电、气电相比，核电站不燃烧化石燃料，而是依靠核裂变产生热量，生产过程不排放温室气体，且运行稳定可靠，能够在生产大量电力的同时不影响全球气候，有利于碳中和目标达成。以法国为例，在 1970 年到 1995 年间，法国人口增加 13%，经济增长 71%，发电量增长 214%，而其二氧化碳排放量减少了16%。这是因为法国核能发电量的比例在这段时期内由6%增长到77%。

另外，我国在构建新型电力系统过程中面临着高比例、大规模新能源发电接入系统的安全稳定等问题，核电与煤电、水电一样，可以提供电力系统运行所需的转动惯量，提升电力系统的安全性和可靠性；此外，俄乌冲突也给我国能源安全敲响了警钟，要不断加强能源自给率，把能源的饭碗牢牢端在自己手里，保障能源供应安全。核电在保障能源供给和电力安全等方面扮演着重要的角色。

从国际局势来看，核能是世界发达经济体最大的低碳能源，在过去的半个世纪中，核能贡献了一半的低碳电力。随着俄乌冲突引起的全球能源价格飙升，以及近几年国际社会对能源清洁低碳发展、减少温室气体排放、应对气候变化的呼声趋高，并形成共识，德国、法国、英国、荷兰等国将发展核能重新提上议程。

核能的作用不可或缺，其作为一种清洁、经济、可靠的能源，是我国构建清洁低碳、安全高效能源体系的重要组成部分。历史上的核事故绝不是为了让我们远离核电，这种逃避的方式无异于危急时刻鸵鸟将头扎入沙子。面对历史上的事故教训，我们需要做的是，研发设计更安全、更简单、更廉价的核电站，通过技术创新和流程规范不断提高核能利用的安全性。

我国始终把核安全放在首位。近十年来，我国将核电的安全标准不断提高，同时致力于更安全的核电技术研发，率先实现由二代向三代核电技术的跨越，研发形成了具有自主知识产权的三代大型先进压水堆技术"华龙一号""国和一号"以及具有第四代特征的高温气冷堆技术。目前处于示范阶段的第四代核电已经具备了本质安全，即使在丧失所有冷却能力、面临严重事故的情况下，不采取任何外界干预，反应堆仍能保持安全状态，不会出现堆芯熔毁事故。

为充分发挥核电碳减排的作用和能力，助力实现"双碳"目标、保障电力系统安全稳定，核电的装机比重需要进一步提高。中共中央、国务院《关于完整准确全面贯彻新发展理念做好碳达峰碳中和工作的意见》和《国务院关于印发2030年前碳达峰行动方案的通知》都明确指出，积极安全有序发展核电。核电发展再次迎来历史机遇期。据测算，2060年，电力系统要实现碳中和，非化石能源发电占比应达到90%以上，核电发电量应接近20%，可实现减排二氧化碳20亿吨以上。

为推动核能高质量发展，仍需国家加强顶层设计和政策保障，进一步强化核电在推动能源革命中的战略地位，统筹核电与风光等清洁能源协同发展。坚持安全第一，按照"积极安全有序发展核电"的总体要求。充分利用现有产业能力，合理确定核电站布局和开发时序，保持平稳建设节奏。稳步提高核电在我国能源电力结构中的比重，有力提升我国能源安全保障水平。同时，加强基础研究和先进核电技术研发，提升核燃料循环前后端能力，突破后处理技术瓶颈。

（刊发于2022年7月28日产经版）

谨防"弃风弃光"大规模反弹

新能源消纳问题再获高度重视。7月28日，中共中央政治局召开会议指出，提升能源资源供应保障能力，加大力度规划建设新能源供给消纳体系。装机规模和消纳水平是新能源高质量发展的两翼，当前新能源装机容量快速攀升，同时也必须解决好消纳问题，否则较为严重的"弃风弃光"现象可能会再度反弹，从而影响能源安全和"双碳"进程。

"弃风弃光"问题曾经严重制约我国新能源发展。2010年起，新能源进入规模化发展阶段，并网装机容量快速增长。由于新能源发电的间歇性、波动性、随机性等特性，加上电网建设和消纳机制滞后，"弃风弃光"开始出现，并在2016年前后出现高峰，大量光伏电站被动"晒太阳"、风电机组"望风兴叹"，一些"弃风弃光"严重区域新能源建设陷入停滞。新能源发展的主要矛盾也逐步转变为系统消纳问题。

"弃风弃光"问题不解决，新能源就"长不大"。为促进新能源消纳，"十三五"期间，新能源开发布局的主导因素由资源条件转向消纳条件。一方面，通过政策机制引导新能源开发布局优化，在新能源消纳预警机制严控下，限电严重地区的新增建设规模受限；另一方面，国家能源局制定了《清洁能源消纳行动计划（2018—2020

年）》，电网企业持续深挖大电网的灵活调节潜力。在各方共同努力下，全国新能源消纳形势持续向好，到2020年风电和光伏利用率分别达到97%、98%，新能源消纳水平世界领先。

新能源进入跃升发展阶段，守住这个成绩并不容易。"十四五"期间是碳达峰的关键期和窗口期，新能源将迎来更大规模、更高速度的发展，消纳利用压力持续增长。电力规划设计总院预计，2025年全国新能源并网装机将达10.5亿千瓦左右。"十四五"期间，新能源将保持年均1亿千瓦左右的高速增长，规模达到"十三五"时期的1.4倍。与此同时，"十四五"期间我国新能源新增发电量占全部新增电量的比重，将由"十三五"期间的25%快速提升至45%。整体来看，"十四五"新能源消纳利用难度将大幅增加。

面对新形势，当前支撑新能源未来持续高效消纳利用的基础尚不牢固，主要体现在两方面：一是电力系统调节能力建设总体处于滞后状态。"十三五"期间，火电灵活性改造、抽水蓄能、调峰气电的规划新增目标，分别只完成了40%、50%、70%左右。新型储能成本仍然较高、安全性还有待提升，当前总体规模仍然较小。二是新能源跨省份输送比例偏低。由于配套电源建设滞后或受电网安全稳定运行限制，部分跨省份通道的新能源电量占比低于30%，跨省份消纳能力还有待提升。考虑当前大电网特别是"三北"地区新能源消纳空间裕度不大，如果出现新能源装机短期大幅增长、用电负荷增速明显下降等情况，新能源消纳平衡状态极易被打破，"弃风弃光"存在反弹风险，不可不防。

要提升电力系统灵活调节能力。构建新型电力系统，在发电侧，加强火电灵活性改造，推动抽水蓄能电站、天然气调峰电站建设；在电网侧，加大基础设施建设，提升资源优化配置能力，特别要发挥大电网资源互济作用，加速特高压核准和建设；在用户侧，推进终端电能替代特别是绿色电能替代，提高需求侧响应能力。此外，加快新型储能规模化发展，推动电力系统全面数字化，构建高效、智慧的调度运行体系。

要构建新能源消纳长效机制。在电网保障消纳的基础上，通过源网荷储一体化、多能互补等途径，实现电源、电网、用户、储能各类市场主体共同承担清洁能源消纳责任的机制，完善新能源调度机制，保障调节能力与新能源开发利用规模匹配。研究适应新能源发展的消纳和交易机制，在新能源绿色价值未能市场化的情况下，新能源如何参与市场交易，需要尽快研究相应的政策和市场机制，为新能源可持续发展创造良好的市场环境。

要优化新能源开发布局和节奏。持续开展新能源消纳监测预警，常态化监测、及时分析全国新能源消纳情况，研判未来消纳形势。发挥新能源开发建设工期相对较短、布局相对灵活的优势，通过优化制定各地区新能源合理利用率、消纳责任权重等指导政策，引导优化新能源开发布局和发展节奏。

（刊发于2022年8月4日产经版）

能源安全必须立足国内为主

能源危机的警报仍未解除。近日，欧佩克+（OPEC+）达成9月每日增产10万桶石油的决定，这一数字仅相当于全球需求的0.1%。无论是因为无力增产，还是无心增产，这种"敷衍式增产"对于缓解全球能源紧张杯水车薪。自欧美国家对俄罗斯能源出口限制后，全球能源成本飙升，经济危机也在加深。此番旷日持久的国际能源危机再次提醒我们：保障能源安全必须立足"国内为主"。

能源安全是国家总体安全的组成部分，如果一个国家能源安全无法保障，很可能带来颠覆性风险。俗话说，"开门七件事，柴米油盐酱醋茶"。排在第一位的"柴"就是能源，是生产生活必不可少的物质基础，是保障国民经济可持续发展的命脉。

任何一个国家，如果能源供应主要依赖进口，风险巨大。今年初以来，俄乌冲突以及较为激进的能源转型导致欧洲能源供应短缺，缺油缺气、电价飞涨，欧洲各国能否安全度冬令人担忧。俄乌冲突加深了世界各国对能源安全问题的担忧，很多国家开始重新审视能源供应对进口的过度依赖。

相比欧洲的紧迫形势，我国得益于体制机制优势，除了油价与国际保持联动外，天然气、煤炭等化石能源目前都保持了价格稳定。即便如此，国际能源危机仍对我国能源安全具有很强的警示和借鉴意义。我国石油和天然气对外依存度分别高达70%、40%以上，尤其是天然气对外依存度还在连年攀升。近年来，我国每年进口原油超2000亿美元，2021年进口原油外汇支出高达2573亿美元，创历史新高，同时进口原油有80%经过马六甲海峡，能源安全面临严峻挑战。

从国家能源战略安全来看，我国追求能源独立步伐需要更加坚定。我国是能源消费大国，也是能源进口大国，面对错综复杂的外部形势、内部经济发展新态势以及"双碳"目标能源转型进程，2022年《政府工作报告》将能源安全上升至与粮食安全同等重要的战略高度，对保障我国能源安全、能源高质量发展提出新的挑战与要求。我国能源资源禀赋虽然"富煤缺油少气"，但是"足能"。只要通过技术创新、搞活市场，用好多种能源，完全有能力将能源的饭碗牢牢端在自己手上。

能源安全立足国内，要做好煤炭这篇大文章。我国能源基本情况以煤为主，已探明煤炭储量占我国化石能源的90%以上。同时，我国煤炭产量连续多年位居世界第一，煤炭在一次能源结构中仍处主导地位。在新能源"立"住之前，要充分保障煤炭供应充足、价格平稳。构建完善的煤炭供需预测预警体系和调节机制，防止煤炭产能无序扩张或收缩，保障市场平稳运行。完善煤炭产供储销体系、落实新一轮定价机制，引导煤炭价格在合理区间运行。此外，要抓好煤炭清洁高效利用，推动煤电节能降碳改造、灵活性改造、供热改造"三改联动"，保持煤电动态合理装机规模，并有序发展现代煤化工。

能源安全立足国内，要大力推动可再生能源替代。从资源储量来看，我国水能技术可开发量达6.87亿千瓦，目前开发程度仅为57.1%。低风速资源潜力至少在14亿千瓦，目前仅利用了其中的8%左右。太阳能可开发潜力更是高达千亿千瓦量级。从技术和产业链来看，我们已拥有全球最完备的可再生能源技术产业体系。水电领域具备全球最大的百万千瓦水轮机组自主设计制造能力。低风速、抗台风、超高塔架风电技术位居世界前列。光伏发电多次刷新电池转换效率世界纪录，光伏产业占据全球主导地位。全产业链集成制造有力推动风电、光伏发电成本大幅下降。无论是资源储量还是产业技术条件，通过可再生能源替代都足以支撑我国能源独立，还可为全球应对气候变化提供一个可行的中国解决方案。

能源安全立足国内，要坚持节能优先。国际社会越来越认可这样一个观点：节能是紧随煤炭、石油、天然气和电力之后的"第五大能源"。我国能源消费总量大，节约空间也很大。目前，我国单位GDP能耗约为世界平均水平的1.5倍，能源效率仍然偏低。在保持经济增长的同时降低碳排放，必须贯彻节约理念。要充分发挥政府宏观调控功能，建立符合市场经济规律的节能激励和约束机制；明确企业在节能减排中的主体地位，鼓励企业开发节能新产品、新技术，约束企业不当的能源消费。着力提高居民节能意识，发动人们节约每一度电、每一滴水，形成崇尚节能的良好氛围。

（刊发于2022年8月11日产经版）

理性看待居民电费攀升

随着气温一路攀升的还有电费。近日,不少网友纷纷晒出7月电费账单,多的高达5000元,超过千元的更不在少数。有网友表示:"收到电费单的时候都震惊了。"跟往年家庭用电相比,今夏电费大幅上涨,实则是用电量增加所致。其实参考发达国家经验,随着经济社会发展和人民生活水平的提高,居民用电量和电费上涨属于正常现象。此外,考虑到能源转型这个大背景,我国居民电价政策还应适时调整,以适应新时代的发展。

电费大幅上涨受多重因素影响,直接原因是持续高温。入夏以来,我国高温天数多、覆盖范围广、多地最高气温破历史极值。高温"炙烤"下,不少居民家里长时间使用空调。深层原因是经济发展带动用电量提升。与欧美发达国家相比,我国居民生活用电量远低于三大产业用电量,随着家用电器数量和种类增多、家用充电桩的普及,我国居民用电量增长空间较大。数据显示,7月份,城乡居民生活用电量1480亿千瓦时,同比增长26.8%,增速远高于其他领域。

需要澄清的是,电费攀升原因并非"电价上涨",当前居民用电价格并没有调整。事实上,我国居民电价在世界范围内都处于较低水平。今年以来,欧洲电价不断刷新历史新高,且无任何减弱的迹象。德国明年交付的基准电力价格一度达到创纪录的每兆瓦时446欧元，法国明年交付的电力价格则首次突破每兆瓦时600欧元。按当前汇率换算，欧洲主要国家的电价高达每千瓦时4元左右，是我国居民电价的近10倍。

为何中欧电价水平差异巨大？一是电源结构不同。发电成本与主要燃料成本正相关。欧盟国家电源结构中天然气发电占比高，俄乌冲突以来，俄罗斯大幅减少对欧盟的天然气供应，导致用作发电厂燃料的天然气市场出现供应紧张、价格飙升的情况。此外，受气候影响，核电、风电以及水电出力的减少，也加剧了电力供应紧张。我国燃煤发电电量占比高，燃煤发电上网电价在发电侧上网电价形成中发挥着"锚"的作用。除了去年短时间煤价高企外，我国煤炭价格控制得当。

二是电价机制不同。与石油、天然气、煤炭等有形能源不同，电力产、供、用在瞬时同步完成，市场主体不能通过存货调整供求平衡差异，导致电力现货市场价格变化较大。在中长期市场中，由于不同季节不同时段电源结构差异和用电负荷变化较大等原因，电价也会出现较大幅度的变化。因此，欧美电力市场允许电价符合经济规律地大幅度变化。我国电价则受到行政管制较多，一方面，长久以来电价属于国家管制范围，允许在基准价格上浮动的范围很小，而作为原材料的煤价却是市场化的。在去年煤价大幅上涨时，由于发电企业承担了巨额损失，才保证了电价平稳；另一方面，我国通过交叉补贴的方式由工商业用户对居民用户进行补贴，向居民提供福利性低价电力产品，使得居民电价普遍低于国际水平。

一味追求低电价不利于长期发展。电价主要有两个功能：成本补偿和优化资源配置。历史上，"计划电"曾导致电力行业投资不足，进而引发"电荒"。为推动电力行业高效发展，我国正在深入推进电力市场化改革，其核心就是改变原来价格与成本失衡的多种情况，释放准确的价格信号，引导发电企业生产和用户用电，并实现资源优化配置。"双碳"目标下，这一改革在保障能源安全和促进新能源大规模替代上显得尤为重要。

居民电价机制调整需要提上议程。目前，我国正推动工商业用户全部进入电力市场参与交易，同时高耗能行业企业电价已不受上浮20%的限制，但是居民电价改革滞后。居民用电由于处于电压等级末端，输配电成本高，线路损失大，本应承担更高的用电成本。过于严重的交叉补贴，会抑制工商业用户的生产，同时不利于居民节约用电。交叉补贴是特定历史阶段保障特定群体用电的特殊产物，随着居民收入和生活水平普遍提高，居民电价对生活水平的影响在逐渐降低，调整居民电价已具备一定条件。

未来，要完善居民阶梯电价制度，逐步缓解电价交叉补贴，使电力价格更好地反映供电成本，形成更加充分反映用电成本、供求关系和资源稀缺程度的居民电价机制。同时，要充分平衡好电力的公用属性和商品属性，相信市场又不迷信市场，保障电价稳定运行在合理区间。

（刊发于2022年8月18日产经版）

电力装机创新高为啥还缺电

工业企业错峰生产、暂停景观照明、提倡节约用电……近段时间，在极端高温天气下，安徽、浙江、江苏、四川等多地启动有序用电，给部分企业和居民生产生活带来一定影响。其中，四川省更是首次启动突发事件能源供应保障一级应急响应。突如其来的电力"短缺"，让近些年习惯了用电自由的网友不解：为啥电力装机频创新高，电还不够用？关于限电的大讨论也成为近期热门话题。

多地限电，是电真的又不够用吗？实际上，改革开放以来相当长一段时间内，因为经济快速发展，我国电力供应多数时间都在过"紧日子"。这个过程中也出现过多次严重的电力短缺，由于投资不足，跟不上用电量增长的速度，以及电网输配电能力较弱，停电成为家常便饭。

但经过数十年发展，我国加快电力体制改革，提升电力投资力度，电力行业实现了飞跃式发展。当前，我国"获得电力"指标排名大幅上升至全球第 12 位，建成全球最大的清洁煤电供应体系，可再生能源装机容量稳居世界第一位，建成了全球先进的电力系统。在这一背景下，再次出现用电紧张的局面，和历史上电力贫乏造成的"电荒"相比，有着本质不同。

一方面，迎峰度夏期间制冷需求和迎峰度冬期间采暖需求陡增，高峰低谷用电差不断拉大，供应能力难以满足尖峰用电需要。"十三五"时期以来，我国能源供需虽然总体宽松，但电力、煤炭、天然气均出现了区域性、时段性供应紧张的情况。尤其近年来全球极端天气频发，2020年冬季和今年夏季，很多地区先后遭受寒潮天气和极端高温干旱天气，都加剧了用电紧张形势。这一现象不仅出现在我国，2021年2月、7月，美国得州、加州等地区先后遭遇严寒和极端高温天气，部分能源设施中断，电力供应出现危机。如何保障季节性尖峰负荷和极端天气下的能源供应安全，是全球共同面临的难题。

另一方面，风光等新能源装机容量快速增长，使得保持电力供需平衡的难度越来越大。单从目前我国24.6亿千瓦的发电装机容量来看，电力供应较为充裕。但在实际运行中，用电尖峰时段难以做到瞬时平衡。由于新能源具有随机性、波动性、间歇性等特点，比如"极热无风""晚峰无光""云来无光"等，无法"召之即来挥之即去"参与电力平衡，而可供稳定精准调度的火电和核电装机容量不超过14亿千瓦，不足以满足高峰用电需求。当出现极端天气情况，比如今夏河流枯水、风力不足时，为保障电力系统安全必须采取措施限制用电，拉低负荷。

未来一段时期，随着各行各业和居民电气化水平持续较快上升，电动汽车、电采暖、智能家电等新型用电负荷大量涌现，以及可再生能源装机占比不断提高，我国电力供应结构和电能消费方式出现较大变化，迎峰度夏、迎峰度冬会持续面临保供挑战。

新形势要用新办法。在传统的能源供需关系中，谈起保供就是要给能源生产端压担子，如果电力、热力、天然气等负荷关键时刻供不上，就可能出现能源短缺。事实上，省级电网97%以上最大负荷全年总持续时间仅几十个小时，对应电量不足总电量的 1/1000。如果单纯为了满足短时的尖峰需求，一味给供给端施压，将加大安全保供的压力，需投入更多备用电源，不利于提高系统运行效率，经济性也不高。

在传统的能源供需关系中，需求侧通常是一个"盲盒"，调节价值没有得到充分认识。面对极端情况，有必要转变保供思路，让需求侧用能也能做到能升能降，甚至尝试在一定程度上"看天吃饭"，根据天气和新能源发电情况调节用能负荷。要充分利用好电力大数据、虚拟电厂、人工智能等数字技术，通过建立合理的市场机制、价格机制以及行政手段，充分挖掘需求侧调节潜力，增加用能需求弹性。加大虚拟电厂应用范围，引导用电大户参与电力辅助服务市场，主动避峰、错峰用电，倡导居民节约用电，以用户为中心加强供需双向互动。只有合理匹配供需两侧的时间、空间特性，能源生产和消费革命才能不断深化。

（刊发于 2022 年 8 月 25 日产经版）

谨防光伏行业大起大落

光伏行业成了"香饽饽"。上市公司批量跨界搞光伏、光伏企业竞赛式扩产、原材料价格"高烧不退",今年以来光伏行业不断释放"过热"信号。作为我国少数具备国际竞争优势的重要战略性新兴产业,光伏行业的长期稳定健康发展,对于我国如期实现"双碳"目标,引领世界能源转型具有重要意义。有关部门和企业必须高度重视在发展过程中出现的潜在过热苗头,维护产业链供应链稳定,防止行业大起大落。

近日,一份罗列了 2022 年跨界光伏产业的上市公司名单在网上流传,比如做生猪养殖的正邦科技、地产行业的蓝光发展、做纺织服饰的江苏阳光、做益智玩具的沐邦高科、知名乳企皇氏集团等。虽然来自不同的行业,但这些企业有一个共同的特点,就是几乎没有光伏行业从业经验。其中,不少企业的主营业务正陷入困境,财务"爆雷"的也不在少数。据不完全统计,2020 年以来有近百家企业跨行业进入光伏领域。似乎光伏是一剂灵丹妙药,只要"触光"就可以实现企业发展新的跃升。

这样的故事在 A 股历史上曾经出现过多次,从较早的互联网,到集体造车、养猪,再到近期的元宇宙、虚拟数字人,过于热门的行业总是成为跨界的对象。有网友吐槽,上市公司跨界光伏,"让人仿佛看到了当年的 PPT 造车"。客观来说，无论是蹭概念也好，战略转型也罢，都是企业的市场行为。但这热闹的背后足以引起我们对产业过热的警惕，毕竟类似现象常常发生在行业每一轮景气周期的末端。

在行业新手忙跨界的同时，"光伏土著"们也在积极"扩军"。去年以来，国内光伏产业进入新一轮规模和资本扩张周期。据统计，今年下半年，国内公开的光伏产业扩产项目就累计达 14 个，合计总投资规模超过 1200 亿元。由于光伏企业开启全产业链扩产潮，目前仍有超 1200 亿元的股市融资排队等待审核。

光伏产业链的高速扩张，引发了上下游阶段性供需错配、部分供应链价格剧烈震荡等情况。数据显示，2021 年年初单晶硅料价格仅为每吨 8 万元，今年 8 月已经攀升至每吨 30 万元，且仍然看不到降价的影子。这既是因为硅料产能不足、供不应求，也有个别企业囤积居奇、待价而沽的因素。而在更早前的 2020 年，光伏玻璃也出现了一片难求、价格暴涨的情况。

光伏产业链供需失衡将对行业稳定发展和"双碳"进程造成严重影响。推动新能源大规模替代化石能源，降低我国能源绿色低碳转型成本，必须推动光伏发电全面平价甚至低价上网，降本增效是光伏行业一以贯之的主题。但随着上游原材料价格大幅上涨，2021 年我国光伏系统初始投资成本同比上升 4%，为多年来首次上涨，受此影响，当年光伏装机节奏延后，远不及市场预期。今年以来，由于上游产品持续高位运行压缩利润空间，部分组件企业因此减产甚至停产。不少业内人士担心，原材料紧缺还将影响光伏发电在来年的装机规模。

维护光伏产业链供应链稳定，应立足长远目标优化产业布局。

要锚定"双碳"战略目标，科学规划和管理本地区光伏产业发展，积极稳妥有序推进全国光伏市场建设。强化规范和标准引领，根据产业链各环节发展特点，合理引导上下游建设扩张节奏，优化产业区域布局，引导各类资本根据"双碳"目标合理参与光伏产业，避免产业趋同、恶性竞争和市场垄断。在光伏发电项目开发建设中，不得囤积倒卖电站开发等资源、强制要求配套产业投资、采购本地产品。

维护光伏产业链供应链稳定，还应深化全链合作，规范行业秩序。要有效利用国内光伏大市场，加快建立产业链供需对接平台，引导产业链上下游企业深度对接交流，根据下游需求稳妥加快产能释放和有序扩产。支持企业创新应用新一代信息技术，构建供应链大数据平台，提高供应链整体应变及协同能力，并通过战略联盟、签订长单、技术合作、互相参股等方式建立长效合作机制，引导上下游明确量价、保障供应、稳定预期。市场监管部门也应加强监督管理，严厉打击光伏行业领域哄抬价格、垄断、制售假冒伪劣产品等违法违规行为。

（刊发于2022年9月1日产经版）

保障能源安全离不开国际合作

俄欧"斗气"博弈继续升级。俄罗斯天然气工业股份公司近日表示，由于发现多处设备故障，"北溪-1"天然气管道将完全停止输气，直至故障排除。此举让本就面临"气荒"的欧洲各国能源前景更加堪忧。今年以来，随着能源危机持续恶化，全球主要国家开始重新审视能源安全和国际能源合作战略，国际能源格局不确定性加剧。

面对错综复杂的外部形势、内部经济发展新态势以及"双碳"目标能源转型进程，我国将能源安全上升至与粮食安全同等重要的战略高度，更加强调要将能源的饭碗牢牢端在自己手上。有人认为，强调能源安全就是要完全依靠国内资源保障能源供给，彻底摆脱外部风险。这种说法显然有些偏颇，追求能源安全绝不是闭门造车。

党中央高度重视能源安全问题，强调要全方位加强国际合作，实现开放条件下能源安全。在主要立足国内的前提条件下，在能源生产和消费革命所涉及的各个方面加强国际合作，有效利用国际资源。2022年9月1日，中共中央政治局常委、国务院副总理韩正以视频形式出席2022年太原能源低碳发展论坛开幕式时再次表示，"中国愿同世界各国一道，推动构建开放共赢的能源国际合作新格局"。面对波谲云诡的国际能源形势，加强深化国际能源合作，无疑有利于保障我国能源安全和可持续发展。

我国的能源禀赋和所处发展阶段要求我们打开国际能源合作的大门。为如期达成"双碳"目标，我国能源绿色低碳转型加速推进，风电、光伏等新能源装机快速提升，但从当前的技术水平和经济条件来看，新能源对传统化石能源的大规模替代无法一蹴而就。受制于资源禀赋，当前我国石油对外依存度在70%以上，天然气对外依存度为40%以上。随着我国现代化进程的继续推进，这种高依存度在短期内难以化解。

复杂多变的国际形势和能源低碳发展趋势，也要求我们打开国际能源合作的大门。地缘政治事件、国际油价大幅波动等风险因素长期存在，而我国油气进口来源和输送通道相对集中，这要求我们应寻求更加多元化的国际能源合作，避免将鸡蛋装在一个篮子里。此外，为达成《巴黎协定》目标，绿色低碳成为全球能源发展主旋律，世界各国正大力推动能源生产和利用方式深度变革，有望重塑国际能源格局，也给绿色能源合作创造广阔市场空间。深化国际能源合作，不仅有利于我国拓展新的经济增长点，还有利于增强国家竞争优势，引领全球能源转型。

全方位加强国际合作要坚持把油气资源"引进来"。一个国家获取国外能源资源的能力，是国家实力的综合反映，较高的国外能源资源获取能力意味着较高的国家能源安全保障水平。要深入推进与主要油气资源国的合作，加强跨国油气基础设施互联互通，保障能源进口运输安全。要稳步扩大"朋友圈"，在维持好现有油气进口来源的基础上，继续拓宽原油、天然气进口的新渠道，减少对单一国家和地区的过度依赖。并通过在资源、技术、资本等领域开展全产业链深度合作，保障海外油气项目的健康可持续发展，不断提升我国在国际油气资源领域的话语权和影响力。

全方位加强国际合作要推动可再生能源"走出去"。不同于化石能源不可再生、分布不均等特性，可再生能源具有遍在性、可再生性、开发灵活性、边际成本低等特点，其开发利用水平关键在技术装备。我国太阳能电池板供应链所有环节产能占全球七成以上，风机产能接近全球一半，储能与氢气电解槽等成本也处于世界低位。要发挥我国新能源技术装备产业优势，促进各类新能源协同走向国际，大力推动国际清洁能源合作项目落地，加快我国清洁能源技术、标准的国际融合，为全球能源转型提供全方位系统性解决方案。

全方位加强国际合作要深度参与全球能源治理。近年来我国在参与全球能源治理上取得了很好成绩，国际能源论坛、国际天然气联盟、国际电工委员会等组织的核心职位上都有中国人参与。未来，需进一步提升我国全球能源治理能力，推动构建更加开放公平的全球能源治理新格局，在国际舞台上讲好绿色低碳发展的中国故事，体现大国责任担当。

（刊发于2022年9月8日产经版）

补齐天然气储气设施短板

面对"断气"威胁，欧洲对于安全度冬似乎信心十足。近日，欧盟委员会表示，面对可能完全中断的俄罗斯天然气供应，欧盟已经做好了准备。据欧盟此前预计，到今年11月1日欧盟储气设施要填满80%，但这个目标已经提前两个月实现。根据欧盟储气能力占总消费量的比重测算，储存的天然气足以支撑欧盟国家使用3个月。

将天然气储存起来是解决需求波动、保障能源供应安全行之有效的办法。天然气供应具有一定的季节规律。总的来说，天然气的需求随供热市场波动，夏天减少，冬天增加。为满足冬季持续攀升的天然气需求，可以选择提高管网输送能力来增加运量。但单纯为尖峰需求顶格配套管网运力，将降低管网运行效率，提升运行成本，且无法化解外部断供风险。因此，二战以后，为了平衡天然气的供需，天然气储存设施渐渐发展起来。其中，容量大、成本低的地下储气库成为当今世界天然气储存的主要方式。

储气库可以简单看作是专门储存天然气的仓库，通常靠近下游用户所在城市建设，以满足阶段性高峰需求。其运作原理很简单：需求较低时，利用管网的空余运力将地下储气库中蓄满天然气；需求较高、管网满负荷运转时，就从地下储气库中提取天然气以满足调峰和事故应急需要。只要科学合理挑选地下储气库的建造地点，就能在需求高峰到来时有效地进行调峰，助力天然气保供。

对我国而言，现阶段加快推进储气设施建设意义重大。储气库建设是天然气产业发展到一定程度必不可少的环节。作为较为清洁的化石能源，天然气是通向"双碳"目标的重要"桥梁"，我国天然气消费每年以10%左右的速度增长，在一次能源结构中占比稳步提升，天然气对外依存度连年攀升，不断放大的天然气消费总量对保供提出了更高要求。

另外，天然气供需形势频繁变化，产销平衡的难度日益增加。近年来，随着我国城市燃气、发电用气、交通用气快速增加，稳定供气成为关系国计民生、牵动社会关注的重大问题。早在2017年，我国北方部分地区一度出现天然气供应紧张的局面，暴露出我国在天然气储备环节存在较大短板。今年下半年，天然气需求将受到今冬明春气候不确定性、国际能源市场价格大幅波动不确定性双重影响，保供压力依然不小。

改善储气调峰能力将为天然气消费快速增长提供有力保障。近年来，加强天然气储气设施建设一直被视为保障我国能源安全的重要工作，特别是2017年冬季"气荒"发生后，我国储气设施开工建设全面提速，2021年全国已建成储气能力同比增长15.8%，3年多时间实现翻番。但与发达国家相比，我国储气能力依旧薄弱。2021年国内地下储气库工作气量仅170亿立方米，占年度天然气消费量比例不足5%，远低于12%~15%的国际平均水平。储气能力已成为天然气乃至整个能源产供储销的短板，使我国应对调峰需求和国际市场变化的能力严重受限。

未来一段时间，应加大政策支持力度，继续推动储气设施建设，发挥其在季节调峰、应急保供和应对突发事件短供断供等方面的调节保障作用。要开展地下储气库布局研究、加强关键技术攻关，在长输管道较完善但天然气供需矛盾突出区域，积极开展储气库库址筛选和建设，形成联网协调的储气库群，增强储气能力。加快研发应用智能化调峰保供智慧平台，通过数字化手段实现储气库精准供气。增强天然气供应系统在内外部供需异常情况下应对波动、实现稳定供应的能力。

"不赚钱"是限制储气库规模化发展的关键瓶颈。储气库建设周期长、投资大、风险高，加之我国天然气市场化程度低、价格机制不完善等原因，无法保证储气设施投资收益。因此，储气库长期以来由国有石油公司投资建设，社会资本对储气库投资热情不高。目前，发达国家基本完成了储气库市场化改革，竞争性市场已经形成，实现了储气库多元化管理。我国需要以更大力度推动天然气价格形成机制改革，加快储气库商业化运行模式转变，让价格体现储气设施的独特价值属性，激发更多市场主体参与储气库建设，加快储气库建设步伐，提高储气库运营水平。

（刊发于 2022 年 9 月 15 日产经版）

确保核电安全万无一失

核电建设重回正轨。为提升能源保障能力和促进绿色发展，近日召开的国务院常务会议决定，核准已列入规划、条件成熟的福建漳州二期、广东廉江一期核电项目。强化全过程监管，确保安全万无一失。加上此前核准的项目，2022年以来已有5个新项目，总计10台核电新机组获得核准。

核电发展之路充满波折。核能是世界发达经济体重要的低碳能源之一，在过去的半个世纪中，核能贡献了一半的低碳电力。世界核电发展的分水岭是2011年日本福岛核事故，该事故发生前世界核电发展总体平稳，福岛核事故后，国际上弃核声音不断，英法等国家纷纷表态要降低核电比重，德国更是作出了到2022年彻底弃核的决定。

可计划赶不上变化。随着俄乌冲突引发全球能源价格飙升，以及近几年国际社会对能源绿色低碳转型、应对气候变化形成共识，核电又重新回到发达国家的能源"菜单"上。比如，原计划在今年彻底断掉核电的德国，开始重新讨论延期关停核电站甚至重启旧的核电站；法国总统马克龙表示，法国计划新建6座新型反应堆，并要求法国国家电力公司研究再修建8座核反应堆的可行性；英国规划从2022年到2030年，以每年批准一个的速率，在现有核设施内新建8个核反应堆，此前英国政府批准的速率是每10年建1个。

我国也在重新确认核电的地位。2021年《政府工作报告》提出，"在确保安全的前提下积极有序发展核电"。这是近10年来，《政府工作报告》在提及核电发展时首次出现"积极"这一关键词。这意味着核电不再被动地作为填平补缺的电源品种，将在保障能源供给和安全等方面发挥不可替代的作用。中国核能行业协会预计，到2060年，核能发电量在我国电力结构中的比例需要达到20%左右，与当前发达国家的平均水平相当。

继续上马核电会不会带来安全隐患？这是老百姓最关心的问题。核裂变过程能在单位时间内释放出巨大的能量，核反应产生的辐射水平很高，反应速度非常快，人体在短时间内吸收大剂量辐射会导致疾病或死亡。无论事故原因是人为还是不可抗因素，切尔诺贝利核事故都是人类历史上最严重的核事故，是世界上仅有的两起7级核事故之一。这次灾难所释放的辐射剂量是广岛原子弹的数百倍，导致多个国家、上百万人受到辐射影响，至今核电站所在地普里皮亚季还是一处无法重返的"生命禁区"。

虽然核能具有一定危险性，但在现有技术条件下完全可以做到安全利用。我国始终把核安全放在首位，我国核电从起步之初就采用当时世界上成熟的二代改进型压水堆技术和最新设备，本质安全水平较高。日本福岛核事故后，我国又提出多项安全改进要求，包括防洪、防台风天气、增加应急移动电源、增设冷却水源等，进一步提升了核电安全水平。近10年来，我国致力于更安全的核电技术研发，率先实现由二代向三代核电技术的跨越，研发形成了具有自主知识产权的第三代大型先进压水堆技术以及具有第四代特征的高温气冷堆技术。数据显示，我国核电机组已累计安全运行超过450

堆年，从未发生国际核事件分级2级及以上运行事件或事故。核电安全得到有力保障。

展望"双碳"进程，核电在推进能源革命、建设能源强国过程中将发挥更大作用。核电安全之于核电发展是"0"和"1"的关系，没有安全就没有核电的未来，核电安全容不得半点马虎。随着核电规模增长，安全保障的要求不断提高，安全管理任重道远，必须从维护国家安全的高度，充分认识核电安全的极端重要性，始终将确保安全放在核电工作的第一位。

在确保安全的前提下积极有序发展核电，要按照多重屏障、纵深防御的理念，严格管理核电站选址、设计、建设、运行等全生命周期活动。研发设计并推广更先进、拥有更高本质安全的反应堆技术，持续探索核废料后处理技术和路径。加强核安全文化建设，落实安全质量责任，进一步提高核电工程建设和运行管理水平，确保核电安全万无一失。

（刊发于2022年9月22日产经版）

科学理性看待煤化工

近期两个关于煤化工的标志性事件值得关注，一是全球在建最大煤化工项目煤炭分质利用制化工新材料示范项目一阶段工程正式建成投产，这是由陕煤集团榆林化学公司承建的；二是世界首套煤制聚乙醇酸可降解材料示范项目实现工业化生产，这是在国家能源集团榆林化工实现的。这意味着我国现代煤化工不仅在规模化方面再上台阶，在高端化、多元化、低碳化发展上也更进一步。

"十四五"时期是碳达峰的关键期和窗口期，从战略高度重视煤化工发展意义重大。我国能源基本情况以煤为主，在已探明的化石能源资源储量中，煤炭占比90%以上，是稳定经济、自主保障能力最强的能源品种。清洁高效利用煤炭不仅关乎能源安全、经济可持续发展，而且事关"双碳"承诺能否如期达成。煤化工将煤炭作为原料进行工业转化，过程中除了用能环节外，二氧化碳大多被固定在最终的化学产品中，现代煤化工已成为煤炭清洁高效利用的重要方向。

与大规模发展的石油化工相比，我国现代煤化工发展较为滞后。在早期传统煤化工时代，主要以煤焦化、煤焦油加工和生产合成氨并副产甲醇等，项目具有规模小、能耗大、加工深度不足、产品附加值不高、对环境污染较为严重等缺陷。长期以来，人们固有印象中煤化工是高耗能、高污染的"两高"产业,再加上日趋严格的环保约束,煤化工项目上马困难,产业发展缓慢。

实际上,经过20余年的发展,我国煤化工产业规模不断壮大,产业链条逐步完善,装备大型化取得突破,高效催化技术不断进步,先进领先首创不断出现,相继攻克了煤制油(煤直接液化、煤间接液化)、煤制烯烃、煤制天然气等一批现代煤化工技术,并处于国际领先水平。如今煤炭深加工产品,每年已可替代3000多万吨石油当量,这个数字占国内石油产量的15%,占进口原油量的4.5%。与此同时,通过废水处理循环利用和超低排放改造,现代煤化工在耗水、减排方面已实现质的飞跃。2021年12月,中央经济工作会议提出,新增可再生能源和原料用能不纳入能源消费总量控制。新的考核机制下,煤化工的能耗水平还将大幅下降。

习近平总书记指出,煤化工产业潜力巨大、大有前途,要提高煤炭作为化工原料的综合利用效能,促进煤化工产业高端化、多元化、低碳化发展,把加强科技创新作为最紧迫任务,加快关键核心技术攻关,积极发展煤基特种燃料、煤基生物可降解材料等。这为现代煤化工产业发展指明了方向。"双碳"目标下,站在维护国家能源安全的角度出发,需要摘下"有色眼镜",抛开对煤化工的成见,明确煤化工战略定位,结合各地资源禀赋和环境容量,科学有序发展现代煤化工产业,积极构建现代煤化工生态化产业体系。

推进现代煤化工发展,环境制约仍是首要因素。在能耗双控和"双碳"目标下,节水和减碳工作还需进一步加强。据测算,2020年现代煤化工产业二氧化碳排放总量约3.2亿吨,占石化化工排碳量的22.5%。应积极探索煤化工与新能源耦合发展新路径,鼓励发展煤炭、煤制油、煤化工、新能源结合的一体化、规模化发展的综合能源项目，优先配置煤炭和新能源资源，提升抗风险能力，打造能效高、碳排少、水耗低、效益好的煤炭清洁高效利用样板工程，尤其在节水和减碳上要持续发力。

推进现代煤化工发展，差异化竞争是突破口。与石油化工项目相比，煤化工尚不具备规模化、基地化的优势，产品深加工不足、同质化现象比较明显，且同类产品单位产能投资目前明显高于炼化项目投资，在国际油价较低时不具备成本优势。应积极推动煤化一体化发展，通过大基地建设，推进现代煤化工补链延链强链，提高能源转化效率。并根据煤炭结构组成特性，开发特色高端产品，比如煤基特种油品、煤基生物可降解材料、煤基高等级碳素材料等。

（刊发于2022年9月29日产经版）

夯实煤炭增产保供安全基础

当前全国多地气温骤降,随着采暖季日益临近,煤炭电力需求将大幅攀升。保障迎峰度冬能源电力供给,让老百姓温暖度冬,维护企业正常生产经营,必须夯实煤炭增产保供安全基础。

安全生产,关系重大。煤矿一旦发生安全事故,不仅会威胁到人民群众生命财产安全,还会影响到企业生产经营和能源电力增产保供。对于我国这个以煤为主的能源大国而言,煤矿安全是国家能源安全和社会稳定的重要基石。

党中央、国务院历来高度重视煤矿安全生产,多年来在法治建设、体系建设上采取了一系列重大举措,并对企业安全生产机制提出要求,推动煤矿安全体系升级。经过数十年不懈努力,我国煤矿安全生产工作取得了举世瞩目的成就,实现了由高事故、高死亡、高增长向低事故、低死亡、负增长的历史性转变。全国煤矿事故死亡人数明显下降,实现了我国煤矿安全生产状况的根本性好转,有力促进了经济社会发展,改善了矿工工作生活,为新时代煤炭工业高质量发展奠定了坚实基础。

煤矿安全无小事。当前,我国煤矿安全生产挑战仍存:一方面,中小煤矿为数众多,生产技术水平有限。虽然我国煤炭工业的产业组织结构有了很大改善,但总体上看,仍存在企业小而散、集中度低等问题。经过近年来的整顿，小煤矿的技术面貌有所改善，但与世界先进水平差距仍然较大，仍存安全隐患；另一方面，与世界主要产煤国相比，我国煤炭赋存条件较差，主要依靠井工开采，高瓦斯矿井多。随着煤矿开采深度加大，煤与瓦斯突出的危险性持续增高。

特别是进入迎峰度冬期间后，周期性阶段性风险更高。在煤炭增产保供需求之下，部分企业超能力、超强度、超定员生产冲动增强，设备满负荷甚至超负荷运转，事故发生概率增加；一些企业为多出煤，赶工期、抢进度，无视安全盲目超产，导致采掘接续紧张，灾害治理的时间和空间不足，事故风险累积。

面临能源电力保供的关键时刻，必须紧绷煤矿安全生产这根弦。在周期性安全风险防范上，要紧盯非法违法生产建设行为不放松，紧盯瓦斯"第一杀手"不放松；在阶段性安全风险防范上，要处理好安全与保供的关系，牢固树立安全保供理念，科学合理制订生产计划，在确保安全生产的前提下做到煤矿能产尽产、稳产增产，有效增加市场供给，全力保障煤炭安全稳定供应。

治标更要治本。长远来看，从根本上提升煤矿安全，必须持续优化煤炭产业结构。要深入推进煤炭供给侧结构性改革，加快淘汰落后产能，提高办矿标准，有序退出过剩产能，鼓励大型煤炭企业兼并重组中小型煤矿。科学规划煤炭生产布局，以大型煤炭基地为重点，在资源条件好、开发潜力大的区域，着力扩大优质增量供给，并引导优质产能向优势资源地区聚集，提高产业集中度。推动我国煤炭工业从规模速度型粗放增长转向质量效率型集约增长，为煤矿安全生产创造良好发展环境。

在此基础上，大力推动煤矿智能化转型。通过机械化换人、自动化减人、智能化无人，可避免矿工直接面对灾害事故风险，减少人员误操作，大幅消除安全生产隐患，从根本上遏制重特大事故发生。同时，智能化建设可形成部分生产能力储备，增强供给的弹性，切实发挥煤炭兜底保障作用。下一步，要因矿施策分类推进智能化建设，支持鼓励企业突破关键核心技术，探索拓展智能化建设应用场景，构建智能感知、智能决策、自动执行的煤矿智能化体系，全力推进智能化建设走深走实。

（刊发于2022年10月13日产经版）

别让热泵"冷"下来

能源短缺叠加寒冬将至,有消息显示,近期我国生产的"取暖套装"在欧洲市场走俏。除了电热毯、热水袋、暖手宝、保温杯等小物件外,售价数万元的热泵也遭到抢购。据海关数据,2022年1月至8月我国热泵出口额达到8亿美元,同比增长62%。根据欧盟的相关计划,为减少对俄罗斯化石燃料的依赖,未来5年内还将大幅提升热泵的安装数量。

作为取暖设备,热泵在我国并不为人们所熟悉,为何一跃成为欧洲人的"取暖神器"?这要从热泵的原理说起。类似于水往低处流,自然条件下热量也是从高温物体流向低温物体。利用电能驱动和热力学逆循环,热泵可以从空气、土壤、水源等自然界中吸收热量,把处在较低温度下的热量提升到较高的温度水平下释放出来,以满足热量的使用要求。在这个过程中,热泵并不是直接将电能转化为热能,电能只是驱动了压缩机,将室外热量"搬运"到室内。简单来说,热泵就是"温度搬运工"。

正是基于这个工作原理,空气能热泵采暖比直接将电能转化成热能效率要高很多,一般来说泵的热效率很高,通常可达300%以上,即1份电能可搬运3至4份低位热能,因此,理论上比直接用电取暖要节省75%的电费,跟燃气供暖相比效率也更高,跟散煤供暖比则更加低碳环保。随着欧洲能源短缺、价格居高不下，加上欧洲各国的高额补贴，更为高效节能的热泵广受各国政府和消费者青睐。欧盟推行的碳中和政策也在长期范围内支撑更为环保的热泵普及。在不少欧洲国家，新建建筑中热泵供热面积已持续超过燃气供热面积。

热泵在我国"双碳"进程中的独特作用同样不容忽视。供热和制冷是全球最大的终端能源消费，住宅、工业部门以及其他用途的供热制冷约占全球总能耗的一半，供热和制冷也是导致空气污染的主要原因之一。因此，提升供热和制冷部门的效率，是拉动一国低碳发展，保障能源安全的重要措施。对我国而言，供热和制冷也是实现碳中和目标需要关注的重点领域。国务院印发的《2030年前碳达峰行动方案》提出，深化可再生能源建筑应用，因地制宜推行热泵、生物质能、地热能、太阳能等清洁低碳供暖。引导夏热冬冷地区科学取暖，因地制宜采用清洁高效取暖方式。积极推广热泵技术和产品，也是我国深入推进能源革命，加快规划建设新型能源体系的必然之选。

近年来，在我国清洁取暖政策的驱动下，热泵供暖技术替代燃煤取暖，在我国北方农村地区快速发展。但在进一步推广过程中仍存在一些障碍，比如，虽然热泵使用成本较低，但初始供能系统投资成本劣势比较大，动辄上万元的装机费用让消费者望而却步。同时，不匹配的机型选用、粗放的安装和运维水平，造成热泵系统实际运行能效低，甚至导致部分项目无法运行，使得热泵系统没有发挥其应有的节能减排作用，影响了消费者对热泵的信心。此外，低位热源决定的热泵供能强度，限制了其在严寒地区集中供热以及工业领域的应用。以上问题使得热泵渗透率仍然较低，尤其是2018年

"煤改电"政策调整后，市场出现了较大幅度下滑。

热泵技术优势独特，应用前景广阔，我国应充分重视对热泵技术推广的支持，别让热泵"冷"下来。基于各地资源禀赋、电网能力和政府财政情况，给予安装热泵产品合理资金补贴，并制定差异化电价优惠政策，尤其在风光电资源充足、电能本地消化不足、集中供暖无法覆盖的区域，可加大电价支持力度。针对热泵市场产品和工程质量鱼龙混杂的现状，有关部门应重视标准建设、加强市场监管，指导各地因地制宜，选择适合的热泵采暖技术方式，在合适场合、适当条件下使用热泵，全方位提升工程安装、售后维护水平，以获得真正的节能效果。

技术创新是扩大热泵应用范围的关键一环。以现有技术条件和产业水平来看，热泵技术还有更大的发展空间、更好的应用性能。需进一步改善热泵系统的环境及应用适应性，提高热泵低温供热性能和扩大热泵高温供热的应用范围，提升热泵机组稳定性和使用寿命。开发复合集成高效热泵技术产品，以便适应多元化应用的需求，推动热泵在更广阔的地理区域和生产领域应用。

（刊发于 2022 年 10 月 27 日产经版）

能源转型是一场高科技竞争

在能源革命和数字革命双重驱动下,全球新一轮科技革命和产业变革方兴未艾,能源科技创新进入持续高度活跃期。党的二十大报告提出,"以国家战略需求为导向,集聚力量进行原创性引领性科技攻关,坚决打赢关键核心技术攻坚战"。随着科技创新在能源绿色低碳转型中的权重不断加大,只有从国家能源安全和经济可持续发展的战略高度重视绿色技术创新和推广,才能在新一轮科技革命中抢占主动权。

在传统化石能源时代,资源和资本对能源的生产和消费起到决定性作用。众所周知,煤炭、石油、天然气等化石能源,是物质在地层下经过上万年演变而成的,不仅储量有限,而且在地球上分布极不均衡。正是由于化石能源的有限性以及现代经济社会发展对能源的高度依赖性,使得化石能源成为世界各国竭力争夺的战略性物资。控制更多的化石能源,既有利于提高国家竞争优势,也意味着在国际事务中拥有更大的话语权和影响力。比如,英国能在19世纪海上运输中占主导地位,最主要原因之一是拥有大量能作为蒸汽机燃料的高能量密度煤,相比之下法国和德国都没有同等质量煤炭的丰富资源。

近两个世纪以来,围绕石油、天然气和煤炭等资源的争夺,在国际地缘政治格局形成中起到关键作用。美国、欧盟、俄罗斯、日本等国家和地区较早涉足国际能源市场，在国际能源竞争中处于优势地位。相对而言，我国油气资源短缺且能源国际化战略起步较晚，在国际能源市场上获取资源、参与国际能源定价的能力较弱，加大了能源安全和经济可持续发展的压力。

不过这一切正在改变，从化石能源到可再生能源的转变将重塑世界竞争格局，并引发经济社会变革。近年来温室气体排放导致的全球气候变化问题备受关注，能源绿色低碳转型成为各国共识，而全球能源转型最主要的驱动力就是可再生能源的兴起，特别是太阳能和风能。可再生能源在许多方面不同于化石燃料——第一，大多数国家都拥有充足的可再生能源资源，不存在资源"卡脖子"；第二，可再生能源难以耗尽，更难被破坏；第三，可再生能源不仅边际成本近于零，且开发和使用更加灵活。但可再生能源也存在能量密度低、不稳定、开发成本较高等缺点。因此，要提高可再生能源的产量和效率，必须通过技术创新，推出新的能量转换方法或提高现有生产消费流程的效率。

随着全球能源绿色低碳转型快速推进，一个"技术就是资源"的世界正向我们招手。这场转型浪潮中，新兴技术将成为核心驱动力，推动能源产业从资源、资本主导向技术主导转变。近年来，世界各发达国家纷纷将科技创新视为推动能源转型的重要突破口，积极制定各种政策措施抢占发展制高点。专利分析结果表明，近年清洁能源技术领域专利申请数量比化石能源领域更多，意味着前者的技术创新更为活跃。而物联网、大数据、人工智能等数字技术创新也为能源发展带来了新机遇，助推可再生能源加速替代。这一进程中，技术创新的领导国能从全球能源转型中获得最大收益，增强国际影响力。

党的十八大以来，我国把科技创新摆在了全局发展的核心位置，能源技术革命取得了阶段性成果，创新能力显著提升。水电、风电、光伏、核电、输变电等技术达到世界先进水平，取得了多个"世界第一"和"国际首个"，建立了较为完备的可再生能源技术产业体系，能源领域科技创新实现从"跟跑、并跑"向"创新、主导"加速转变。但与世界能源科技强国相比，与引领能源革命的要求相比，我国能源科技创新还存在明显差距，支撑碳达峰、碳中和的能源技术有待突破。比如，关键零部件、专用软件、核心材料等大量依赖国外，能源领域原创性、引领性、颠覆性技术偏少。

下一步，要以实现能源强国为目标，集中攻关突破能源领域主要短板技术装备，加快研究快速兴起的前瞻性、颠覆性技术以及新业态、新模式，形成一批能源长板技术新优势。同时，进一步健全适应高质量发展要求的能源科技创新体系，有力支撑引领能源产业高质量发展和能源转型。

（刊发于2022年11月3日产经版）

原料用能"松绑"释放哪些信号

压在化工企业心里的"石头"终于落地。近日,国家发展改革委、国家统计局发布通知,明确提出在"十四五"省级人民政府节能目标责任评价考核中,将原料用能消费量从各地区能源消费总量及能耗强度中扣除,并明确了具体扣减方法。对原料用能和燃料用能加以区别对待,能够更为科学准确地反映能源利用实际,为高质量发展腾出用能空间,为维护我国产业链供应链安全提供重要保障。

什么是原料用能?简单说,原料用能是指用作原材料的能源消费,即能源产品不作为燃料、动力使用,而作为生产非能源产品的原料、材料使用。比如,企业以石油为原料生产汽油、柴油等成品油,用到的原油就属于燃料用能;若企业以煤炭、石油或天然气生产非能源用途的烯烃、芳烃、合成氨等产品,用的能源就属于原料用能。

为何要对原料用能和燃料用能进行差异化管理?我们知道,在化石能源使用中,直接燃烧是碳排放的最主要来源。原料用能与燃料用能则不同,在碳排放方面存在很大差别。作为原料的煤炭、石油和天然气等能源并没有被"烧掉",而是在工艺系统中密闭转化为其他产品,带来的碳排放远远低于燃料用能。同为能源消耗,如果把原料用能简单视作"燃烧"来计算碳排放,显然并不科学。

过去我们"胡子眉毛一把抓",对二者一视同仁管理,带来一系列发展问题。我国原料用能虽然只占到全国能源消费总量的7%左右,但关系到化工、有色以及下游纺织、医药、新能源、新材料等一系列产业,在工业体系中的地位作用非常突出。2021年9月份,受能耗"双控"政策影响,全国多个省份出现限电,"一刀切"削减用能总量导致一些化工企业被迫停产,部分省份黄磷、纯碱、醋酸等上游基础化工原料、中游医药中间体、兽药中间体、染料中间体等生产受限,市场供应紧张,大宗化学品市场价格出现了频繁剧烈波动,产业链供应链扰动明显。更严重的是,受制于用能指标,一些国家亟须的新增化工项目长时间卡在审批环节,无法启动。

我国正处于从制造大国向制造强国迈进的关键时期,保障原料用能至关重要。对于"卡脖子"问题,大家更为熟知的是芯片,但我国高端电子化学品、高端功能材料、高端聚烯烃等化工新材料的对外依赖度绝不亚于芯片。历史证明,每一次科技革命一定伴随着材料的革新,未来制造业竞争的关键也是材料。在德国制造业平均成本中,材料占比超过一半,通过材料提升带来的效益比节能高10倍,比改善物流高30倍。可见,关键材料不突破,先进制造就是"空中楼阁"。

近年来,我国化工新材料产业规模不断扩大,先后攻克了有机硅、MDI、特种工程塑料等关键技术,但总体仍处于爬坡过坎的关键阶段,"低端过剩、高端不足"的结构性矛盾非常突出。

与发达国家相比,当前我国原料用能比例明显偏低,背后反映的是产业形态、工艺路线、产品结构等方面存在较大差距。随着经济社会发展和产业结构转型升级,我国将稳步推动"减油增化"、加快发展高端化工新材料产业,原料用能规模也将随之增长。早在

2021年底，中央经济工作会议就明确提出原料用能不纳入能源消费总量控制，此番进一步完善细化该政策，意味着很多化工项目所需能耗指标大幅下降，此前许多卡在审批环节的项目有望获批。长远看，原料用能扣减新政策有利于加快推动能源要素向单位能耗产出效率更高的产业和项目倾斜，推动加快构建高端完整的化工生产和供应体系，助力制造强国建设和经济高质量发展。

需要强调的是，原料用能扣减不是鼓励各地盲目发展石化化工、煤化工等项目，也不是为相关产业发展敞开口子。各地要坚决遏制高耗能、高排放、低水平项目盲目发展，从政策符合性、程序合规性、技术先进性等方面严把项目准入关，坚决不放松项目准入要求。相关企业也要毫不松懈地做好节能降碳工作，持续提升原料用能利用效率，加快节能降碳先进技术研发和推广应用，持续提高能源资源利用效率，实现高质量发展。

（刊发于2022年11月10日产经版）

清洁能源加入今冬供暖菜单

"既要温暖如春，又要蓝天白云"。随着我国清洁取暖覆盖范围不断扩大，以往冬季取暖中的两难问题逐步得以解决。日前，北京提前启动采暖季居民供暖，至此北京城镇地区已基本实现清洁能源供热。与此同时，多地也在探索不同类型的绿色供暖模式，核能、风能、太阳能、地热能、生物质能等多种清洁能源纷纷加入供暖菜单，绿色暖冬成为主基调。

推进冬季清洁取暖，关系广大群众温暖过冬，关系雾霾天能不能减少，是能源生产、消费革命以及农村生活方式变革的重要内容，是重大的民生工程、民心工程。北方地区雾霾的形成与取暖有着密切联系。我国煤炭硫分和灰分含量较大，1吨散煤直接燃烧的大气污染物排放量是等量电煤的10倍以上。长期以来，北方部分城市周边、农村等地区无法实现集中供暖，大量采用分散燃煤小锅炉等方式取暖，成为环境污染的重要来源，大气污染防治压力巨大。

推广清洁取暖、加快散煤替代，是破解难题的必然之选。2017年，我国启动北方冬季清洁取暖试点。此后数年，我国以京津冀及周边地区、汾渭平原等区域为重点，持续推进北方地区冬季清洁取暖，因地制宜推动散煤治理。截至2021年底，平原地区冬季取暖散煤基本清零。如今北方地区清洁取暖率已高达73.6%，二氧化硫、氮氧化物排放量大幅下降。有资料显示，清洁取暖对所在地 PM2.5 平均浓度改善和空气质量综合指数改善贡献率均达 1/3 以上。"空气质量持续改善，蓝天获得感越来越强"成了这些年百姓的切实感受。

清洁取暖，不仅改善空气质量，同时也让百姓生活品质大幅提升。实现清洁取暖后，家里不用再堆放散煤和处理煤灰，以往烟熏火燎的场面也不见了，无论是家庭生活小环境，还是村镇街道大环境都得到根本改善。以往因燃煤取暖引发的煤气中毒、火灾等事故也显著减少。此外，清洁供暖还促进了可再生能源的消纳力度。

与之前主流的"煤改电""煤改气"相比，如今清洁取暖的工具箱更加丰富，创新动能十足。去年冬天，山东海阳依托国家能源核能供热商用示范工程二期，成为我国首个"零碳"供暖城市。此后，核能供暖又先后在浙江、辽宁示范落地。在太阳能、风力资源丰富的西北地区，更多城市将创建利用风电光伏供暖的示范项目。借助地热能集中供热，雄安新区已建成全国第一个"无烟城"。黑龙江佳木斯市凭借丰富的农业秸秆资源，推广生物质能替代散煤供暖。

面对来之不易的蓝天白云，我们也应清醒地认识到，一些重点区域大气污染物排放总量仍然偏高，特别是在秋冬季节，一旦遇到不利气象条件，空气质量还会出现下滑，推动清洁供暖全覆盖任重道远。同时，清洁供暖经过几年的快速发展，推广工作已迈入"深水区"，难啃的硬骨头不少。比如，在一些基础设施较差的"煤改电"地区，电网强度、用电成本、百姓接受度都是挑战。由于市场机制、标准规范等缺失，热泵、风光能等新兴供暖方式进展缓慢。部分已实施清洁取暖的经济欠发达地区取暖成本仍偏高、过于依赖补贴，持续运行困难。

"十四五"期间，大气污染防治和碳强度碳排放总量控制对清洁取暖提出了新要求，必须因地制宜、统筹优化，积极稳妥全面推进清洁取暖工作，防止散煤复烧。要结合各地实际，严格按照"宜电则电、宜气则气、宜煤则煤、宜热则热"原则，选择清洁供暖方式。落实清洁取暖价格政策，优化气价、电价机制，减轻居民取暖电费负担。研究制定差异化补贴政策向低收入人群倾斜，并通过多种方式加大清洁取暖金融扶持力度，建立完善政府、企业、居民利益共享机制，鼓励探索新业态、新模式，充分调动社会资本参与清洁取暖投资、建设和运营。

推动清洁取暖，最重要的是不能踩破民生底线。不管采用何种清洁取暖方式，都要坚持先立后破、不立不破，对于进入供暖季后未完成改造的地区，应允许沿用原有供暖方式。对一些山区和不具备改造条件的地区，可以暂时通过烧清洁煤等方式取暖，确保群众安全温暖过冬。

（刊发于 2022 年 11 月 17 日产经版）

给"绿电"消费发放通行证

提起用电这个话题,以前大家更关心"用了多少电""电价是多少",如今"用的什么电"也将成为关注焦点。近日,国家发展改革委、国家统计局、国家能源局发布通知,明确新增可再生能源电力消费量从各地区能源消费总量中扣除。该政策有效提升可再生能源的环境价值,有利于保障社会经济发展的合理用能需求,促进能源绿色低碳转型。

为何单给可再生能源电力消费开"绿灯"？为应对日益严重的气候变化问题,推进能源转型和产业结构调整,我国政府提出了能耗"双控"目标,一个地区的经济社会活动必须严格在相应目标值以内进行,超出目标便会亮"红灯"。去年9月份,我国不少地方因为能源消耗超标,开展有序用电,企业生产和新项目上马受到影响。太阳能、风能等可再生能源发电具有低碳、清洁、可再生等特点,通俗称为"绿电"。生产生活中消耗"绿电"并不会大幅增加碳排放,对于环境冲击影响较低。如果像高排放的化石能源一样限制"绿电"消费,并不科学。

给"绿电"消费发放通行证,有利于保障经济社会高质量发展的合理用能需求。为了全人类的可持续发展,经济活动必须在能源消耗强度和总量约束下进行。能源技术评价是工业企业新上项目的关键制约因素，由于各地能耗指标有限，一旦用完，新项目就不能立项。新增可再生能源不纳入能源消费总量控制，意味着在能源消费总量指标紧张时，企业可通过使用可再生能源作为项目能源，从而通过能评考核。比如，一些化工企业已经开始加大光伏自备电厂的投资力度。对于用能大户而言，当年度能耗指标不足时，既有项目的正常生产，也可以通过消费"绿电"得到保障。

给"绿电"消费发放通行证，还有利于引导和鼓励企业消费"绿电"，促进新能源消纳。装机与消纳矛盾一直是制约光伏、风电等新能源发展的关键因素，其中不仅有因新能源电力特性造成的发电侧消纳难题，用电侧对于新能源的接受度不足同样是影响消纳的重要因素。政策实施后，受到碳排放强约束和提出碳中和主张的市场主体将更加倾向于使用"绿电"进行生产经营活动，地方政府也更有动力改善用能结构，提升"绿电"开发、消费比例，以实现国家既定的能源消费考核目标。随着用电侧对"绿电"接受度的提升，新能源装机与消纳的矛盾有望得到缓解。

事实上，扩大"绿电"消费已成为不少企业追逐的新目标。今年"双11"，阿里巴巴提前购买储备了3200万千瓦时"绿电"。此前，腾讯、秦淮数据等企业也通过市场化交易实现了"绿电"大规模交易。晶科能源近日则宣布，已成为业内率先实现可再生能源使用比例超过50%的光伏企业。企业之所以对"绿电"如此热衷，主要是因为国内"双碳"政策的引导和要求，以及来自国外产业链和欧洲碳关税的外部压力。特别是一些外向型企业，如果不提高"绿电"消费比例，甚至可能影响企业生存。对上市公司而言，随着资本市场对ESG（环境、社会和公司治理）理念愈加看重，"绿电"消费也成为刚需。

不过总体来看，国内"绿电"市场还处于建设初期，企业"绿电"消费仍不普遍。目前我国"绿电"消费主体以国际化企业为主，大多数市场主体的清洁能源消费意识不强。对比欧洲市场，国内"绿电"交易规模体量小，企业参与积极性低，没有形成广泛的社会影响力，甚至很多人不知道这个概念。有关部门需要加大力度培养企业"绿电"消费意识，畅通"绿电"交易渠道，完善交易机制和电力市场，进一步引导和推动全社会可再生能源绿色电力消费。

在鼓励"绿电"消费的同时，还要努力克服"绿电"现有的缺点，使其变得跟化石能源一样廉价和可靠，这是"绿电"大规模替代的关键。在成本端，虽然一些地区新能源发电侧已做到平价上网，但如果算上长距离输配电成本，加之未来电力部门对新能源电源并网质量提出更高要求，新能源与煤电相比仍无成本优势。要通过技术创新持续推动新能源成本下降，努力实现"发电＋储能"平价上网。同时，要提高新能源稳定性，让新能源更好用，企业用得更放心。

（刊发于 2022 年 11 月 24 日产经版）

风电登顶还差"临门一脚"

近日,由三峡集团与金风科技联合研制的16兆瓦海上风电机组正式下线。这个"大块头"是目前全球单机容量最大、叶轮直径最大的风电机组,标志着我国风电装备产业实现了从"跟跑"到"领跑"的历史性跨越。虽同属"国家名片",但相比光伏,我国风电装备在全球尚未形成绝对实力。"双碳"目标下,唯有持续提升核心竞争力,练好"临门一脚",风电产业才能将优势转为胜势。

中国风电全球第一的印象早已深入人心。这里需要区分一个概念,装机量第一并不代表风电产业竞争力第一。仅从数量上看,我国风电装机量在2012年便超越美国成为全球第一,并霸榜至今,同时我国风电整机装备产量也占全球一半以上。但与光伏产业在全球市场上的压倒性优势不同,我国风电在量上的领先基本来自国内市场,海外市场占有率不足10%,与维斯塔斯、西门子歌美飒、GE等欧洲大厂相比,全球市场的拓展能力较差。在风电技术基础研发、风机设备零部件等关键领域也缺乏核心专利和制造能力,如主轴轴承、风电叶片关键基体材料等仍然依赖进口。

股市是经济和产业的"晴雨表",我国风电全球竞争力的不足也进一步反映到资本市场上。长期以来在A股市场,风电上市公司的平均估值远低于光伏企业,至今没能诞生一家市值超过千亿元的风电设备公司。在专业投资者看来，与光伏企业的高成长、强自主、快创新相比，目前风电企业国际竞争力较差，核心零部件依靠海外，技术创新活力不足，商业模式单一，资本活跃度较低，缺乏吸引人的成长故事。而从风电零部件来看，除叶片外，其余环节的主要材料以钢材为主，以至于投资者将风电企业戏称为"打铁的"。这些都是市场给予风电企业较低估值的原因。

客观来说，风电产业要想赶超有先发优势的欧洲同行，困难程度远大于光伏。在哈佛商学院教授克莱顿·克里斯坦森所著《创新者的窘境》一书中，将技术进步分为延续性技术和破坏性技术两类。风力发电是将风能转化为机械能，再将机械能转化为电能，这一过程决定了风电提效降本更多依靠的是把机组做得更大、叶片做得更长，这些都属于延续性技术，而基于铸造等技术的风电零部件更不易被颠覆，风电产业链结构也更稳定，很难从半路杀出一个具有领先优势的新玩家。光伏发电的原理是半导体光电效应，其关键元件是太阳能电池，不同的电池技术在转换效率上千差万别。掌握了破坏性技术的光伏企业，往往能够换道超车、后来居上。同时，太阳能发电的降本速度和幅度也远高于风电。

"双碳"目标的实现和人类可持续发展离不开风电技术，正因为创新不易，一个强大的风电产业才更需要着力创新。从国际市场竞争乏力和国内市场萧条期"价格战"的表现来看，我国风电企业仍未形成以技术优势为导向的成本优势，平价上网时代风电产业的持续发展，必须催发出产业内生的创新动力。

风电产业的特性决定了行业突破必须依赖整个产业链协同创新。16兆瓦海上风电机组研发成功，启示我们现阶段要发挥好能源央企的"链长"作用，积极探索风电融合发展新模式，充分利用好央企在技术、投资能力及资源整合方面的独特优势，搭建良好的协同发展平台，有效聚合风电产业链上下游企业，打造风电装备产业集群，实现以资源开发带动产业发展、以产业发展促进资源开发的良性循环，引领推动我国风电全产业链一体化高质量发展。

技术创新之外，风电企业也要跳出路径依赖，以更加开放的态度看待市场竞争。一直以来，风电终端的应用场景相对单一，而光伏的应用场景则深入到"千家万户"。从欧洲国家发展经验看，风电也可以在户用领域锁定部分市场。比如，今年并不起眼的国产小风机就在欧洲大放异彩，虽然技术含量不如大风机，但小风机很考验企业的商业模式创新能力，随着我国"千乡万村驭风行动"的实施，风电应用空间无限。

我国作为可再生能源大国，走向全球与海外风电巨头"掰手腕"，是成长的必经之路。风电企业要敢于"走出去"、善于"走出去"，在含金量更高的国际市场证明自己的实力，才能实现风电产业由"大"到"强"的转变。

（刊发于2022年12月1日产经版）

扩大中俄能源合作有何深意

一个是全球最大的能源消费国,一个是世界最大的油气生产国之一,两国的能源合作会擦出什么火花?近日,第四届中俄能源商务论坛以线下与线上相结合的方式在北京和莫斯科两地举行,释放出两国继续深化、扩大能源合作的信号。在国际能源市场动荡加剧的当下,此举对于保障两国能源安全乃至维持全球能源市场稳定、引领世界能源绿色低碳转型都具有重要意义。

能源安全是各国实现经济发展、社会稳定的重要基础。"双碳"目标下全球经济社会发生系统性变革,能源绿色低碳转型成为各国共识。但是今年以来,由于全球地缘政治和经济格局的变化,以及风光发电等新能源供应不稳定,加剧能源市场动荡,能源安全超越了能源转型,成为多数国家的优先关切,与油气供应相关的传统能源安全风险再次成为全球关注的焦点,而全方位加强国际合作是实现开放条件下能源安全的必由之路。

中俄能源合作重中之重正是油气合作。欧洲能源危机和我国去年局部的电力短缺再次证明,为经济提供足够的能源供应保障是多么重要。能源转型必须先立后破,只有经过深思熟虑理性看待当前化石能源价值,才能有效保障国家能源安全。一些西方国家对于能源转型节奏的误判,导致针对传统化石能源的投资意愿显著下降,全球市场开始出现明显的油气供应紧缺现象，正常生产生活受阻。目前来看，相当长一段时间内，保障充足的化石能源供应，才能确保一国平稳可靠地过渡到未来的低碳能源。

中俄油气合作具有天然互补优势，是涉及两国能源安全的重大战略合作。我国石油和天然气对外依存度分别高达70%、40%以上，截至2020年年底，我国原油剩余探明技术可采储量36.19亿吨，仅占全球石油探明储量的1.5%，有效利用外部资源是我国保障能源安全的必然之举。俄罗斯是全球最大天然气出口国和第二大石油出口国，这为中俄两国开展互利合作提供了广泛空间。从地缘政治角度来说，中俄两国国土相邻，发展与俄罗斯的陆地能源进口贸易有助于缓解我国的"马六甲之忧"。

新时代的中俄能源合作，不再是俄罗斯的"独角戏"，我国的可再生能源技术也将在俄罗斯的广袤土地上大显身手。当前，实施绿色低碳和可持续发展已成为全球普遍共识，并进一步转化为全球行动。我国和俄罗斯在开发可再生能源前景方面有着共同的立场，认为开发可再生能源是实现联合国可持续发展目标最重要的部分。我国拥有完备的水电、风电和光伏发电装备研发、生产和制造产业链，技术水平和产业规模世界领先，装备产品性价比高，综合竞争力强。俄罗斯则拥有丰富的可再生能源资源，开发潜力巨大。俄罗斯市场可成为我国可再生能源产业走向欧洲乃至全球市场的重要桥梁。

能源合作一直是中俄两国务实合作中分量最重、成果最多、范围最广的领域，有着坚实基础。1996年，中俄两国政府签订《中俄联合声明》和《中俄关于共同开展能源领域合作的协定》，拉开了中俄能源合作的序幕。历经20余年，中俄能源合作步伐逐步加快、合作范围从油气逐步拓展到煤炭、核能等全方位。面对全球疫情起伏反复和经济复苏乏力的双重考验，中俄能源合作逆势前行。2021年，我国自俄罗斯进口能源产品同比增长47.4%，俄罗斯稳居我国第一大能源进口来源国。

当前国际环境日趋复杂多变，能源供需格局发生结构性重塑，能源行业面临着绿色低碳转型与数智化转型的双重挑战。新形势下，应正视中俄能源合作在一些领域还存在空白或不足，比如，合作的主要内容仍以大宗能源原料等初级产品为主，在能源技术领域的合作不足；在油气贸易定价问题上也存在一定分歧。

未来，两国要顺应形势变化和时代要求，在更大范围、更深层次、更广领域扩大能源合作。在现有基础上，不断探索新的合作模式和路径，深化传统能源全产业链上中下游合作，共同应对能源转型面临的能源结构性短缺和成本上涨等问题。积极挖掘绿色低碳合作潜力，加强在光伏、风电、氢能、储能以及绿色金融等领域的协作，引领全球能源绿色低碳转型。

（刊发于2022年12月8日产经版）

"后院"的煤矿挖不得

在自家后院挖煤,是种什么体验?为扛过这个冬天,近段时间在波兰传统煤矿产地瓦乌布日赫兴起了一阵私人挖煤热,该市市民有计划地在当地公园、树林甚至是自家后院里挖煤。不少网友看到这个消息后感叹,"轻轻松松当上煤老板"。实际上,这只是波兰人应对能源价格飙涨的无奈之举,并不值得羡慕。而在我国,私人随意挖煤也并非正道。

"后院"有煤就可以随意挖吗?《中华人民共和国物权法》第四十六条规定,矿藏、水流、海域属于国家所有。即使矿藏、水流、海域坐落于集体或个人不动产地域内,也完全属于国家所有。《中华人民共和国矿产资源法》第三条规定,禁止任何组织或者个人用任何手段侵占或者破坏矿产资源。勘查、开采矿产资源,必须依法分别申请、经批准取得探矿权、采矿权,并办理登记。可见,在我国私人可以依法依规投资煤矿开发,但私人未经允许擅自开采煤矿是违法的,严重的还会面临刑罚。

从当前我国煤炭供给情况来看,私自挖煤也完全没有必要。四季度以来,各产煤省区和中央企业全力挖潜扩能增产,各大煤矿加快产能释放,产量保持高位水平。全国统调电厂电煤供应量保持高位,连续多日大于电煤消耗量,存煤保持在 1.75 亿吨左右的历史高位。大秦铁路运输秩序全面恢复，日运煤量回升至百万吨水平，秦皇岛港存煤持续提升。特别是东北三省统调电厂及储煤基地存煤水平处于高位，可用天数近40天。煤炭价格方面，10月秦皇岛5500大卡动力煤年度长协价格719元/吨，较年初下降6元/吨。电厂煤炭综合到厂价明显低于国际水平，为煤炭安全稳定供应奠定了坚实基础。

从环保角度讲，私自挖煤更不可取。煤炭资源不合理的开发与利用会给地质环境带来严重影响，主要体现在对土地资源、水资源和空气质量的破坏上。土地是人类发展的重要资源，由于煤矿资源深藏在土地中，不论是井下开采还是露天开采，都会加剧土地挖损和压占，导致土地沙化，引发水土流失等灾害。长期以来，我国进行了大规模、高强度的煤炭开采，形成了大面积的采煤沉陷区，因采掘区地面下沉导致的事故多有发生。

煤矿开采对水资源的不利影响同样不容忽视，具体体现在水污染和水环境破坏等方面。煤及其附属物中含有多种重金属，开采过程中极易释放到外部环境里，尤其容易污染地下水，使得地下水无法饮用和灌溉。粗放的开采手段，还会引发煤矿区域附近地表水流失、地下水位下降，使地下水流向和流量发生变化，降低水流水平，进而破坏整个水系统的生态循环。我国人口基数大，耗水量也大，如果不能有效解决煤矿水害问题，会加剧我国水资源紧缺。

在煤炭开采过程中，还会带来大量粉尘、浮煤，以及一氧化碳、二氧化硫等有毒有害气体。粉尘污染是煤矿工人得尘肺病的罪魁祸首，而煤矿工人尘肺病死亡人数是安全事故死亡人数的近20倍。有毒有害气体则对大气质量产生严重影响，例如二氧化碳的无节制排放会加剧温室效应；二氧化硫会引发酸雨，进而腐蚀建筑物，影响土壤酸碱性。此外，煤炭开采过程中大量低浓度甲烷被排放到大气中，甲烷对温室效应的影响远大于二氧化碳，这点常常被人们忽略。

煤矿开采与生态保护两者间虽有矛盾，但并非不可调和，煤矿绿色开采技术为解决这一难题提供了可能。煤矿绿色开采是一种可持续的煤矿开采体系，通过绿色开采技术，可以使煤矿开采过程中的废弃土石得到重复利用，也不会影响开采区的水源流动，还可以回收并处理开采过程中的酸性废气和瓦斯气体。在保持煤炭开采规模的同时，最大程度降低对自然生态系统的破坏。

在我国经济社会发展和生态保护红线的双重要求下，建立智能、绿色、低碳的新型煤矿工业体系成为必然趋势。在绿色开采推广过程中，政府部门应设计好制度保障，加大煤矿绿色开采技术推广和财政监管力度。煤矿企业要正确认识绿色低碳的重要性，加大对绿色开采技术的资金投入，将生态保护列入企业长期发展规划，打造低碳生产模式。

（刊发于2022年12月15日产经版）

"人造太阳"商业化之路仍很漫长

长期以来，可控核聚变被认为是"人类的终极能源"。近日，美国能源部宣布，科研人员在劳伦斯利弗莫尔国家实验室实现了核聚变"点火"，即核聚变实验中产生的能量多于用于驱动核聚变的激光能量。美能源部称这一"重大科学突破"将为国防及清洁能源未来发展奠定基础。据此，有观点认为，"可控核聚变很快就能商业化""风电、光伏等新能源即将被核聚变替代"。实际上，从这次实验到核聚变商业化的路途仍很漫长。

为何说核聚变技术对人类至关重要？我们都知道"万物生长靠太阳"，地球上埋藏的煤炭、石油等化石能源实质上也是远古生物储存的太阳能，水能、风能、生物质能等可再生能源，这些同样是通过太阳能转化而来，而太阳的能量正是来源于核聚变。简单说，核聚变就是两个轻原子在高温高压的环境下相撞，聚合成一个重原子，在反应过程中会产生质量损失。根据爱因斯坦标志性的质能方程，能量等于质量乘以光速的平方，由于光速值巨大，即使较小的质量损失也会转化为巨大的能量爆发出来。

如果可以驾驭核聚变的能量，人类文明有望进入一个全新的发展阶段。当前，人类已经掌握了可控核裂变技术，在核裂变中一个原子会分裂成更小的粒子并放出能量，已经广泛应用的核能发电就是利用的这一技术。跟裂变相比，核聚变拥有更多优势：作为核聚变原料，氘在地球上的含量相当丰富，易于提取。根据国际原子能机构统计，地球上的氘产生的聚变能量够人类使用900亿年。同时，可控核聚变能在自然条件下稳定反应，简单可控，具备本质安全。核聚变反应过程中几乎不产生辐射，核废料也几乎没有放射性，不存在核泄漏的风险。

更重要的是，核聚变释放的能量是核裂变的数倍。理论上，只需要几克氘和氚的混合反应物，就有可能产生上万亿焦耳的能量，这相当于一个普通人一生所需的能量。如果我们可以模拟这个反应过程，实现"人造太阳"，便可一劳永逸解决能源问题。单从技术上而言，人类很早就实现了核聚变，氢弹就是不可控的聚变反应。尽管如此，在此后70年的时间内，人类在可控核聚变方面却始终进展缓慢。其中最大的难题是如何控制和约束核聚变反应，因为核聚变需要在极高的温度和压力条件下才能进行，而地球上尚没有任何化学物质能够达到要求。

当前可控核聚变主要分为两条技术路径。其中之一是高功率激光作为驱动器的惯性约束核聚变，代表就是美国国家点火装置。不可否认，美国装置此次"点火"从科学层面上证明了可控核聚变有望为人类提供能量来源，而不只是一个耗电器。但其离商业化运用还有很大距离，其产生的能量仅相当于燃烧一小堆木柴，也无法做到连续输出能量，如果计算整个系统能量消耗，仍旧远大于装置产出的能量。对于规模化能源生产，这种试验并无重大意义。

在可控核聚变领域，有个著名的"50年悖论"，即在科技界的预言中，距离实现可控核聚变永远只有50年。不仅达到真正意义上可控、持续的核聚变难度极大，一项新的能源技术从实验室到商业化的周期也很漫长。据历史学家鲁迪·沃尔蒂考证,"1900年在美国生产的4192辆汽车中,有1681辆是蒸汽汽车,有1575辆是电动车,只有936辆是用了内燃发动机的汽车"。100多年过去,电动汽车虽然逐渐被人们所认可,但市场占比竟远未达到问世之初的地位。可见,在实现碳中和的道路上,已进入成熟阶段的风电、光伏等新能源依然是主力之选。

从更长远的周期来看,可控核聚变是人类可持续发展的战略储备技术。一旦获得突破,我们将拥有廉价、安全、清洁的能源,地球环境得到极大改善,经济建设和工业生产效率大幅提升,甚至星际旅行成为可能。早在20世纪50年代,我国也开始了可控核聚变的研究。目前,我国研究机构已建成相关装置,研究走在了世界前列。下一步,应继续加大可控核聚变的投资研发力度,加强国际合作、技术共享,推动核聚变商业化快速发展。

(刊发于2022年12月22日产经版)

世界最大清洁能源走廊有多强

能源绿色低碳转型迎来新突破。近日，在建规模世界第一、装机规模全球第二大水电站——金沙江白鹤滩水电站最后一台机组正式投产发电。至此，白鹤滩水电站16台百万千瓦水轮发电机组全部投产发电，与葛洲坝、三峡、向家坝、溪洛渡、乌东德5座水电站连成一串水电明珠，标志着我国在长江之上全面建成世界最大的清洁能源走廊。

世界最大清洁能源走廊有多大？从装机规模看，三峡集团在长江干流建设运营的6座巨型梯级水电站共安装110台水电机组，总装机容量达7169.5万千瓦，位列世界第一，与墨西哥全国电力装机量相当；其中，三峡、白鹤滩、溪洛渡、乌东德、向家坝水电站装机容量分别位列世界第一、第二、第四、第七、第十一。从单机容量看，世界上单机容量最大的水轮发电机组都集中在这里，其中白鹤滩100万千瓦、乌东德85万千瓦、向家坝80万千瓦、溪洛渡77万千瓦、三峡70万千瓦，而国内外其他水电站最大单机容量仅为70万千瓦。

世界最大清洁能源走廊有多重要？走廊建成后，将给人们生产生活带来深远影响。其一，将有效缓解南方地区用电紧张。6座巨型电站通过联合调度、协同运行，年均发电量达3000亿千瓦时，可有效缓解华中、华东地区及川、滇、粤等省份的用电紧张局面，为"西电东送"和电网安全稳定运行发挥重要支撑作用。另外，在节能减排方面，每年可节约标准煤约9045万吨，减少排放二氧化碳约2.5亿吨，对改善我国能源结构，助推实现"双碳"目标将发挥积极作用。

其二，增强防洪减灾能力。这条走廊跨越1800公里，形成总库容919亿立方米的梯级水库群和战略性淡水资源库，其中防洪库容占2022年长江流域纳入联合调度范围水库总防洪库容的一半以上，成功应对了长江2016年、2017年区域性大洪水以及2020年流域性大洪水。梯级水库的联合防洪调度，提升了宜宾、泸州、重庆等沿岸城市的防洪标准，减轻了长江中下游的防洪压力。

其三，保障航运畅通。梯级电站通过联合调度使川江航道更加顺畅，汛期通过梯级电站优化实时调度大幅削减洪峰流量，航运安全性明显提高；枯水期适时调度梯级水库，加大出库增加下游航运水深，有效缓解长江中下游航运压力，有力促进了长江航运的快速发展和沿江经济的协调发展。

通过建设世界最大清洁能源走廊，我国水电行业也实现了从"跟跑""并跑"再到"领跑"世界的历史性跨越。在长达半个世纪的建设过程中，我国水电机组单机容量从万里长江第一坝葛洲坝的17万千瓦提高到白鹤滩的100万千瓦，水轮机制造技术和精度不断跃升，形成了水电装备设计、材料、制造等完整产业链集成整合能力。如今全球80万千瓦以上的水电机组全部产自我国。

世界最大清洁能源走廊有多强？它们标志着我国水电开发科研实力明显增强，集成了世界先进的水电建设管理理念，形成雄厚的水电工程技术，攻克了一系列世界技术难题。在超大型洞室群开挖与支护、大体积水工混凝土筑坝材料和温控防裂、高水头大泄量泄洪消能、工程建设全过程数字化动态管控等关键领域实现重大突破，巩固了我国在水电清洁能源开发建设领域的领先优势。

"双碳"目标下，世界最大清洁能源走廊的巨大潜力目前尚未得到充分挖掘。党的二十大报告提出，"加快规划建设新型能源体系"。金沙江下游流域具有丰富的风能和太阳能资源，在流域水能资源已得到深度开发利用的基础上，以大型水电基地为依托，利用水电调节能力和送出通道，推动水风光一体化综合开发，将有效降低可再生能源综合开发成本，为当地经济社会发展注入新动力。

这一新形势对联合调度机制提出了新要求。当前，整个长江流域统一调度协调不够顺畅，长江中上游水库站群开发业主呈现多元化格局，受利益驱动未能很好地协调发挥水库站群的综合功能及其与上下游其他工程的协调作用。同时，水风光协同运行尚未有成熟的模式可以借鉴，如何结合当前能源结构、用电形势，优化开展梯级水库联合调度，最大化发挥水风光一体化运行效益，仍面临较大挑战。

对此，要进一步建立健全水利部门、电网公司、水利水电工程管理单位间不同层面的沟通机制，加强信息共享，强化团结协作，及时解决水利水电工程调度过程中面临的问题。地方政府和电网公司应分别在龙头企业风光资源获取、水风光一体化调度管理方面给予支持，以便更好地支撑水风光一体化运行，探索出一条可复制的一体化运行模式，推动全面发挥不同清洁能源的协同作用，助力早日实现"双碳"目标。

（刊发于2022年12月29日产经版）

别让能源绿洲成为海市蜃楼

曾经的不毛之地，变成了新能源发展的沃土。近日，由三峡集团牵头建设的库布齐沙漠鄂尔多斯中北部新能源基地项目开工建设。该项目是在沙漠、戈壁、荒漠地区开发建设的全球最大规模风电光伏基地项目，也是我国首个开工建设的千万千瓦级新能源大基地项目。从种草种树再到"种"新能源，我国为能源绿色低碳转型和沙漠治理提供了一个全球样本。

走，去沙漠里"种"新能源。如今以沙漠、戈壁、荒漠地区为重点的大型风电光伏基地建设，已成为我国新能源发展的重中之重。2021年10月12日举行的《生物多样性公约》第十五次缔约方大会领导人峰会上，我国正式提出将在沙漠、戈壁、荒漠地区加快规划建设大型风电光伏基地项目。《"十四五"可再生能源发展规划》明确，大力推进风电和光伏发电基地化开发。其中，以"沙戈荒"地区为重点的大型风电光伏基地总规模达到4.55亿千瓦，相当于20座三峡水电站的装机容量。

植被稀疏、人烟稀少、沙土飞扬、气候恶劣，沙漠通常被人们称为"死亡之海"，怎么突然成了新能源的福地？"沙戈荒"地区虽然给人类生存带来了挑战，但却是实实在在的能源绿洲。我国"沙戈荒"地区占全国陆地总面积的13%，该类地区风能、太阳能资源丰富，拥有大片生态红线区以外的未利用土地，国土空间资源丰富。据测算，如果我国荒漠化面积的1%用于新能源发电，其装机容量将超过目前我国发电总装机容量；集中连片规模化的新能源开发也有利于发挥规模效益，进一步降低项目的单位开发建设成本。

除了提供源源不断的清洁电力外，在"沙戈荒"地区大力发展新能源还有很强的正外部性。一方面，可改善沙漠生态环境。光伏板可以遮蔽阳光，减少地表水蒸发，显著降低风速，这些可帮助地表植被恢复，新生植被反过来促进地表固沙保水。现有实践表明，在开发新能源的同时，探索开展风电光伏治沙、防风、固草、生态系统保护和修复，有利于改善当地生态环境和人居环境。

另一方面，可带动产业发展，助力乡村振兴。能源是工业的粮食，大基地项目可结合当地资源精准定位，优选产业发展方向，构建新能源发电、生态修复、帮扶利民、生态旅游、荒漠治理等多位一体的循环发展模式，拉动经济创造就业。

由于"沙戈荒"地区地理位置、生态环境的独特性，规模化开发新能源遭遇了不小挑战。挑战一，项目开发成本显著上升。"沙戈荒"地区建设条件复杂，对相关设备的性能和安全性提出更高要求，光伏系统成本增加10%以上。项目运行期间需要实施高频次的光伏组件清洗工作，运维检修难度较大，进一步增加了项目建设和运维成本。

挑战二，并网消纳条件亟须落实。"沙戈荒"项目场址远离大型城市负荷中心，造成供电地区与用电负荷中心之间的错位，由于新能源外送通道、调峰资源有限、配套电网规划建设滞后，影响了项目顺利推进。此外，新能源项目用地涉及面广，手续繁杂、用时较长、办理难度大。

挑战三，新能源开发企业生态治理经验欠缺。我国"沙戈荒"生态问题长期存在，原因复杂，治理难度较大。开展生态治理是一项长期、综合性的系统工程，不仅需要充足的资金保障，更需要专业化的治理技术和丰富的治理经验。国内新能源开发企业在新能源项目规模化开发建设方面具有经验优势，但生态治理经验相对缺乏，尤其在核心技术方面尚需积累和突破。

"沙戈荒"大基地项目功在当代、利在千秋，唯有克服以上困难，才能避免能源绿洲的宏大愿景沦为海市蜃楼。面对"沙戈荒"复杂的生态环境与建设条件，应加快推动适应复杂环境的更先进、更高效、更经济的设备研发和改进，有效降低项目整体建设成本，提高安全耐用性。改变传统运维模式，实现自动集中式电站运维管理模式，推动降本增效。研究差异化开发治理方案，根据不同地区不同生态特点，总结板下、板间经济与生态治理融合发展模式，在保障新能源项目经济效益的同时，实现地质环境稳定、土地复垦利用、生态功能改善等目标。

针对消纳难题，应加快布局和建设跨省跨区输电通道，有效增加电力系统灵活性措施，保证项目消纳水平。完善政策机制，适当降低大基地项目跨省区通道输电价格，激发中东部地区绿色电力消费需求，提升大基地项目落地电价在受端区域的市场竞争力。针对用地问题，可建立差异化的大基地开发审批机制，进一步明确复合用地政策及未利用土地政策，为大基地项目开发提供绿色通道。

（刊发于2023年1月5日产经版）

油品升级不等于油价上涨

长达 20 余年的油品质量升级"长跑"告一段落。2023 年 1 月 1 日起，国六 B（或称国Ⅵ B）标准车用汽油全国上线，我国汽油全面进入国六 B 时代。虽然升级后的油品更加清洁环保，但不少人认为国六 B 汽油将推动油价上涨，现有汽车"喝"上新汽油还会水土不服。果真如此吗？

国六 B 汽油，也称为国六 B 标准车用汽油。国六 B 车用汽油标准并不是指代某个特定的汽油产品，而是一套升级标准体系，主要参考指标是汽油燃烧后的排放物数据。按照规划，国六汽油分两个阶段实施：第一阶段，国六 A；第二阶段，国六 B。此次上线的国六 B 汽油才是真正严格意义上的国六标准汽油，之前的国六 A 只是一个过渡产品。

油品升级核心目的是治理大气污染。近年来，我国汽车保有量不断上升，汽车尾气排放对大气的污染日益严重。数据显示，机动车排放影响 PM2.5 细颗粒物 20%~30%，是造成灰霾、光化学烟雾的重要原因。油品质量是影响汽车尾气排放的重要因素，油品升级就是为了从源头防治环境污染，保障广大人民群众的身体健康。

辛烷值、硫含量、芳烃和烯烃含量是油品升级的重点指标。辛烷值就是我们通常说的汽油标号，其反映的是汽油的抗爆性能；硫化物在燃烧后生成的二氧化硫和三氧化硫排放至大气中则会污染环境，并且在与水相遇后会产生具有腐蚀性的酸性物质，腐蚀发动机等部件；芳烃燃烧后会导致致癌物苯的形成，并增加二氧化碳排放；烯烃挥发到大气中会加速臭氧的形成，使环境受到严重污染，还易使发动机和发动机进气系统形成胶质和积碳。油品升级就是这些指标不断优化的过程。

油品升级之路不是一蹴而就的。从2000年至今，我国用20多年时间完成了从国一汽油到国六汽油的质量升级。根据重点指标的变化，该过程主要可以分为三个阶段：第一阶段目标为实现汽油无铅化，第二阶段目标为降低硫含量，第三阶段目标是降低芳烃、烯烃等含量。消费者印象比较深刻的一次油品升级应该是在2016年，彼时汽油从国四升级为国五，原有的汽油标号由93、97更改为92、95，并且有了更高标号的98号汽油。此番随着国六B汽油全国上线，我国汽柴油生产已几乎处于第三阶段。

国六汽柴油标准是目前全球最严格的排放标准之一，个别指标超过欧盟标准。与国五标准相比，国六标准并不会改变汽油标号，主要是降低了汽油当中的烯烃、芳烃、苯含量，这对于改善汽车尾气排放较为关键。正是因为史上最严标准给炼油厂和车企带来了严峻的挑战，为保证足够的准备周期，国六标准采用分步实施的方式，设置了A、B两个排放限值方案作为过渡，分别在2019年与2023年实施。与国六A相比，国六B汽油的区别主要在于降低了烯烃含量的上限，更加清洁、环保。全面使用该标准汽油，可进一步降低污染物排放，有利于加快改善环境空气质量。

更高品质的汽油是否意味着更高昂的价格？理论上说，汽油标准的大幅度提升必然伴随着炼油厂设备的升级改造，带来生产成本上升。2013年2月6日,国务院常务会议明确了油品质量升级时间表,并指出要按照合理补偿成本、优质优价和污染者付费的原则合理确定成品油价格。按照这一要求,在升级到国四、国五标准时,汽油价格标准都出现了上调。而升级至国六阶段时,由于主要指标的提升不会大幅提高炼油企业加工成本,故国五转国六并没有全国范围的价格调整标准。目前,国六B汽油零售价格仍按原质量标准价格执行,没有因为油品质量升级而变化,石化企业承担了质量升级带来的成本上涨。

价格不变的同时,消费者也不必担心油品升级对爱车造成损坏。国六B汽油和国六A汽油短期混用对汽车的使用不会造成影响。由于汽油烯烃含量的进一步降低,长期使用国六B汽油,会减少发动机内积碳和胶质的沉积,降低发动机故障率,延长发动机使用寿命,降低车辆保养成本。

交通运输行业为全球第二大碳排放部门,是引发全球气候变化的主要因素。"双碳"目标下,持续升级油品质量是必要之举。但长远来看,积极推动汽车电动化、推广可持续燃料方为治本之道。

(刊发于2023年1月12日产经版)

警惕家里的"电费刺客"

近日,一位上海市民因2022年12月家庭电费高达3000多元登上热搜。经过排查,产生高额电费的主要原因是家中的踢脚线取暖器连续1个月没关。为此网友纷纷评论称"电费刺客名副其实"。这个例子虽有些极端,但网友们普遍反映12月份家庭电费比前几月高出不少。这里面既有阶梯电价的因素,也有冬季大功率电器使用频繁的原因。随着我国家用电器保有量不断增长,家电能耗问题应引起重视,不能让"电费刺客"随意横行。

居民用能问题不仅关系着老百姓的钱袋子,更关乎"双碳"大局。在全球范围内,家庭能源消费占能源消费的比重越来越大,我国居民用电量也在快速增长。国家能源局发布的最新数据显示,2022年前11个月,城乡居民生活用电量12101亿千瓦时,同比增长12.0%,这个数字远高于三大产业的用电增速。参考发达国家经验,随着经济社会快速发展,电气化水平提升,居民将逐渐成长为一大用能主力。如期达成"双碳"目标,必须着力提高居民节能意识,推广普及能效等级更高的家用电器。

有人认为,与工业用电相比,家电用能不值一提。实际上,高能效家电带来的节能效果惊人。据测算,如果全国的家庭都使用节能空调,每年至少可以节约用电数百亿千瓦时,相当于少建10个百万千瓦的火力发电厂，还能减排温室气体数千万吨；一只11瓦节能灯的照明效果，顶得上60瓦的普通灯泡，而且每分钟比普通灯泡节电80%。如果全国使用12亿只节能灯，每年节约的电量相当于一个三峡水电站的年发电量。

推广节能家电有利于拉动经济增长，推动产业提质升级，增强人民群众的幸福感和获得感。消费是我国经济增长的第一拉动力，家电消费是居民消费的重要组成部分，是传统消费的"四大金刚"之一。同时，我国也是家电生产和出口大国。近年来，随着人均家电保有量提升，传统家电销售大幅放缓，家电行业增长乏力。目前，我国家电市场正由供给驱动转向需求驱动，人民群众对绿色智能家电的升级消费需求旺盛，农村等下沉市场潜力巨大。

推广绿色节能家电，已成为当前稳增长工作的重点之一。2022年7月13日召开的国务院常务会议要求，多措并举扩消费，确定支持绿色智能家电消费的措施。会议指出，要加快释放绿色智能家电消费潜力。在全国开展家电以旧换新和家电下乡，鼓励有条件的地方予以资金和政策支持。伴随各地促进绿色节能家电的举措持续落地，低碳环保成为家电消费新亮点。2022年"双11"，苏宁易购全国门店一站式以旧换新订单量环比增长133%，绿色节能家电销售环比增长141%，其中节能冰箱销售环比增长达121%；京东平台一二级能效节能家电的销售占比也大幅提升。

消费者如何选择节能家电？关键在于辨识能效标识。家电能效等级是表示家用电器产品能效高低差别的一种分级方法，目前我国的能效标识将能效分为五个等级，级别数越小越节能。一级能效表示产品达到国际先进水平，最节电；五级能效是市场准入指标，达不到该等级要求的产品不允许生产和销售。消费者只需留意家电上的"中国能效标识"字样的标签，就能对不同产品的节能效果进行比较，从而购买到节能产品。需要强调的是，虽然能效级别小的家电价格也相应高，但对于空调等大功率电器来说，长期使用节约的用电成本完全可以覆盖产品购买差价。

对于绿色节能家电，有关部门要加大推广和支持力度。一方面需要加强营销宣传，强化绿色家电的节能节电优势；另一方面发挥市场主体作用，开展家电以旧换新活动，通过政府支持、企业促销等方式，鼓励有条件的地方对购买绿色家电产品给予补贴，全面促进绿色节能家电消费。同时，以产业升级优化消费供给，推动家电生产企业加快转型升级，加强绿色设计提升供给能力，推行绿色家电认证，降低生产成本，推出更多满足不同需求的绿色节能家电产品，促进我国绿色家电快速发展。

总之，从消费习惯到产业布局，促进绿色节能家电替代都是一场持久战。节能惠民扶持政策不是靠打几次大规模的补贴"运动战"就能成功，应当建立长效机制。

（刊发于2023年1月19日产经版）

用电结构优化折射经济向好

判断国民经济运行状况，GDP是最常用的指标。对于我国这个经济增长与能源消费尚未脱钩的大国，用电量提供了一个独特的观察视角。从国家能源局最新发布的全社会用电量数据来看，2022年三大产业用电量均呈增长态势，折射出我国经济稳定恢复、活跃度提升的良好态势。其中，第一产业、高技术及装备制造业、城乡居民生活用电量增速亮眼，印证了我国经济增长的"含金量"不断提升。

工业是拉动用电增长的主要动力，也是各方关注的焦点。从整体看，2022年第二产业用电量5.7万亿千瓦时，同比增长1.2%，表现平平。但从内部用电结构看，高技术及装备制造业用电量同比增长2.8%，高于同期制造业平均水平1.9个百分点。其中，光伏设备及元器件制造、新能源车整车制造行业全年用电量同比增长超过70%，医疗仪器设备及器械制造、航空/航天器及设备制造等行业用电量实现两位数增长。与此同时，四大高载能行业全年用电量同比仅增长0.3%。新增用电动能从高耗能企业逐步转向高端制造业，反映出当前我国制造业转型升级强劲的内生发展动力。

城乡居民是用电增速最快的主要部门。2022年城乡居民生活用电量同比增长13.8%，高达两位数的快速增长，表面上主要是因为

2022年夏季和冬季气温因素的拉动。但"十三五"以来，我国城乡居民生活用电量年均增速达到了9.1%，高于同期全社会用电量年均增速3个百分点。居民生活用电量的较快增长，是我国城镇化、电气化水平持续提升，人民生活水平不断提高，社会发展显著进步的结果，也顺应了多数发达国家的用电趋势。

农业部门已成为用电增长的后起之秀。由于用电量占比极低，以往第一产业的用电情况关注度不高。2020年以来，第一产业用电量连续三年保持两位数增长。这主要得益于乡村振兴战略全面推进下，农业农村生产方式转型升级，并叠加近年来农村电网持续改造升级，推动农业农村电气化水平持续提升。同时也反映出我国把饭碗牢牢端在自己手中，农业农村经济保持良好运行态势。未来，随着农业机械化自动化水平不断提升、深加工比例加大、植物工厂规模化发展，农业有望从"看天吃饭"转变为"看电吃饭"。

电力是经济的"血液"。随着疫情防控政策优化调整，生产生活加快恢复正常，2023年电力供需是否会出现紧张局面？电力需求方面，2023年在政策利好影响下，房地产市场逐步修复将推动钢铁、水泥、玻璃等用电大户用电量回升。同时，疫情防控措施的优化调整，为服务消费、线下消费恢复创造良好条件，住宿餐饮业、交通运输业、文化旅游等接触类行业的电力消费也将带动第三产业用电量增速明显恢复。随着经济趋稳向好，新的一年全社会用电量将迎来较大增长。

电力供应方面，降水、风光资源、燃料供应等方面存在不确定性，同时，煤电企业持续亏损导致技改检修投入不足带来设备风险隐患上升，均增加了电力生产供应的不确定性。电力供应和需求多方面因素交织叠加，给电力供需形势带来不确定性。考虑到特殊天气条件下用电需求急剧变化，2023年全国电力供需总体紧平衡，部分区域用电高峰时段电力供需偏紧是大概率事件。

保障电力供需平衡是一项复杂的系统工程，涉及发电、输电、用电等多个环节，需要多措并举保障电力安全稳定供应。在发电端，从供应、价格两方面夯实电力燃料保障能力，继续加大煤炭优质产能释放力度，提高煤炭长协兑现率、确保煤价运行在合理区间。加强发电机组及相关电力设备检修，减少用电高峰期非计划停运，推动各类电源应并尽并、应发尽发。

在输电端，加快推进跨省跨区特高压输电工程规划建设，提升重要通道输送能力，发挥跨省跨区电网错峰支援、余缺互济作用，持续提高大型风电光伏基地外送规模和新能源消纳能力。通过省间现货市场、应急调度等手段，对电力供需形势紧张的地区进行紧急支援，减少电力缺口。强化电网骨干网架，全力提升重大自然灾害等极端条件下电力系统安全稳定运行水平。

在用电端，充分挖掘电力需求响应潜力，持续强化负荷管理。提前制订需求响应及有序用电实施方案并提前演练。大力宣传节能节电知识，引导社会持续提高节能节电意识，同时不断完善价格补偿机制，以市场化方式降低高峰用电负荷需求。

（刊发于2023年2月2日产经版）

解锁海洋能源这个宝藏

随着技术进步，海洋能源的宝藏正缓缓打开。近日，由南方电网广东电网牵头研制的世界首台兆瓦级漂浮式波浪能发电装置正式开展下水调试工作，重量超过 4000 吨的庞然大物成功实现水上"漂浮"，标志着兆瓦级波浪能发电技术从理论研究正式迈入工程实践的新阶段，也意味着我国在能源绿色低碳转型方面又多了一种潜在选择。

作为一种少见的"冷门"能源，波浪能有什么超能力？看过海浪冲击海岸场景的人都知道，波浪里蕴含着大量的能量。它们可以将峭壁削成碎石，可以撞毁大型船只，在一米长的波峰上就具有超过 3000 千瓦的能量。波浪能发电技术可以利用波浪上下运动的势能以及往复运动的冲击力驱动发电机发电。据计算，全球海洋的波浪能达 700 亿千瓦，可供开发利用的为 20 亿至 30 亿千瓦，相当于上百个三峡水电站。

对于远海岛礁、海洋牧场等大电网难以接入的地区，波浪能具有不可替代的优势。以此次下水调试的发电装置为例，其整体转换效率可达 22%，在满负荷条件下，该装置每天可产生 2.4 万千瓦时电，大约能够为 3500 户家庭提供绿色电力，相当于为远海岛礁增加了一个大型"移动充电宝"。

但"驯服"这种能源不是易事，其主要障碍在于：第一，波浪力是波动起伏的，如何有效利用提高转换效率是个难题；第二，波涛汹涌的环境具有破坏性，要设计一套能承受住日常海上风暴且还能可靠发电的装置很困难。因此，全球波浪能利用整体仍处于工程样机测试阶段，距离商业化应用还有一定距离。

海洋是一种非常高能的环境，除了波浪能外，海洋能源大家族还有不少成员。狭义的海洋能源称为海洋能，仅与海水有关，目前主流海洋能利用方式有五种，其中，潮汐能已实现商业化应用；潮流能、波浪能分别进入商业化运行前期和工程样机实海况测试阶段；温差能、盐差能也已分别处于比例样机测试和实验室验证阶段。

广义的海洋能源还包括海上的风能、太阳能、海上油气资源等，这些在陆地上同样存在。我国海上风能资源丰富，海上风电累计和新增装机容量均居全球首位，海上风电产业初步形成了环渤海、长三角、珠三角等产业集群。未来，海上风能在沿海省份的发电量占比有望从目前的2%提升至2050年的近20%。海上油气方面，2022年，全球海洋油气勘探开发投资大幅增长，我国海洋油气产量再创新高，海洋石油贡献了全国石油增产量的一半以上。海洋油气资源将成为重要资源接替区，有力保障我国油气安全。

在加快推动能源结构调整优化的过程中，海洋能源发展将成为统筹能源安全与转型的关键增量。随着全球能源加速向绿色低碳转型，海洋能因其储量巨大、资源分布广泛、不占用土地空间、绿色清洁等优势，成为国际能源领域研究开发的热点和前沿。我国海域面积大，拥有漫长的海岸线和数量众多的海岛，蕴藏着丰富的海洋能资源，能量密度位居世界前列，具备规模化开发利用的有利条件。作为未来发展的战略性储备技术，推进海洋能稳步开发有利于推动我国经济社会可持续发展，如期实现"双碳"目标。

当前，我国在海上风电、海上油气资源方面已实现了大规模开发，但对蕴含在潮汐、波浪中的庞大海洋能的"挖掘"才刚刚起步。尤其在海洋能领域的基础研究相对薄弱，许多关键技术仍处于"跟跑"状态，与世界先进水平存在一定差距。海洋能产业缺乏激励政策和中长期规划目标，尚未在上网电价、电价补贴等方面出台相关扶持政策，相关企业对海洋能技术成果转化的动力不足，海洋能产业链尚不完善。

从长远看，我国海洋能资源丰富，市场空间大，具备打造海洋能大国的条件和优势。《"十四五"可再生能源发展规划》明确，稳妥推进海洋能示范化开发。下一步，应适时制定国家级海洋能发展规划，明确发展目标、路线图和时间表，给出稳定的政策导向和投资导向，建立完善成本与价格分摊机制，制定合理的电价及补贴标准，引导和扶持能源企业加大海洋能投资，形成海洋能应用新业态和新场景。加强与发达国家的技术研发、转让和能力建设等合作，加速推动我国海洋能技术和产业实现跨越式发展。

（刊发于2023年2月9日产经版）

加快推进天然气市场价格机制改革

全力保供下，天然气短缺的情况仍难避免。2022年采暖季开始后不久，我国北方一些城市出现夜间限气、购气限量等情况，尤其农村居民采暖出现困难。在该问题引起广泛关注后，地方政府加大了保供力度，停气情况已经普遍缓解。天然气配送属于公用事业，与老百姓日常生活息息相关。一旦发生大面积断气，就会对生产生活造成负面影响。近些年我国冬季天然气供应紧张问题并未彻底消除，如何拔掉"气荒"的病根值得重视。

客观说，保持天然气市场供需平衡是个"高难动作"。在需求端，要预测短期内地区性天然气需求是相当有挑战性的工作。天然气不但为工业和发电提供能源，还用于满足人们的取暖需求，其中工业、发电用气较好预判，而预测气候变化下的采暖需求波动非常困难。2017年，为治理大气污染，我国在北方地区推广"煤改气"后，用于采暖的天然气消费量陡增，加大了需求预测难度，激增的需求也直接导致当年冬季北方大面积"气荒"。

供给端的影响因素更为复杂。首先，我国天然气对外依存度高达40%以上，国内增产空间有限，国际能源供给形势对我国天然气供应影响较大。2017年"气荒"既有上游勘探开发投入不足，又有进口气源减供等因素；2022年受俄乌冲突影响，国际能源价格暴涨，我国天然气进口同比下降9.9%，同样依赖进口的欧洲国家也经历了严重"气荒"。其次，相较发达国家，我国天然气运输储存体系建设起步较晚，应对急剧变化的需求调节能力不足。和石油、煤炭方便运输储存不同，天然气的自然禀赋决定了其开发、生产、运输、储气、使用等产业链各个环节都更依赖于基础设施。没有管道，很难运输。没有储气设施，很难存储。特别是应对季节性需求变化，更依赖于管网互联互通和各类储气设施。

为何经过多年建设完善，仍未彻底消除"气荒"？一个影响天然气产业发展的核心矛盾没有解决，即市场价格机制。由于天然气市场具备自然垄断特征，政府对天然气普遍采取价格控制。多年来，价格控制措施保证了消费者能够以可负担的价格购买到充足的天然气，且厂商也能获得合理利润。但是，当开发和采购天然气资源需要花费更多成本时，价格不能及时作出调整以适应变化的市场环境，价格控制措施就会扭曲天然气的价值，导致市场失衡。

过于严格的价格控制，会损害天然气市场的健康发展。20世纪70年代，美国天然气市场在过度调控下几近瘫痪，其后果是天然气供应无法满足需求。我国当前采暖季中，天然气总量充足、价格稳定，却仍然出现用气紧张，其核心原因也是价格疏导不畅。2022年国际市场天然气价格上涨明显，城市燃气公司作为"中间商"，在现行机制下，居民用气无法顺价，低于城燃购气价格，价格倒挂导致城燃亏损。

推动天然气价格市场改革，是我国近年来努力的方向。2016年10月，国家发展改革委宣布，将改革天然气管道运输价格机制，天然气市场化改革迈出关键一步。随着改革纵深推进，最终目的是要在市场环境中产生最优的天然气价格，既能够激励生产商去开发新的天然气资源，同时也让消费者认为价格是公正合理的。但由于天然气产业链自然垄断性比煤炭和石油更强，旧有价格体系更为复杂，因此市场化改革进度也较慢。

以体制改革促进天然气产业快速健康发展刻不容缓。我国可再生能源发展迅速，但尚不具备支撑经济发展的规模，化石能源仍是保障国家能源安全的基石。与煤炭、石油相比，天然气属于更为优质清洁的化石能源，具有利用率高、污染物排放少等优点，能够与可再生能源形成良性互补。《加快推进天然气利用的意见》提出，逐步将天然气培育成为中国现代清洁能源体系的主体能源之一，2030年力争将天然气在一次能源消费中的占比提高到15%左右。建立强大的天然气供销体系是应有之举。

深入推进天然气体制改革不可动摇。要着力破解影响天然气产业健康发展的体制机制障碍，发挥市场在天然气资源配置中的决定性作用。有序放开竞争性环节，鼓励各类资本进入天然气基础设施建设和利用领域，加快推进天然气价格市场化，充分调动生产商积极性，提高国内天然气产量和调峰能力。由于天然气消费关系到千家万户，因此改革需要采取渐进式的、温和的方式，逐步理顺天然气产业链各环节价格和价值。

（刊发于2023年2月16日产经版）

地热能有望"热"起来

有一种能源,用于供暖价格低廉、没有污染,用于发电安全稳定、取之不尽,它就是地热能。在近日举行的2023世界地热大会组委会第二次全体会议上,国家能源局副局长任京东表示:"地热能是储量丰富、分布较广、稳定可靠的新能源,大力推动地热能开发利用,是立足我国能源资源禀赋,有计划分步骤实施碳达峰行动的重要抓手。"作为"地热界的奥林匹克",世界地热大会今年首次在我国举办,有望推动我国地热能发展迈上新台阶。

地热能"家族庞大",通常说的地热能是指赋存于地球内部岩土体、流体和岩浆体中且能够被人类开发和利用的热能,包括土壤源、地下水源和地表水源3类浅层地热能,以及水热型中深层地热能和干热岩地热资源。人们熟知的温泉和用于取暖的地源热泵,都属于典型的地热能利用方式。

作为可再生能源的地热能,跟风光资源一样无处不在,具有储量大、利用效率高、运行成本低和节能减排等优势。地热能资源的利用有多种形式,如发电、供热、制冷,甚至制取高于自身温度的低压蒸汽,尾水可以提取稀有矿物元素,并且可以通过梯级利用实现多种功能,大幅提高利用率。同时,地热能不受季节、气候、昼夜变化等外界因素干扰,稳定性极强,是实现"双碳"目标不可或缺的重要力量。

我国地热能资源丰富，自然资源部中国地质调查局调查评价结果显示，336个地级以上城市浅层地热能年可开采资源量折合7亿吨标准煤；全国水热型地热资源年可开采资源量折合19亿吨标准煤；深埋在3000~10000米的干热岩资源折合856万亿吨标准煤。对比2021年我国全年52.4亿吨标准煤的能源消费总量，地热能可谓一座巨大的能源宝库。

"十三五"时期以来，我国地热行业取得了显著成效。截至2020年年底，我国地热直接利用规模达40.6吉瓦，全球占比38%，连续多年居世界首位。我国地热能供热制冷面积累计达13.9亿平方米，近5年年均增长率约23%。在北方地区冬季清洁取暖推广中，地热能供暖扮演了重要角色，一些城市新区、县城利用地热能已实现100%清洁供暖。

尽管如此，但我国地热能还没有"热"起来。与风能、太阳能相比，地热能仍然是小众能源。《"十四五"可再生能源发展规划》提出，积极推进地热能规模化开发，积极推进中深层地热能供暖制冷，全面推进浅层地热能开发，有序推动地热能发电发展。《关于促进地热能开发利用的若干意见》明确，到2025年，地热能供暖（制冷）面积比2020年增加50%，全国地热能发电装机容量比2020年翻一番。按照这一指引，地热能将迎来加速跑。

考虑到产业成熟度、资源匹配度、需求迫切度等因素，地热能供暖具备优先快速推广的条件。在北方严寒、寒冷地区，可以通过分布式方式就地开发地热能满足采暖需求，还可以将地热能通过高温热泵提温后送入城市供热管网，更大范围发挥地热供暖的优势。在长江中下游等夏热冬冷地区，由于地表和地下水系发达，且冷热负荷需求均有，可充分利用各种形式的浅层地热能进行冷热联供，既能满足长久以来长江中下游流域冬季供暖需求，又能减少分户式天然气、电采暖对化石能源和电力的需求。

由于大量可利用的地热能资源远离能源市场，所以要想更好地利用地热能，就需要把它变为电能再进行长距离输送。我国高温地热资源主要位于藏南、川西、滇西等地区，是地热发电的主要阵地。地热发电可与区域电网中风电、光伏等不稳定电源形成多能互补，提供稳定可靠的基础电源和调峰能力。未来，随着干热岩发电技术的突破，地热发电有望实现更大规模发展。

地热能还是个"多面手"。地热供能的温度与温室种植、人工养殖孵化以及众多工业中烘干、加热、杀菌等工艺过程所需温度接近，是地热能开展多元化产业应用、挖掘更广阔清洁替代市场的重要方向。

从总体来看，当前地热能依然在商业化的大门口徘徊，地球内部取之不竭的热能尚未开发。未来一段时间，更广泛地因地制宜、科学开发、按需供能将成为地热能大规模发展的必然选择。要加大勘探投入与规划布局，加强科技引领与装备创新，加强超前布局前瞻性、革命性地热理论和技术研究，持续推动地热产业降本增效。

（刊发于2023年2月23日产经版）

特高压建设提速箭在弦上

上周一场强大的冬季风暴致使美国近百万人停电,也提醒我们加强电网建设须臾不可放松。近日,国家电网有限公司金上—湖北±800千伏特高压直流输电工程(以下简称"金上—湖北工程")开工,拉开了今年我国电网重大工程建设的序幕。特高压电网是新能源供给消纳体系的关键一环,关系着我国能源安全和"双碳"目标的实现。与密集开工的风光大基地项目相比,配套电力外送的特高压建设节奏总体滞后,尚需加大马力,力保电源与电网建设维持平衡。

特高压电网听起来很高大上,其实可以简单理解为运送电力的"高铁"。生活中人们对电线都不陌生,而这些形态各异的输电线路分为不同的电压等级,就像人一样有高矮胖瘦之分。特高压就属于那个身材魁梧的,肉眼看上去线路更粗,杆塔更高。在我国,特高压是指±800千伏及以上的直流电和1000千伏及以上交流电的电压等级,这样的电压级别远远高于我们家中使用的220伏交流电。

电压等级高最大的好处就是"带货"能力强。我国清洁能源丰富,但资源与需求逆向分布。特高压电网具有远距离、大容量、低损耗等优势,输电能力可达500千伏超高压输电的数倍,输电距离可达数千千米,有利于将富集在我国西南、西北地区的清洁能源快速搬运到经济更为发达的中东部地区，解决电力供需矛盾。

以金上—湖北工程为例，在供给端，川藏高原的水电和新能源资源蕴藏量巨大，是我国重要的战略性能源基地。未来20年，金沙江、澜沧江等大型水电基地及周边的大规模光伏基地将陆续开发建设，总装机规模超过1亿千瓦。建设电力"高铁"，使得川藏高原清洁能源大开发成为可能。在需求端，华中地区是我国经济社会高质量发展的重要引擎，能源电力需求强劲，"十四五"期间预计用电负荷年均增长将超6%，但一次能源资源相对匮乏，对电力保供提出了更高要求。该工程建成后，每年可向华中地区输送电量近400亿千瓦时，相当于湖北省全年用电量的1/6，在满足电力可靠供应方面发挥了重要作用。

"块头"更大的特高压电网"吃得多"，"力气"也更大。特高压电网工程投资大，具有带动力强、中长期经济效益显著等优势，可有力带动电源、用能设备、原材料等上下游产业发展，推动装备制造业转型升级，提高产业链供应链稳定性和现代化水平，在稳投资、保就业、惠民生中发挥着重要作用。仅2022年以来，国家电网特高压工程投资以及拉动产业上下游投资就超过1500亿元。

实践证明，特高压电网在推动可再生能源大规模外送消纳、保障社会经济可持续发展等方面发挥着越来越重要的作用。2022年1月，中共中央政治局第三十六次集体学习时提出，要加大力度规划建设以大型风光电基地为基础、以其周边清洁高效先进节能的煤电为支撑、以稳定安全可靠的特高压输变电线路为载体的新能源供给消纳体系。这为特高压工程发展找准了定位。

目前，我国特高压电网建设总体滞后，资源配置能力不足，成为清洁能源发展一大掣肘。在"双碳"目标下，西部、北部地区新能源电站装机规模正快速提高，弃风弃光有卷土重来之势。全国新能源消纳监测预警中心数据显示，2022年，弃风最严重的蒙东地区风电利用率仅有90%；弃光最严重的西藏光伏利用率仅有80%，稍好的青海光伏利用率为91.1%。"十四五"时期，新能源将实现跃升式发展，对电力通道的考验还在后面。

反观特高压工程，其与风光大基地的建设速度相比略显滞后。从建设周期看，光伏电站是3个月至6个月，风电为1年，特高压为1.5年至2年。按照正常的时间节奏，特高压电网应当建设先行，才能与建设速度更快的风光电站形成"源网匹配"，做到同时投产、良好消纳。过去几年，受疫情、特高压核准滞后等因素影响，电网工程建设进度在一定程度上有所滞后。已建成的特高压工程外送容量远不能满足清洁能源送出需要，亟须加快建设以提升新能源并网能力。

电力"高铁"建设提速箭在弦上。国家电网有限公司董事长辛保安透露，2023年国家电网将投入电网投资逾5200亿元，再创历史新高，同比增长约4%。"十四五"期间，国家电网计划投入电网投资2.4万亿元，大力推进新能源供给消纳体系建设。特高压建设有望迎来发展新高峰。

（刊发于2023年3月2日产经版）

煤炭消费占比微升并非开倒车

一则煤炭消费量上涨的消息引发广泛关注。近日，国家统计局发布《中华人民共和国2022年国民经济和社会发展统计公报》（以下简称《公报》）显示，2022年煤炭消费量增长4.3%，煤炭消费量占能源消费总量的56.2%，比上年上升0.3个百分点，这也是近十年来国内煤炭消费比重首次出现回升。在全球能源绿色低碳转型的大背景下，我国煤炭消费占比出现回升，是意味着在"双碳"目标的道路上"开倒车"吗？

回答是否定的。作为全球最大的能源生产国和消费国，党的十八大以来，我国坚定不移推进能源绿色低碳转型，把碳达峰、碳中和纳入生态文明建设整体布局的同时，大力推动清洁能源发展，积极努力为应对全球气候变化作出大国贡献。随着能源消费结构转型的推进，2021年我国煤炭消费比重已经降至56%，比2012年降低了12.5个百分点，其间年均下降1.4个百分点，是历史上下降最快的时期。显然，我国推动能源转型的大方向不会改变。

短期煤炭消费占比提升受到多重客观因素影响。其一，乌克兰危机引发全球能源局势动荡，能源价格飙升。天然气是更为清洁的化石能源，是能源转型的重要桥梁。近年来，我国积极推动天然气对煤炭消费进行部分替代，天然气消费保持了连年增长。乌克兰危机以来，欧洲天然气价格大涨并推高了全球天然气价格。受此影响，去年我国进口天然气总量大幅下降，天然气表观消费量也同比下降1.7%，这也是近20年来年度天然气消费量首次下降。这一变化导致天然气国内能源消费占比同比下降0.4%，同时，煤炭和非化石能源占比得到了提升。

其二，保障能源安全，是能源转型的基本前提。当前，我国总体能源自给率保持在80%以上，有力支撑了经济社会的快速发展。由于我国经济发展尚未与能源消费脱钩，随着中国式现代化建设的深入推进，能源需求还将持续增长，能源供给不足依然是重要的安全隐患。2022年7月和8月，天气因素叠加经济恢复增长，全国有21个省级电网用电负荷创新高，电力供需形势紧张。作为当前我国电力供应的最主要电源，紧急情况下，煤电依然是我国最有力的保供电源。在降水明显偏枯的2022年三季度，全口径煤电发电量同比增长9.2%，较好地弥补了水力发电量的下滑，充分发挥了兜底保供作用。

另外，能源转型不可能一蹴而就，需要做到先立后破。虽然我国可再生能源发展实现了大幅跃升，成为电力新增装机的主体，但由于新能源发电利用小时数远低于煤电，新能源发电量占全国发电量的比重依然较低。同时，新能源随机性、波动性、间歇性的缺点，也给电网运行安全带来了巨大挑战。这些因素都决定了新能源短期内不足以担当主力电源。在抽水蓄能、新型储能装机不足，电网智能化改造有待提升的情况下，能源转型过程中相当长一段时间内，电力系统都需要稳定性更强的煤电予以支撑。

其三，新能源快速替代煤电带来的系统成本提升问题也常常被忽略。目前，全国大部分省市的新建光伏、风电项目已经实现了平价上网。但新能源平价上网不等于平价利用，还需要考虑因新能源消纳而增加的电力系统成本，比如，火电灵活性改造成本及运行增加的能耗成本、配套建设的储能成本、电网改造成本等。研究表明，新能源电量渗透率超过15%之后，电力系统成本将大幅上涨。德国、英国新能源的快速增长已成为其电价水平快速上涨的重要原因之一。过于激进的能源转型并不利于我国经济的可持续发展。

煤炭消费占比短暂提升，并不会改变我国长期能源结构优化的趋势。《公报》显示，2022年，天然气、水电、核电、风电、太阳能发电等清洁能源消费量占能源消费总量的25.9%，上升0.4个百分点。重点耗能工业企业单位电石综合能耗下降1.6%，单位合成氨综合能耗下降0.8%，单位电解铝综合能耗下降0.4%，每千瓦时火力发电标准煤耗下降0.2%。全国万元国内生产总值二氧化碳排放下降0.8%。这些实打实的数字都意味着，我国在发展清洁能源、降低能耗方面取得了重大进展。

小的波动不改大的方向。能源绿色低碳转型是一项长期而艰巨的任务，路途中的挑战不会少，越到紧要关头，越要有一鼓作气攻城拔寨的决心。我们必须咬定青山不放松，以必胜的信念达成历史赋予我国引领世界能源变革的使命。

（刊发于2023年3月9日产经版）

不可轻视数据中心高能耗问题

想象一下，如果一种"先进"设备每年要浪费上千亿千瓦时电，你会认为大量采购该设备是一种高质量的投资吗？这种情况在数字经济的热潮中并不鲜见。在全国各地新一轮数字新基建，以及"东数西算"国家战略工程投资建设中，不乏"服务器CPU利用率低于5%"的现象，大量空转的数据中心正在抵消数字技术带来的乘数效应。若放任这种粗放式的新基建模式发展，不仅数据中心实际能耗节节攀升，数字经济的发展质量也将大打折扣。

数据显示，2021年中国服务器厂商出货量已达391万台/年，仅按每台服务器的综合硬件和建设成本10万元计算，相当于全社会采购成本已达3900亿元。同时，大量数据中心服务器的CPU平均利用率仅为5%~10%，绝大多数时间处于低效的"空转"状态。一些地方甚至还没搞清楚数据中心的原理，就盲目扎堆上项目。

CPU利用效率低造成了社会资源的巨大浪费。高耗能是数据中心最受关注的负面标签，我国数据中心2020年用电量超过2000亿千瓦时，占全社会用电量的2.7%。预计到2025年数据中心用电量将突破4000亿千瓦时，占全社会用电量4.1%，是十足的"吃电"大户，低效率运行的数据中心更加重了这种用能负担。

有关部门一直致力于引导数据中心绿色低碳发展。目前，我国主要通过 PUE（数据中心全部用电量/服务器用电总量）指标考核数据中心是否节能环保。该指标对于打造绿色数据中心发挥了重要作用，但也存在不足。PUE 考核下，数据中心服务器实际利用率往往被各方忽视。事实上，服务器空闲状态和在高负荷计算时能耗非常接近，一台 CPU40%~50% 负荷运转的服务器，比一台待机空转（CPU 不足 1%）的服务器，总用电量仅仅增加 10% 左右。这也意味着，利用率越低，能源浪费越严重。

PUE 导向下的数据中心建设，不考虑 CPU 是否真实使用、产生价值，只考虑如何优化制冷系统，如何通过降低供电系统因为线路设计不科学产生的损耗，以及优化智能照明系统，甚至花大价钱购买国外的"一体化供电设备"，以此实现所谓的"绿色节能"，而这个过程中大量能源被浪费掉了。简言之，我们身边的一些绿色数据中心，其实并不"绿色"。

国外大型云厂商普遍更看重 CPU 效率指标。美国政府大量采购的某头部厂商的官方网站显示，CPU 效率低于 40% 是需要提示客户进行优化的一条基准线，这一数字已远超我国大部分数据中心计算效率的 8 倍，相当于我国做同样的计算任务，需要用美国 8 倍的电能，且这个差距正随着我国继续推进私有云的建设而不断加大。

要真正解决数据中心低效问题，政府财政投资项目应完善算力中心的评价体系，除基础用电、用能指标外，还需关注真正的"算力效率"。比如，CPU 负载率能够为真正的业务服务的比例，数据中心的上架率、每千瓦电力的造价、综合运行成本，以及地方财政在各类算力中心上投资的回报率、平均用户服务周期、平均服务成本等指标。

建设理念方面也需作出调整。数据是数字经济中的关键生产要素，建设"以数据生产要素为中心的计算中心"而不是"以服务器为中心的数据中心"，才是推动数字经济快速发展的先进生产力。公共云计算服务本身就是一种绿色技术，从服务器的固定资产中挖掘"弹性算力"的价值空间。据了解，我国头部公共云计算企业CPU利用率，可达私有云的5倍至10倍，通过算力的调度更为集约，更符合国家对于绿色高效发展方向的要求。各级政府在新基建投资规划中，应注意发挥其应有价值。

数字基础设施的建设模式与发展理念，是决定数字经济能否健康可持续发展的关键。数字经济运行的轨道上，到底是建设"绿皮车"还是"高铁"，数字化转型到底会不会大幅推高全社会能耗水平？只有正视目前在数字基础设施建设中出现的问题，才能在技术、理念以及运行模式上找到符合数字经济发展的科学新基建建设与发展模式。

（刊发于 2023 年 3 月 16 日产经版）

全球能源安全的"断裂"与"缝合"

从"断裂"走向"缝合",世界能源形势在短短一年时间内发生了戏剧性的变化。去年9月,欧洲重要的能源动脉北溪天然气管道遭到破坏,让乌克兰危机引发的欧洲能源短缺更为严重,我国能源供给也受到影响。近日,沙特与伊朗在北京达成协议,中沙伊三国签署并发表联合声明,宣布沙特与伊朗同意恢复外交关系,开展各领域合作,让世界能源供给重归平稳看到希望。长远来看,两大事件将对我国能源安全和世界能源格局产生何种影响,值得关注。

从北溪"断裂"到沙伊"缝合",有利于我国实现开放条件下能源安全。受能源资源禀赋影响,我国石油、天然气对外依存度分别高达70%、40%,而国际上一般将石油对外依存度达到50%视为安全警戒线。在国内增产空间有限的情况下,如何获取稳定的外部油气资源成为能源安全的重要保障之一。

俄罗斯是世界上最大的天然气出口国和第二大石油出口国。乌克兰危机以来,尤其是北溪管道遭破坏后,俄欧之间坚固的能源纽带逐渐生变,原本出口到欧洲国家的天然气份额,亟须其他市场替代消化,否则俄罗斯经济将受到极大影响。我国拥有快速增长的天然气市场,且与俄罗斯睦邻友好,自然成为俄罗斯油气贸易的重要合作伙伴。过去一年,两国能源合作取得丰硕成果。根据中俄双方远东天然气购销协议，俄每年向我国供应的管道天然气量将增加100亿立方米。随着"西伯利亚力量"天然气管线实现全线贯通，俄方还表示将继续加大中俄之间天然气管道铺设力度。

一个稳定的中东对我国的能源安全同样十分重要。中东地区是全球最大的石油输出地，沙特和伊朗是中东最主要的油气生产国，也是国际石油市场上的主要供应国，我国石油进口约有一半来自中东地区。其中，沙特是我国最大的原油进口来源国，伊朗则扼守着海湾地区石油出口水道的咽喉霍尔木兹海峡。两国达成外交和解，不仅有助于稳定中东地区的原油生产与输出，保障全球原油供应和价格稳定，也有利于提升我国能源安全。

从北溪"断裂"到沙伊"缝合"，将加快世界能源绿色低碳转型的步伐。乌克兰危机和北溪管道被炸的影响力不亚于20世纪70年代的石油危机，让欧洲各国再次意识到基于化石能源的世界能源体系的脆弱性，欧盟加快绿色发展的意愿比以往任何时候都强烈，而从能源资源禀赋来看，目前也只有可再生能源才能帮助欧洲摆脱对其他地区能源的依赖。保障能源安全的决心，驱使欧盟过去一年出台了多项能源转型和绿色发展举措。

作为化石能源生产大国，沙特和伊朗也在积极谋求能源绿色低碳转型。对于石油产业的过度依赖，使得不少中东国家发展后劲不足。沙特官员曾多次表示，沙特希望利用其在能源上的收入，加速发展有助于摆脱对石油依赖的项目。大力发展新能源已经成为沙特"2030愿景"中一个重要目标。尽管伊朗尚未提出长期完整的可再生能源占比目标，但谋求转型的态度也已明朗。沙伊合作给海湾地区带来稳定与安全，则有助于推动整个中东地区加速能源转型，找到经济增长新动能。

在这场汇聚广泛力量的全球能源转型中，我国也作出重要贡献。近年来，我国可再生能源实现跨越式发展。开发规模上，可再生能源装机规模突破12亿千瓦，稳居世界首位。制造能力上，全球新能源产业重心进一步向我国转移，我国生产的光伏组件、风力发电机、齿轮箱等关键零部件占全球市场份额70%。技术水平上，陆上6兆瓦级、海上10兆瓦级风机已成为主流，量产单晶硅电池的平均转换效率已达到23.1%，水电技术更是步入"无人区"。我国不仅有能力引领世界能源转型，世界能源转型也将为我国可再生能源产业提供广阔市场。

虽然短期内全球能源供需格局不会发生大变化，但新的趋势已见端倪，全球经济也将受益于此。在全球化和开放条件下维护自身利益并助力提升全球能源安全，走出一条能源结构多元、创新驱动、合作互赢的新路，我国为世界能源治理提供了一个新样本。

（刊发于2023年3月23日产经版）

可再生能源装机超煤电意味着什么

能源转型再次迎来高光时刻。截至 2022 年底，我国可再生能源装机达到 12.13 亿千瓦，占全国发电总装机的 47.3%，正式超过全国煤电装机容量。可再生能源发电量达到 2.7 万亿千瓦时，占全社会用电量的 31.6%，相当于欧盟国家 2021 年全年用电量。可再生能源装机规模历史性地超越煤电，在夯实能源绿色低碳转型基础的同时，也对构建新型电力系统提出了新挑战。

可再生能源和煤电装机占比排位互换的背后，是一个个人类能源发展史上的伟大成就。2022 年，我国风电、光伏发电新增装机连续 3 年突破 1 亿千瓦，再创历史新高。风电、光伏发电量首次突破 1 万亿千瓦时，接近全国城乡居民生活用电量。长江干流上，6 座巨型梯级水电站连成的世界最大"清洁能源走廊"全部打通。光伏治沙、农业＋光伏、可再生能源制氢等新模式新业态不断涌现。在全球可再生能源减排二氧化碳中，我国制造的装备贡献率超过了 40%。

可再生能源装机不断攀升，对电力系统的输送和调节能力提出更高要求。我国能源消费和资源呈现东西逆向分布，电能在全国范围内大范围调配不可避免。2018 年之前，由于新能源的开发和电力系统消纳能力不匹配，弃风弃光问题比较突出，造成大量资源浪费。此后，国家能源局制定了"清洁能源消纳三年行动计划"，从 2018

年到 2020 年弃风弃光逐年好转，风电光伏利用率大幅度上升。

为适应新能源的快速发展，电力系统将向灵活化、网络化、智能化方向进化。由于新能源的随机性、波动性、间歇性等特点，一旦风电、光伏出力大幅下滑，极有可能带来电力安全风险，因此新能源装机必须与调节电源相匹配。目前我国抽水蓄能、燃气发电等灵活调节电源装机占比不足 6%。未来，具备深度调峰能力的火电机组、天然气调峰电站、抽水蓄能电站，以及包括电化学储能、压缩空气储能在内的多种新型储能将大显身手。为保障新能源送得好，特高压建设、配电网改造和智能化升级也将提速。

可再生能源装机超煤电，意味着煤电的角色将逐步改变。虽然可再生能源装机规模已超越煤电，但由于风电、光伏等新能源的发电利用小时数远低于煤电，导致可再生能源的发电量与煤电还有差距，短期内能源安全仍然离不开煤电支撑。中长期看，煤电的角色将由主体性电源向提供可靠容量、调峰调频等辅助服务的基础保障性和系统调节性电源转型。当前，煤电节能降碳改造、灵活性改造、供热改造"三改联动"已经全面展开，对于我国这样一个煤炭大国来说，"双碳"征程上，加快新能源建设的同时也不能偏废煤电。随着新能源比例不断提升，煤电灵活性改造的需求将进一步释放。

可再生能源装机超煤电，意味着重构市场机制。历史上，通过多轮电力体制改革，我国先后解决了电源不足、电网薄弱、电力消纳的矛盾，推动了电力工业和经济社会的快速发展。实现"双碳"目标需要更多元的能源品种和市场主体协同作战，对深化电力市场建设提出了新任务、新要求，不仅电力市场理论基础和交易规则需要重构，市场主体的利益诉求统筹协调难度也在加大，电力市场交易规则和价值体现更加复杂，各类资源的不同价值都需要在市场中得到体现。要进一步深化电力市场改革，以最优成本实现绿色低碳转型，确保电力供应获得可持续发展。

  一个可再生能源大发展的时代，还意味着人人都可以成为能源生产者。传统化石能源时代，能源生产高度集中、资金密集，普通人很难参与能源生产。可再生能源分布广泛、布局灵活、边际成本低，个人可及性强，如今屋顶光伏已成为普通人参与能源生产的重要方式。随着技术的进步和成本不断降低，家庭储能、小型风机、双向充电桩的普及，未来人人都有机会成为电力系统平衡的重要单元，这将给我们的生活带来重大改变，也将诞生全新的商业机会和经济增长点。

  总之，可再生能源装机规模超越煤电是一个里程碑，意味着新型能源体系建设步入新阶段。"十四五"时期是我国加快能源绿色低碳转型、落实应对气候变化国家自主贡献目标的攻坚期，应紧抓时代机遇，在"十三五"跨越式发展的基础上，进一步推动可再生能源高质量跃升发展。

（刊发于2023年3月30日产经版）

沙特阿美牵手我国石化企业

热衷于"买买买"的"中东豪门",这一次将目光对准了我国石化产业。近日,A股上市公司荣盛石化发布公告称,荣盛控股拟将其所持有的公司10%加一股股份以每股24.3元的价格转让给沙特阿美旗下公司,相较于公告当日收盘价计算,沙特阿美此项交易价格溢价近九成。全球最大石油公司和中国民营炼化龙头企业牵手,给石化行业发展带来什么启示?

当下石化行业的发展困难重重。一方面,受制于美联储加息周期、经济复苏不及预期等因素,下游化工产品需求下滑、价格低迷,叠加上游石油采购成本高企,行业整体盈利能力较同期水平大幅下滑;另一方面,过去两三年不少石化企业借着行业高景气红利,大举扩张产能,大量新增产能的累积效应使得市场供应压力难以缓解。处于景气周期低谷的石化企业急于寻找穿越周期的方向。

此番沙特阿美与荣盛石化深度合作,给石化企业展示三条发展路径。

第一条,供应链稳定保安全。原油是大型石化企业的主要原材料,我国石油对外依存度高达70%以上,企业的持续发展离不开稳定的原油供给。乌克兰危机以来,国际油气供给出现紧张局面、国际油价飞涨,给石化企业敲响了警钟。荣盛石化运营全球最大的单体炼厂浙石化4000万吨炼化一体化项目,生产过程中任何原材料供应的中断都将严重影响持续运营,离不开原油的稳定持续供应。沙特阿美是全球最大石油公司,有能力保障荣盛石化用油需求。

根据新签署的《原油采购协议》,浙石化将获取来自沙特阿美每日48万桶的长期稳定原油供应,可满足其年度总体加工能力的60%,采购价格基于公开原油市场指标确定,期限为20年。通过签订该协议,荣盛石化将保障石油化工品产业链的稳定性。同时,沙特阿美也将锁定来自荣盛石化及子公司的大量原油采购需求,并进一步拓展在中国化工品领域的布局。

第二条,高端化谋转型。我国是石化大国,2022年我国炼油能力达9.2亿吨/年,位居世界第一。但是单一的成品油加工不仅附加值较低,且相对我国每年7亿吨左右的消费量而言,产能严重过剩。与此同时,化工产品呈现结构性供应不足,企业多以生产"三烯""三苯"等基础化工原料为主,高端电子化学品、高端功能材料、高端聚烯烃等高端化学品供给不足,装置开工率显著低于世界平均水平,行业呈现"大而不强"特征。《2030年前碳达峰行动方案》明确要求,到2025年,国内原油一次加工能力控制在10亿吨以内,主要产品产能利用率提升至80%以上。"减油增化"、迈向高端,已成石化行业大势所趋。

荣盛石化是我国重要的聚酯、新能源材料、工程塑料和高附加值聚烯烃的生产商,近年来不断追求裂解深度和高端化工品的附加值。沙特阿美也正在加速推进下游化工品领域的全球布局,力求打造全球领先的一体化能源与化工品企业,从而提升其原油产品的最终附加值和盈利空间。双方通过签署战略合作协议以及协议项下的一系列技术合作协议,有望进一步加强双方技术研发及业务合作,形成协同效应,加速高端化转型升级。除了荣盛石化,恒力石化、东方盛虹等民营炼化企业都在积极布局新能源材料产业。可以预见,随着行业新增炼化项目更多转向高附加值的化工品,我国石化产业链有望迎来全新发展机遇期。

第三条,全球化找出路。全面走向国际舞台竞争,是培育石化企业竞争力的重要途径。虽然我国化工企业成长迅速,但是整体销售规模和综合竞争力仍与全球先进化工企业差距甚远。随着国内化工企业产能规模越做越大,拓展海外市场打开全新增长空间,实现国内外均衡发展迫在眉睫。沙特阿美作为跨国公司,拥有非常成熟的全球销售网络,将进一步拓宽荣盛石化的海外销售渠道。

历史经验表明,每次世界经济形势的重大变局都会伴生影响深远的产业调整。经过长期发展,我国化工产业在部分领域已经实现了赶超,头部化工企业也正从一体化向高端化阶段迈进,反观一些欧美化工企业已经出现了装置老化、研发乏力、开支不足的问题。面对行业下行周期的挑战,处在转型关键期的石化企业更要咬紧牙关、找准方向、稳步经营,努力实现跨越赶超。

(刊发于2023年4月6日产经版)

煤电核准量增加推动产能升级

近期，我国煤电核准量大幅增加，新项目核准达到近年来最高水平，这一现象引发广泛关注。众所周知，我国一直致力于推动能源结构调整。在能源绿色低碳转型大背景下，会影响我国碳减排目标的实现吗？

"双碳"目标提出后，我国能源结构调整加速，煤电装机增量呈现下降趋势，2021年全国新增煤电投产装机仅2803万千瓦，为过往15年的最低水平。但根据北大能源研究院发布的《中国典型五省煤电发展现状与转型优化潜力研究》统计，2022年1月至11月，国内新核准煤电项目装机总量已达6524万千瓦，超过2021年核准总量的3倍。数据对比下，虽然已核准的装机到投产尚需时日，但煤电装机回暖态势已明。

为何加强煤电机组建设力度？核心原因就是保障能源安全。过去两年，区域性的用电紧张和乌克兰危机引发的能源短缺，让我们认识到：作为煤炭大国，煤电对保障我国电力供应发挥着至关重要的作用。一方面，我国经济社会还在快速发展，用电量还有很大增长空间。据预测，到2050年，我国全社会用电量和人均用电量较目前将翻一番。由于风电、光伏等新能源发电效率不高，短期内无法提供可靠的电力支撑，煤电装机还需保持合理增长。

另一方面,煤电可有效缓解高峰时段和极端天气下的电力保供压力,也可为大规模可再生能源并网提供支撑。从装机量看,我国电力供应总体充足,但在实际运行中,高峰用电时段电力难以做到瞬时平衡。由于可再生能源"看天吃饭"的特性,关键时刻还得依靠煤电。数据显示,2022年,夏季高峰时段全国最高负荷同比增长6.4%,煤电机组顶峰能力较2021年同期提升1.5亿千瓦,在电力保供中发挥了"顶梁柱"作用。因此,无论是为电力供应兜底,还是支撑新能源增量发展,短期都离不开煤电。

虽然煤电装机核准数量增加,但装机质量也在大幅提升,并非如同过去粗放式"大上煤电"。在新核准的煤电项目中,大多数是100万千瓦级别的大型先进燃煤发电机组,这些高效率的机组不仅煤耗更低,还可实现超低排放,早已不是从前的"污染大户"。新建煤电机组的同时,我国也在关停落后的小煤电机组,这些机组普遍存在煤耗高、设备老旧、可靠性差等问题,许多省份都在"十三五"期间出台了关于淘汰关停30万千瓦以下燃煤机组的通知,并且给出了明确的量化目标。因此,"一增一减"也是推动煤电产能更新升级的重要一环。

除了机组结构的变化,此轮煤电投资的另一大亮点是煤电联营。近一年内,国资委多次会议提及煤电联营、煤电与可再生能源联营,各大发电集团积极推进"两个联营"。长期以来,由于煤电价格"顶牛",煤炭价格大涨时,发电企业无法通过电价疏导成本,企业就会大幅亏损。煤电联营有望发挥产业链一体化优势,保证煤炭供应稳定性、降低企业燃料成本,解决煤、电矛盾。煤电与可再生能源联营则能有力支撑新能源大规模并网。

加大核准力度的同时,对于新增煤电项目并不是"一放了之"。

发电利用小时数是判断电厂利用效率的重要标准。2015年以来，我国火电机组利用小时数一直低于4500小时的红线，说明行业整体利用效率并不高，煤电供给不足更多是结构性矛盾。当前各地新建的煤电机组如果利用小时数上不去，不仅将造成社会资源资金的巨大浪费，还会影响"双碳"进程。各地应从长远谋划，对于新上项目科学论证、严格把关，平衡好煤电转型优化与托底保供之间的关系，不能简单地对煤电"开闸放水"。

新增煤电项目要做到"精准滴灌"，投放到需求最迫切的地方去。增强电力保供能力方面，要合理建设一批支撑性、调节性煤电机组。一部分布局在中东部电力负荷中心，作为本地支撑电源；另一部分布局在大型风光基地及周边，为输送新能源提供支撑和调节。此外，积极推进煤炭清洁高效利用及相关技术研发，大力推动存量煤电节能降碳改造、灵活性改造、供热改造"三改联动"，在保障电力稳定供应、促进新能源消纳的基础上，降低煤电行业排放水平。

（刊发于2023年4月13日产经版）

新型储能要走市场化之路

与二级市场上储能板块深度调整不同,储能产业正迎来新一轮扩产潮。今年以来,新型储能产业链上下游近20家企业宣布最新储能项目建设规划,特斯拉也将自己的储能超级工厂落户中国。同时,2022年落地开工的多个储能产线建设项目,有望在今年陆续迎来投产。一面在股市遇冷,一面又迎来产业投资热潮,储能产业为何遭遇"冰火两重天"?

新型储能是指除抽水蓄能以外的新型储能技术,包括新型锂离子电池、飞轮、压缩空气储能等。随着我国能源绿色低碳转型持续推进,新能源发电量占比不断提升,电力系统对新型储能的需求越发强烈。根据我国绿色能源生产能力进行测算,2030年我国能源消费总量需要控制在60亿吨标煤以内。届时,新能源装机有望超过17亿千瓦,成为我国装机规模最大的电源品种。

为促进新能源大规模开发消纳,支撑电网安全稳定运行,电力系统调节能力建设逐步成为重中之重。2022年,我国新增投运新型储能项目功率规模首次突破7吉瓦,能量规模首次突破15吉瓦时,与2021年相比,增长率均超过200%。单个项目规模与以往相比大幅提升,20余个百兆瓦级项目实现了并网运行,5倍于上年同期数量,而规划在建中的百兆瓦级项目数更是达到400余个,其中包括

7个吉瓦级项目。与此同时,乌克兰危机引发的能源短缺,也刺激了海外储能市场大幅增长。井喷式的市场需求,吸引各路资本拿出真金白银加码储能产业。

面对产业投资的火热,二级市场却表现不佳。从年初起,A股储能板块持续下跌,引发投资者担心的除了项目密集上马可能带来的产能过剩,更多是储能行业在国内仍缺乏清晰成熟的商业模式和市场机制,产业可持续发展存在一定风险。

与欧美国家更多依靠市场驱动不同,我国储能行业的高景气度主要靠政策带动。为鼓励可再生能源发电企业市场化参与调峰资源建设,国家能源局2021年8月发文提出,超过电网企业保障性并网以外的规模初期按照功率15%的挂钩比例配建调峰能力,按照20%以上挂钩比例进行配建的优先并网。地方政策一般按照装机规模的5%~20%比例,要求新能源项目强制配储。在政策刺激下,储能市场实现爆发性增长。

但如果不是政策要求强制配储,目前阶段很少有发电企业愿意主动配置储能,核心原因是配置储能增加的成本较高。由于储能产业处于发展初期,产业链成熟度低,厂商之间各自为政,尚未产生协同效应,储能系统价格仍然偏高。同时,我国电力市场建设处于起步阶段,市场机制难以准确反映新型储能的多重价值,新型储能参与市场收益的方式单一,尚未形成可持续的商业模式。尽管储能制造厂商主要盈利模式比较清晰,但储能电站投资建设获利之路还没走通。由于储能成本疏导不畅,社会投资意愿并不强烈。

过去,我国风电、光伏等产业依靠政府大量补贴实现了大规模发展,但是也暴露了很多问题。随着我国锂电产业链的不断完善,以及电力市场改革稳步推进,储能政策的重点已开始转向市场机制和调用机制，储能产业发展不可能重走大规模补贴的老路。2022年3月，国家发展改革委、国家能源局联合印发《"十四五"新型储能发展实施方案》，明确到2030年，新型储能全面市场化发展。从商业化初期到全面市场化发展，留给新型储能的时间仅有不到10年，行业打破规模天花板还要继续突破发展瓶颈。

降成本，是开启新型储能产业宝藏的关键钥匙，实现这一目标需要产业链协同发力。电化学电池技术，可以通过材料、结构、工艺创新以及规模化生产，不断降低原材料生产成本、制造成本，并提升产品的安全性、能量密度及使用寿命等性能。要进一步培育和延伸新型储能上下游产业，依托具有自主知识产权和核心竞争力骨干企业，积极推动全产业链发展，着力培育和打造储能战略性新兴产业集群。

解决新型储能高成本的问题，还需要依靠体制机制改革和商业模式创新。当前储能项目的商业模式尚不明确，多元应用尚不成熟，处于"看上去很美"的阶段。要加快推进电力市场体系建设，明确新型储能独立经营主体地位，加强新型储能价格机制研究，营造良好市场环境。支持企业在规模化制造能力的基础上，继续将触角延伸到下游应用环节，深度参与多元化应用场景拓展和商业模式创新，全方位寻求产业破局。

（刊发于2023年4月20日产经版）

光热发电迎来规模化良机

近日,国家能源局发布《关于推动光热发电规模化发展有关事项的通知》提出,结合沙漠、戈壁、荒漠地区新能源基地建设,尽快落地一批光热发电项目。力争"十四五"期间,全国光热发电每年新增开工规模达到300万千瓦左右。这意味着我国光热发电规模化发展拉开序幕。

与常见的光伏电站相比,光热发电并不为人们熟知。光伏发电是根据光生伏特效应原理,利用太阳能电池将太阳光能直接转化为电能,而光热发电则是将太阳能转化为热能,通过热功转换过程发电的系统。其与火力发电的原理基本相同,后端技术设备一模一样,不同的是前者利用太阳能搜集热量,后者是利用燃烧煤、天然气等获取热量。光热发电机组配置储热系统后,可实现24小时连续稳定发电。

这样一种高稳定性的可再生能源,对构建新型电力系统具有重要意义。光伏发电和风力发电受气象条件制约,具有间歇性、波动性和随机性等特点,对电力系统的安全性和供电可靠性造成了影响。随着我国大规模新能源机组占比不断提升,煤电占比持续降低,西部地区风电和光伏依赖煤电打捆外送模式将不可持续。一些特高压外送通道,由于缺少调节电源,通道的输电功率与设计值相差甚远,发出的风电、光伏电力送不出去，弃风、弃光现象严重，造成了资源浪费。

光热发电兼具调峰电源和储能双重功能。光热发电机组配置储热功能后，热量产生时并不全都用掉它们，而是利用加热熔盐的方式存储一部分热量，保存在特制的保温储罐直到需要的时候再取出来。存储在熔盐中的热能可以维持发电数个小时，理论上甚至能达到数天。具备这种特殊能力的光热电站，可实现用新能源调节、支撑新能源，为电力系统提供更好的长周期调峰能力和转动惯量，是新能源安全可靠替代传统能源的有效手段。电力规划设计总院以新疆电网为例模拟计算光热发电调峰作用，结果发现，假定建设100万千瓦至500万千瓦不同规模的太阳能热发电机组，可减少弃风弃光电量10.2%~37.6%。

同时，光热发电产业链长，可消化提升特种玻璃、钢铁、水泥、熔融盐等传统产业，还可带动新材料、智能控制等新兴产业发展，光热发电规模化开发利用将成为我国新能源产业新的增长点。

为推动我国光热发电技术产业化发展，国家能源局2016年启动首批20个光热发电示范项目，装机规模总量达134.9万千瓦，开启了我国光热发电的商业化进程。通过首批示范项目，带动了相关企业自主创新，突破了多项核心技术，并形成了完整的产业链，目前设备国产化率超过90%，为后续光热发电技术大规模发展奠定了坚实基础。截至2022年底，我国并网发电光热发电示范项目共9个，总容量55万千瓦。对比"每年新增开工规模达到300万千瓦左右"目标，光热发电规模有望迎来高速增长。

但在实际发展中，光热发电规模已被光伏发电远远甩开。目前制约我国光热发电可持续发展的主要因素在于相关政策缺乏连续性，比如，2016年国家发展改革委核定太阳能热发电标杆上网示范电价后，企业建设热情高涨；2020年初出台的《关于促进非水可再生能源发电健康发展的若干意见》明确，新增光热项目不再纳入中央财政补贴范围，光热发电的良好发展势头受到明显影响。政策不明确导致当前我国光热发电缺乏市场发展空间，成本也无法通过规模化应用持续降低，处于起步阶段的光热发电产业举步维艰。同时，现行融资环境、土地政策、税收政策无法为光热发电健康发展提供有力支撑。

借着推动光热发电规模化发展的东风，还需鼓励有条件的省份和地区尽快研究出台财政、价格、土地等支持光热发电规模化发展的配套政策，提前规划百万千瓦、千万千瓦级光热发电基地，率先打造光热产业集群。内蒙古、甘肃、青海、新疆等光热发电重点省份（自治区）能源主管部门要积极推进光热发电项目规划建设，根据研究成果及时调整相关规划或相关基地实施方案，统筹协调光伏、光热规划布局，合理布局或预留光热场址，在本省新能源基地建设中同步推动光热发电项目规模化、产业化发展。充分发挥光热发电在新能源占比逐渐提高的新型电力系统中的作用，推动光热发电实现关键一跃。

（刊发于2023年4月27日产经版）

着力破解绿氢输送难题

绿氢替代的关键掣肘是输送问题。中国石化近日透露，全长400多公里的"西氢东送"输氢管道示范工程已纳入《石油天然气"全国一张网"建设实施方案》，标志着我国氢气长距离输送管道进入新发展阶段。管道建成后，将用于替代京津冀地区现有的化石能源制氢及交通用氢，大力缓解我国绿氢供需错配矛盾，为破解大规模绿氢运输难题探路。

氢能是世界公认的清洁能源，也是各国能源转型的重点方向之一。目前我国使用的氢气大多是石化企业的工业副产氢，从生产源头看并不"清洁"，氢能转型的目标是采用可再生能源发电，再电解水制取绿氢进行替代。我国东部地区氢气需求量大，但制绿氢成本高；西部地区拥有丰富的风、光资源，在低成本、大规模制取绿氢方面有得天独厚的优势。据预测，在2060年前实现碳中和目标下，我国氢气的年需求量将增至1.3亿吨左右，而西部地区可开发的绿氢资源超过3亿吨，完全能够满足我国可持续发展的能源需求。

"西氢东送"是绿氢替代的较好方案，但要把绿氢安全、高效、低成本输送到东部市场是个难题。制取、储运和应用是氢能产业的三大环节，氢的存储运输是连接氢气生产端与需求端的关键。由于氢气在常温常压状态下单位体积能量密度低，且易燃易爆，受此影响氢气的安全高效输送和储存难度较大,导致储输环节成本占比在现有氢能产业链中接近一半。若不能有效降低运输成本,再便宜的氢源到了东部市场也丧失了竞争力。因此,提升氢储运技术水平是绿氢大规模商业化发展的前提。

基础设施建设是向新型能源系统转换的关键。针对我国能源禀赋,大规模集中制氢和氢能长距离运输成为一大趋势。目前长管拖车仍是我国长距离氢气运输的主要方式,但这种方式成本高、效率低,无法实现规模化运输,极大制约了产业发展。管道输送储运能效高、输送能力强、维护成本较低,是一种经济可行的运输方式。正如石油、天然气凭借成熟的管网系统实现了对煤炭的快速替代,管道输氢也有助于扩大绿氢消费半径和销量。欧美是世界上最早发展氢气管网的地区,已有70年历史,目前全球范围内氢气输送管道总里程已达5000公里左右,我国输氢管道建设尚处于起步阶段,发展潜力巨大。

短期看,通过改造利用现有天然气管网是更佳选择。由于管道铺设难度大,一次性投资成本高,只有当氢气下游需求足够支撑大规模的氢能输送时,管道输氢才具备明显成本优势,在当前加氢站尚未普及、站点较为分散的情况下,管道运氢的成本优势并不明显。研究结果表明,在含量较低时氢气可以在不做重大技术调整的情况下掺混天然气。通过天然气管网掺氢输送,无须投资建设新的基础设施,可直接利用现有天然气管网输送氢气,实现低成本、规模化、连续性氢能供应。为充分利用现有天然气管道,还需要解决管材、调压站、流量计、探测器等配套装备的掺氢适应性,并提升管网安全运行保障标准和技术。

输氢管道投资拉动效益显著。随着氢气需求量和输送量的增加,制氢端对电解槽的需求也有望增加。在管道的建设过程中，还需要配套相应的增压站、集输站点，相应的氢气压缩设备、储氢罐需求也将迎来增长。氢能成本的降低也有助于促进加氢站建设，改善其盈利水平。据预测，氢能储运设备市场规模将达千亿元级别。

采取管道输氢的同时，也要积极革新公路运输技术。在输氢管道无法覆盖的市场末端，仍然需要公路运输作为补充。日前，由上海交通大学等联合研发的吨级镁基固态储氢车正式亮相。该车将氢气存储在镁合金材料中，从运输气体变成运输固体，可实现氢气的长距离、常温常压安全储运，并具备大容量、高密度、可长期循环储放氢的能力，运氢成本仅为长管拖车的1/3。未来，要继续加大科技创新力度，研发新材料、新装备，推动更安全高效的新型储运方式迈向商业化。

氢能运输网络的建设是一项系统性工程，应根据市场发展初期、中期和远期不同阶段的需求特点，合理匹配低压高压、气态液态固态等各类储运方式，逐步提高氢气储存和运输能力，着力破解绿氢"行路难"，为构建新型能源体系提供有力支撑。

（刊发于2023年5月4日产经版）

电光锂"新三样"走红背后

服装、家具、家电，曾是引领我国外贸出口的"老三样"，如今领跑者正转向附加值更高的电、光、锂"新三样"。一季度，我国电动载人汽车（电）、太阳能电池（光）、锂电池（锂）"新三样"产品合计出口 2646.9 亿元，同比增长 66.9%，拉高出口整体增速 2 个百分点。随着全球绿色转型持续推进，我国有望从世界最大的化石能源进口国，转型为世界最大的可再生能源技术装备出口国，在世界能源供给和治理体系中扮演重要的角色。

"新三样"何以异军突起？从需求端看，在气候变化和能源危机双重影响下，全球能源绿色低碳转型加速。随着全球气候问题越来越突出，阻止全球变暖已经成为主要国家的广泛共识，多国宣布在本世纪中叶前后实现碳中和，在不断减少化石能源依赖的同时，拿出真金白银加快可再生能源替代。在此大背景下，乌克兰危机引发的能源短缺，又进一步倒逼欧洲国家加速能源转型，把节能增效、发展可再生能源等目标不断具化，以保障长期能源安全。以上因素都大幅提升了海外市场对电动汽车、锂电池、太阳能电池等绿色产品的需求。

从供给端看，我国物美价廉的清洁能源产品和完备的制造能力足以满足海外市场需求。影响新能源普及的核心因素之一是价格，价格低廉是很多国家依赖化石能源的重要原因。随着我国新能源产业迅速成长，成本下降和产品更新换代速度不断加快，近10年来陆上风电和光伏发电项目单位千瓦平均造价分别下降30%和75%左右。目前我国大部分省市的新建光伏、风电项目已经实现了平价上网，部分地区新能源项目发电成本已经低于煤电基准价。绿色低碳、便宜好用，这样的能源产品怎能不受欢迎？

不断降本的背后，是我国已成长为全球最大的可再生能源设备制造国，在全球新能源产业链、供应链中的作用愈发重要。近年来，我国光伏产业在高效晶硅电池技术方面不断取得突破，各类关键设备、材料国产化水平逐年提升，光伏电池量产效率和光伏组件功率不断提高，单位生产成本大幅下降，一批具有世界影响力的龙头企业脱颖而出，建立了包含上下游各环节的完整产业链，在全球范围内形成领先的产业规模和效率、成本优势。目前，我国光伏组件已出口至200多个国家和地区，是名副其实的光伏出口第一大国。

风电也一样。随着我国风电整机厂商的崛起，风电产业链供应链的成熟，大型风机技术的突破，关键零部件国产替代的加速，风机成本快速下探，曾经不可一世的西方风电巨头黯然退出中国市场。不仅如此，战略性收缩下，国外风电巨头还在考虑放弃更多的海外市场。在2022年全球风电整机制造商市场份额排名中，共有6家中国风电整机制造商进入榜单前十，金风科技更是时隔6年再次登顶全球第一。强大的竞争力下，全球新能源产业重心进一步向我国转移，2022年我国生产的光伏组件、风力发电机、齿轮箱等关键零部件占全球市场份额70%。

我国绿色能源产品大量出口，为全人类可持续发展作出重大贡献。去年我国出口的风电光伏产品为其他国家减排二氧化碳约5.73

亿吨，合计减排 28.3 亿吨，约占全球同期可再生能源折算碳减排量的 41%。欧洲能源短缺最严重的时期，我国生产的光伏组件、小型风机、热泵、电化学储能等产品源源不断地发往欧洲，帮助当地节约用能成本。针对一些能源体系薄弱的发展中国家，我国积极开展可再生能源技术、基建、配套服务等合作，对解决全球范围内的能源贫困问题起到了推动作用。

看到优势，也要正视挑战。当前欧美国家正在大力推动制造业回归，重塑本土新能源产业体系。去年以来，海外光伏产业扩产项目激增，国际新能源市场竞争变得更加激烈；与此同时，碳关税等一些新型贸易壁垒正在形成，针对我国清洁能源产品的制裁时有发生。对此，要加强研发创新保持先进产品迭代能力，提升海外市场整体配套服务水平，推动中国技术标准国际化，继续巩固我国在全球清洁能源产业价值链中的地位。

（刊发于 2023 年 5 月 11 日产经版）

负电价有望带来正效益

近日负电价备受关注，事实上，这表明电力市场化改革迈出了一大步。"五一"期间，山东电力现货市场实时交易电价大幅波动，多次出现负电价，甚至刷新了国内电力现货市场负电价持续时间纪录。对于负电价，很多人不理解，甚至认为是市场机制失灵了。实际上，通过竞价产生的负电价给出了有效的市场信号，对我国推动能源绿色低碳转型，如期实现"双碳"目标具有重要意义。

负电价是指市场中的电力价格低于零。它意味着，发电企业在销售电力时，不仅赚不到钱，反而要给电网企业或者电力用户支付一定费用，吸引他们将多余的电力消纳掉。

负电价并不是什么新鲜事。2019年12月，山东电力现货市场出现了每兆瓦时 −40 元的价格，这也是国内首次出现负电价，随后几年内负电价又频繁出现。负电价也并非我国独有，早在2007年，为探索解决新能源消纳问题，德国电力日内交易市场首次引入负电价。此后，奥地利、法国、瑞士陆续引入负电价。

负价格也不是电力行业的"专利"，原油、天然气甚至洋葱等商品都出现过负价格。2020年3月，美国怀俄明州沥青酸油曾出现负报价，生产商支付费用请人运走以减少储量。2019年3月，美国西得克萨斯州出现了天然气价格跌至负值的情况。1956年3月，美国市场上洋葱出现负价格，农民被迫支付费用处置堆积的洋葱。出现负价格的商品，往往都有一个共同特征，即生产设备启停成本较高、储存和运输不便。

由于电力是一种极为特殊的商品，看不见也摸不着，且难以大规模储存，其生产、流通及消费几乎是瞬间同步完成的，电力供需必须保持实时平衡，否则可能出现系统风险。随着"靠天吃饭"的新能源大量并网，想要维持这种平衡越来越困难。一天中新能源发电量较大的时段，往往用电需求不足，而一些新能源企业发电享受政府补贴且发电边际成本较低，就会选择报负电价的方式来确保发出的电量可以上网，从而促进新能源消纳。对于煤电、核电等传统机组而言，短期启停成本较高、损耗大，为了维持机组正常运行，只能倒贴钱买需求。

当电力市场引入负电价机制后，随着可再生能源占比提升，出现负电价的概率就会大幅增加。负电价的背后，是电力市场在通过"看不见的手"优化资源配置。虽然负电价的影响还有待观察，但负价格带来的电价波动范围扩大，将对发电端和需求端都形成一定的激励。在发电侧，有助于纠正盲目的电源投资，电力现货市场中各类电源的市场表现，最终会以价格的形式反馈出来，为电源投资提供经济性参考，方便科学决策优化电力结构，而不是简单拍脑袋就提出装机规模。同时，还将引导企业加大储能设施建设力度，提升既有储能设施利用效率，激励火电企业进行发电设备灵活性改造，更好地匹配电网需求和新能源的不稳定性，而不是简单地抱怨"弃风弃光"。

在用电侧方面，激励电力大户改变用电模式，错峰进行生产活动，并主动优化生产工艺降低能耗，进而降低生产成本增强企业竞争力，最终提升社会总效能。从更广阔的电力消费层面看，将增加电力消费侧的整体弹性，释放需求侧响应、虚拟电厂等技术应用以及售电公司的潜在价值，通过增强电力需求灵活度，来解决电力系统中短期供需波动的问题，提高电力投资的经济性。

为推动能源绿色低碳转型，实现"双碳"目标，我国要推动建立新能源占比不断提升的新型电力系统，同步加强电力输配网络和储能设施建设。面对更为复杂的新型电力系统，如何合理高效地调配各类电源资源，需要还原电力的商品属性，构建有效竞争的市场结构和市场体系，形成主要由市场决定电力价格的机制。

我国自2015年开启新一轮电力体制改革以来，完善电力市场建设就一直是改革的重中之重，其中价格机制又是市场机制的核心。山东省是全国首批8个电力现货市场建设试点之一，负电价的出现意味着改革离市场化更近了一步。我们在看到负电价展现市场力量的同时，也应看到一些国家在电力市场化改革中出现了电力供应紧张、电价快速上涨的问题。因此，在市场化改革向全国纵深推进的过程中，还应该分阶段、分地区循序渐进地推动，做到与承受能力相匹配，逐步建立健全符合我国国情的电力市场，完善市场规则和监管机制，确保能源转型安全可靠可负担。

（刊发于2023年5月18日产经版）

确保抽水蓄能电站建设不掉队

近日，国家发展改革委在严格成本监审基础上，首次按照新的抽水蓄能价格机制核定在运，以及 2025 年底前拟投运的所有抽水蓄能电站容量电价，印发了《关于抽水蓄能电站容量电价及有关事项的通知》。通过释放清晰的电价信号，有利于形成稳定的行业预期，充分调动各方积极性，推动抽水蓄能电站建设，提升电站综合运行效益，助力"双碳"目标实现。

抽水蓄能电站是通过把低处的水抽到高处来蓄积能量，待电力系统需要时再发电的水电站，具有调峰、填谷、调频、调相、储能、事故备用和黑启动等多种功能，是当前技术最成熟、经济性最优、最具备大规模开发条件的电力系统绿色低碳清洁灵活调节电源，在世界上已有上百年的发展历史，可充当大电网安全运行的稳定器、调节器，以及支撑新能源大发展的"超级充电宝"。从全球储能市场发展来看，抽水蓄能装机规模占据绝对领先地位。

当前我国正处于能源绿色低碳转型发展的关键时期，风电、光伏发电等新能源大规模高比例发展，对调节电源的需求更加迫切，构建新型电力系统对抽水蓄能发展提出更高要求。为满足电力系统调节能力需求，抽水蓄能电站装机容量配置一般为电力系统总装机容量的 7%~10%。为保障电力系统安全稳定运行，美国、德国、法国、日本、意大利等国家抽水蓄能和燃气电站在电力系统中的比例均超过10%，目前我国抽水蓄能电站装机容量占全国电力总装机比重不足2%。

为推动抽水蓄能电站健康发展，从"十一五"开始，我国连续提出抽水蓄能建设的中长期规划目标，但始终无法完成既定目标。从实际情况来看，目前我国抽水蓄能电站建成投产规模较小、在电源结构中占比低，不能有效满足电力系统安全稳定经济运行和新能源大规模快速发展需求。以去年夏季缺电严重的四川为例，如果省内能配置足够规模的抽水蓄能和新能源电站，就可以大幅缓解因水力发电不足带来的电力供需失衡。

电价政策尚不完善，是制约抽水蓄能电站健康发展的核心原因。长期以来，我国抽水蓄能电站主要实行3种价格机制：单一容量电价、单一电量电价、两部制电价（容量电价+电量电价）。执行单一容量电价的电站收入来自固定容量电费，电站收益与机组利用率基本无关，机组运行时间增加反而会提高运营成本，因此缺乏发电积极性。执行单一电量电价的电站没有固定容量电费收入，只能通过抽发电量盈利，导致个别电站利用小时数明显偏高。由于缺乏合理的价格机制和评价标准，电站建设成本无法合理向用户侧传导，电网企业承担压力过大，非电网企业和社会资本开发抽水蓄能电站积极性不高。

为促进抽水蓄能行业有序健康发展，国家发展改革委于2021年出台《关于进一步完善抽水蓄能价格形成机制的意见》，完善抽水蓄能的价格机制，形成"稳定的成本回收机制+额外的经济效益"的商业模式，有效解决了容量电费疏导等制约抽水蓄能发展的核心问题，显著提升了价格形成机制的科学性、操作性和有效性，为投资主体获取合理收益提供了政策保障。

此番明确全国48座抽水蓄能电站容量电价和容量电费的分摊方式，标志着上述文件已经落地。从目前公布的容量电价水平来看，有利于科学引导社会资本参与抽水蓄能投资建设，同时最大限度控制了因系统调节成本增加带来的电价上涨压力。以三峡集团所属长龙山抽水蓄能电站为例，本轮核定的临时容量电价为每千瓦499.96元，既保障了电站的稳定经营，又有利于引导电站规范管理、内部挖潜、降本增效。此外，本轮核价电站的投资主体既有电网企业也有发电企业，通过核价，对吸引不同类型社会资本参与抽水蓄能投资具有显著示范效应，增强了各类主体建设运营抽水蓄能电站的信心。

建设抽水蓄能电站要以发展眼光看问题。抽水蓄能电站5年至7年的建设周期要远高于风电、光伏等新能源，若不提前规划、加快建设，届时难以满足新能源大规模发展的需求。要珍惜当前来之不易的良好发展环境，科学合理加强规划布局，确保抽水蓄能电站建设不掉队。

（刊发于2023年5月25日产经版）

理性看待火电热

近一段时间,火电企业的热度不减。A 股电力板块异军突起,不惧大盘调整保持强势,其中又以火电企业受关注度最高。不仅多家公司在一季度获得头部公募基金大额增持,火电也成为今年以来 A 股中少数实现正收益的板块。在能源绿色低碳转型大背景下,火电企业何以成为资本市场的香饽饽?

业绩好是核心因素。国家统计局数据显示,1 月份至 4 月份,全国规模以上工业企业实现利润总额同比下降 20.6%,在 41 个工业大类行业中,有 27 个行业利润总额同比下降;电力、热力生产和供应业却风景独好,利润总额同比大增 47.2%。Choice 数据显示,2023 年一季度,28 家申万火力发电企业合计净利润为 134.12 亿元,较 2022 年同期的 39.71 亿元出现较大改善。

发电成本和售电电价的双重提振,扭转了火电企业业绩。在燃料端,2021 年 4 月起,受煤炭供需等因素影响,国内煤炭价格不断刷新历史高位。煤价高压下,煤电企业无法通过电价上涨疏导成本,陷入越发越亏的困局。面对高涨的煤价,有关部门及时出手干预,一方面加快释放先进煤炭产能,另一方面督促企业全面签订落实电煤中长期合同,对电煤长协和现货价格的合理区间分别进行规定,并严厉打击哄抬煤价行为,煤炭价格随之出现大幅回落。今年以来,

能源广角

随着国际煤价大幅走低，煤炭进口不断增加，国内煤炭价格呈进一步下探趋势。

在售电端，国家调整了电价涨跌幅限制。2021年10月12日，国家发展改革委发布《关于进一步深化燃煤发电上网电价市场化改革的通知》，将燃煤发电市场交易价格浮动范围扩大为上下浮动原则上均不超过20%，高耗能企业市场交易电价不受上浮20%限制。成本和售价两端的一降一升，有效保障了火电企业利润。

电力迎峰度夏成了股价上涨的催化剂。一方面，在经济回暖与气温上升等因素促进下，近日多地发用电量快速攀升。有关部门预计，今年迎峰度夏期间，华东、华中、南方区域电力供需形势偏紧。另一方面，新能源具有"大装机、小电量"的属性和随机性、波动性、间歇性等特征，稳定性高、装机规模庞大的煤电仍是我国能源保供的主力电源，火电企业的发电利用小时数能够得到一定保障。重回风口之上的火电企业，想不"躺赢"都难。

虽然火电企业业绩出现拐点，行业进入一轮景气周期，但对如此风光还应理性看待。出于保障能源安全的需要，碳达峰之前尤其是"十四五"时期，我国还会控制煤炭消费合理增长。但在碳中和周期，煤电利用小时数将不断下滑，已是不争的事实。根据有关部门要求，要加快推进煤电由主体性电源向提供可靠容量、调峰调频等辅助服务的基础保障性和系统调节性电源转型。这意味着，煤电终将告别"主体性电源"地位。

"双碳"目标下，火电企业的可持续发展离不开煤炭与煤电、煤电与可再生能源"两个联营"。即便我国出台了一系列政策保障煤炭供应和价格平稳运行，但高度市场化的煤炭行业仍难摆脱市场周期性运行的规律。有效推动煤炭、煤电领域融合发展，最直观的益处就是可以让煤电企业少受煤价波动的影响，电煤供应和成本都相对稳定。长期看，还有利于推动资源向优势企业集中，实现煤炭、煤电产业链供应链同类业务横向聚集、上下游纵向贯通，大幅提升煤电与煤炭企业的资源配置效率和发展质量，切实增强行业市场竞争力和影响力。

推动煤电与可再生能源联营，则可为火电企业打开"第二增长曲线"。火电企业开发风光等新能源有着天然优势，由于新能源"靠天吃饭"的特性，需要搭配可调节性电源建设。火电企业可利用火电机组调峰能力，平抑新能源电力对电网造成的冲击，提高新能源消纳水平，并借助风光火储一体化发展模式获取优质新能源开发指标。火电企业通过提升边际成本较低的新能源装机占比，还有利于借助新能源发电的收益缓解煤电经营压力。为实现上述目标，火电企业要大力推动煤电节能降碳改造、灵活性改造、供热改造"三改联动"，以更好地适应新型电力系统需要，实现行业高质量发展。

不少火电企业已经提出雄心勃勃的新能源装机目标。未来，电力企业的边界会更模糊，只有坚持绿色低碳发展，推进技术创新，提高能源利用效率，创新商业模式融合发展，才能在市场竞争中占据先机。

（刊发于2023年6月1日产经版）

水电角色将发生重大变化

近段时间,多个国家水风光一体化示范基地建设迎来重要节点。在雅砻江中游,大型"水光互补"项目柯拉光伏电站将于6月投产;在金沙江上游,西藏昂多180万千瓦光伏发电和西藏贡觉拉妥80万千瓦光伏发电项目开工建设,昌波82.6万千瓦水电项目获得核准。水电像一根强有力的杠杆,正在撬动更多的新能源开发。

谈起能源绿色低碳转型,关注度最高的总是太阳能和风能,这让我们很容易忽视一个事实:从电量和综合效益来看,水电才是迄今为止贡献最大的可再生能源。水电是一种成熟的可再生能源技术,是全世界电力系统中非常重要的组成部分,也是主要的清洁电力来源。一个多世纪以来,水电建设创造了大量就业机会,提供经济且可靠的清洁电力,为全球发展作出了诸多贡献。

我国水能资源位居世界首位,改革开放以来,我国不断加大水电建设力度,水电开发规模迈上新台阶。如今,我国已成为全球最大的水电生产国,拥有5个世界排名前12大的水电站,管理了世界最多的百万千瓦级水电机组,水电也成为我国最主要的可再生电力来源。

但是,发电并不是水电技能的全部,另一大优势常常被忽略,就是灵活性。目前,火电仍是我国的主体电源,不过火电站的启动不像打开开关那么简单。在将电送到电网之前，必须先预热至工作温度，这一过程需要数小时。水电则特别适合用来平滑电力需求的波动，电站操作人员只要打开或者关上一道闸门，就能增加或者减少电力生产，电力输出在数秒时间内就可以发生变化。

这一特性在新型电力系统构建中将发挥重要作用。随着风电、光伏等新能源装机的跃升式发展，目前我国新能源发电量占比已超过13%。如果新能源渗透率进一步提升，占比超过15%~20%时，那么将会给电力系统的安全稳定运行带来严峻挑战。保障安全需要电力系统及其管理方式发生重大改变，由于新能源电力生产在时间上较难与实际电力需求相匹配，这就需要更灵活的电源来确保电网的可靠性。水电具有启停迅速、运行灵活的特点，能够发挥调峰、填谷、储能等功能，是电力系统"安全卫士"的首选。

将水电与新能源发电技术相结合，还可以产生更多协同效应。据测算，一般常规水电可配套开发相当于自身装机规模1倍至1.5倍的新能源，抽水蓄能电站则可将这一数值提升到3倍至4倍。比如，在雅砻江水风光一体化示范基地的两河口水电站附近，有2000万千瓦的风光电资源，300万千瓦装机的两河口水电站加装120万千瓦的抽水蓄能机组以后，形成水风光蓄互补模式，可以平滑700万千瓦的风光电能，让当地的清洁能源变得稳定优质，不浪费。还可利用两河口已有的电力外送通道打捆送出，一举多得。从自然条件看，我国多个流域具备水风光一体化综合开发利用的条件，有望进一步提高可再生能源装机规模。

新形势下水电角色将发生重大变化。从电量转向电量、容量双支撑，是能源系统、水电行业高质量发展，能源绿色低碳转型的必然要求。历史上水电以提供电量支撑为主，兼顾一些容量调节服务，未来需要进一步挖掘水电的调节潜力，从而更好地服务电力系统安全稳定运行，提升新能源消纳水平。

为适应水风光一体化开发，新建水电站在规划时要作出相应调整。要对规划水电站的装机容量重新进行深化研究论证，通过优化水电站装机容量来提升调节能力和电力支撑能力，带动更多新能源开发。同时，要研发互补调节性能强、安全稳定性更好的水电机组，并加强龙头水库建设，提升流域整体可调节库容。

对于已建成的水电站，为配合新能源开发，可适时进行扩容改造，还可以借助数字化扩大运行范围、提高运行效率、降低运维成本、延长设备使用寿命，从而提高新能源互补的比重。此外，对非电力生产水坝进行发电改造也是一条值得探索的路径。

新的水电发展模式离不开新的制度保障。要研究制定并实施相应政策，构建新型商业模式与市场结构，确保水电在电网灵活性及辅助服务方面的价值能够得到充分认可。制定激励措施及财政支持架构，推动新型水电技术的开发与测试，鼓励存量水电进行优化升级，最大化发挥水电杠杆效应。

（刊发于2023年6月8日产经版）

光伏产业面临洗牌

一边是产能过剩,一边还在疯狂扩产,看似矛盾的场面正在光伏行业上演。近段时间,光伏龙头企业再度拉开扩产的"闸门"。短短半个月,先是晶科能源、晶澳科技宣布加大光伏一体化产能建设力度,后有通威股份、隆基绿能斥资超百亿元扩产。数据显示,过去18年国内光伏企业建设了380吉瓦左右的全产业链项目,而最近18个月,行业又新建了超过380吉瓦的全产业链项目。光伏扩产潮引发了人们对行业产能过剩的担忧。

"双碳"目标提出后,我国光伏产业进入超级成长期,行业景气程度倍增。然而再宽敞的赛道也容不下短时间超大车流的涌入,不管成长故事多么精彩,行业都逃不过周期规律,阶段性产能过剩的局面随时可能发生。

去年以来,与产能扩张一路随行的是光伏企业股价一路下行,产能过剩、低价竞争的阴云一直笼罩在行业上空。对于光伏行业产能过剩,我们有过切肤之痛。2008年至2012年期间,光伏产业一度高歌猛进,全国有300多个城市上马光伏项目。光伏企业争相扩张,导致产能严重过剩。此后几年时间内,超过300家光伏企业倒闭,整个行业一片狼藉,一些地方投资也打了水漂。

从2012年的"欧美双反"到2018年的"531新政",光伏行业的成长曲线从来不是一路向上没有波折。此轮扩产潮后，注定也会有大量企业被淘汰出局。有龙头光伏企业的创始人认为，"在这个过程中，财务脆弱的、技术不够领先的、早期品牌通道不够完善的企业可能会首先受到伤害，能否在洗牌过程中活下来是存疑的"。

面对更加激烈的市场竞争，一些头部企业已经展开积极应对。有的企业选择通过打通高纯多晶硅、硅片、电池片、组件等上下游环节，优化自身产能布局和配比，提高一体化产业链竞争优势，提升盈利能力。有的企业推动业务多元化布局，在氢能、储能、光伏建筑一体化等领域拓展新空间。还有的企业加大海外设厂力度，提升全球化运营能力。

产业过热，既要保持足够警惕，也不必过于悲观。市场火热的时候多用显微镜，市场悲观的时候多用望远镜，时刻保持独立思考才是关键。应该看到，这次行业扩产潮与以往最大的不同在需求端，在全球能源绿色低碳转型背景下，光伏行业的市场规模巨大，行业景气度和需求确定性也更高。还应看到，自由竞争条件下，随着市场周期波动，制造业产能阶段性过剩很难避免。为持续赢得市场，企业新建产能必定要领先于行业并迅速推进，快速锁住技术、成本优势，在一定时间内获得经济收益。扩产也是头部企业为落后产能淘汰出清后的市场进行的卡位布局。

大浪淘沙始见金。从光伏行业过去20多年的发展历程来看，由于光伏技术和产品迭代迅速，光伏行业的建成和规划在建产能，长期处于远超市场需求的过剩状态，但先进产能则常常显得不足。其间，每一次产业调整都是一次优胜劣汰的市场洗礼，正是激烈的市场竞争和一轮又一轮行业洗牌倒逼企业不断创新、技术进步，最终使光伏发电成本快速下降。激烈的市场竞争无疑有利于锻造更优质的企业和产业。

面对潜在的产能过剩和周期变换，光伏企业在紧抓机遇的同时，一定要增强风险防范意识，用组织的确定性对抗外部环境的不确定性，打造过剩状态下的竞争力，形成穿越周期的能力。要保持清醒的头脑，在扩张的同时多想想市场能不能跟得上产能，做到有序扩产。大力转变发展方式，通过兼并重组、优化存量来实现企业规模的扩张，并以稳健的财务和风险控制来为企业保驾护航。此外，光伏龙头企业也有责任维护光伏产业链供应链稳定，根据"双碳"目标合理参与光伏产业，并通过战略联盟、签订长单、技术合作、互相参股等方式建立长效合作机制，避免恶性竞争和市场垄断。

光伏赛跑的终局在创新。光伏技术研究的目的是以最少成本实现最佳性能，光伏发电技术诞生以来，依靠技术创新，太阳能电池转换效率不断提升，光伏也成为过去 10 多年成本下降最快的可再生能源，彻底摆脱了补贴依赖。我们期待光伏行业能再次迎来一次真正的技术突破和产业革命，进而推动人类在能源转型的道路上更进一步。

（刊发于 2023 年 6 月 15 日产经版）

水库大坝安全不容忽视

近日,位于欧洲赫尔松地区的卡霍夫卡水电站遭破坏导致水库大坝决堤,造成严重风险,引发国际舆论关注。我国水库大坝数量全球第一,对国家水网、经济社会系统而言,许多江河控制性枢纽工程和巨型水电站牵一发而动全身,如何保障好大坝安全是一道必答题。

水库大坝是流域防洪工程体系重要组成部分,是国家水网重要组成,也是保障国家水安全的"重器",在防御水旱灾害、优化配置水资源、复苏河湖生态环境、提供清洁能源等方面发挥着不可替代的重要作用。

我国目前共有各类水坝约9.8万座,其中,用于发电的大坝有665座,多为高坝大库,包括一批坝高位居世界前列的200米以上特高坝。这些工程总装机容量3.12亿千瓦,占全国水电总装机容量的75%;总库容5104亿立方米,占全国总库容的52%。高坝大库有着发电、防洪、航运、供水等诸多功能,是最为重要的保障安全、促进发展的综合性基础设施。

水库大坝,特别是高坝水库一旦失事溃决,库水失控下泄将导致下游梯级坝群的连锁反应,次生灾害不容忽视。我国已建和在建水电站主要分布在西南地区,那里也是地震、滑坡、泥石流等地质灾害诱发的堰塞湖多发、易发地区。同时，一些水坝运行时间较长，受历史条件限制，水坝病害老化问题逐渐显露。

考虑以上因素，大坝安全一直受到各级政府的高度重视，国家每年投入专项资金对病险水库进行加固，及时解除大坝安全隐患。改革开放以来，我国水电大坝无一例失事。今年2月，国家能源局在全国范围内开展为期两年的水电站大坝安全提升专项行动，旨在进一步加强水电站大坝安全监督管理，深入排查整治大坝安全问题，有效提升大坝安全总体水平。

虽然我国保持了较好的水库大坝安全纪录，但我们必须清醒认识到，大坝安全面临新挑战。一方面，近年来全球气候变暖导致极端天气频发，局地暴雨、超标准洪水对大坝安全造成威胁。另一方面，随着水电基地建设开发深入推进，流域梯级水库逐渐形成规模，增大了保障大坝安全的压力。

保障大坝安全，要推动立法先行。多年来，我国大坝安全管理实行行业监管，大坝安全管理执行《水库大坝安全管理条例》，尚无专门的法律条文。相对大坝在我国国民经济发展中的重要性，法律建设和机制与新发展阶段的要求尚存一定差距。有必要从最高法律层面规范我国大坝安全管理，实现流域安全管理的法治化。

保障大坝安全，要夯实科技支撑。在国家层面推动专项基础理论与技术研究，以基础理论突破、技术创新提升大坝安全保障能力及防护工程建设水平。要不断强化科技创新，提高水库大坝抵御风险、保障安全的能力，要加大新结构、新材料、新工艺、新方法研究，大力推进人工智能等现代筑坝技术的科技创新，合理提高水库大坝建筑物等级和标准，运用新一代信息技术提高水库大坝安全监测水平，确保水库大坝建设质量和运行安全，防止出现人为灾害。

保障大坝安全，要强化应急管理。流域水电梯级开发形成了复杂的坝群系统，流域系统风险增加，防控难度加大。要从流域系统层面统筹考虑安全问题，在防灾减灾过程中加强灾害风险预测与流域梯级联合调度统筹。要加强水电站大坝日常运行管理，更要重视流域防洪风险和上下游应急协同，防止因小灾小险引发流域系统性风险。

我们要牢固树立安全发展理念，把确保水库大坝安全作为第一要求，并贯穿到规划设计、建设施工、运行管理全周期，牢牢守住水库大坝安全底线。

（刊发于2023年6月22日产经版）

"获得电力"考量营商环境

电力不仅是工业的血脉,也是构建营商环境的关键一环。近段时间,受高温和干旱天气影响,越南出现较为严重的电力短缺,部分工业园区被迫实施轮流停电,正常的工业活动受到困扰。长期来看,电力基础设施不足或将成为"越南制造"的一道软肋。当前我国制造业转型升级正处于爬坡过坎的关键阶段,需要持续提升电力工业和服务质量,助力中国制造在全球竞争中不掉队。

营商环境是国家软实力和国际竞争力的综合体现。近年来,我国营商环境整体排名大幅提升,世界银行《全球营商环境报告2020》显示,中国营商环境全球排名从2017年的第78位跃升至第31位。其中,"获得电力"指标排名由原来的第98位大幅提升至第12位,超越瑞士、法国。"获得电力"已成为我国营商环境改善提升的金字招牌。

营商环境的好坏关系到人们在某个地方做生意的难易程度。一般来说,受关注度较高的指标多为开办企业、获得信贷、跨国贸易、纳税等,"获得电力"指标并不为人所熟知,但这个指标恰恰已经成为我国打造营商环境高地的优势指标,与生产生活息息相关。

电力是当今最重要的能源形式之一。要开办工厂,没有电就无法生产,企业需要向有关部门申请办电,有关部门会根据企业的实际需求拉线、建设变压设备等。这其中的难易程度、时间长短、成本高低、电能质量等，会直接影响到"获得电力"指标的水平，从而影响企业投资意愿。

改革开放以来，我国经济发展取得了令世界震撼的伟大成就，创造了持续高速增长的奇迹。我国也成为全世界唯一拥有联合国产业分类当中全部工业门类的国家，在世界500多种主要工业产品当中，有220多种工业产品的产量居全球第一位。在这个发展奇迹的背后是强大的电力工业。目前，我国发电装机总容量、可再生能源装机容量、远距离输电能力、电网规模等指标均稳居世界第一，有力支撑了国民经济快速发展和人民生活水平不断提高的用电需求。

随着工业制造自动化、智能化、精细度水平越来越高，未来制造业竞争不仅要围绕技术创新进行，也需要安全、稳定、廉价、便捷的电力供应保障。我国要在确保电力供应充足的基础上，进一步提升电能质量和电力服务水平。

近年来，国家能源局推动《关于全面提升"获得电力"服务水平　持续优化用电营商环境的意见》主要目标任务落地落实。经过努力，全国实现了居民用户和低压小微企业用电报装"三零"（零上门、零审批、零投资）、高压用户用电报装"三省"（省力、省时、省钱）服务全覆盖，成为世界范围内改革的标杆。

如今，居民用户和160千瓦及以下的低压小微企业告别了"花钱办电"的历史。这是继2015年全国解决无电人口用电问题、2020年实现全国村村通动力电后，我国电力发展史上的又一个里程碑。同时，31个省（区、市）全面实现了线上办电服务，"刷脸办电""一证办电"方式逐步普及，企业和群众足不出户即可轻松办电。供电企业可以提前获取用电需求并超前主动服务，高压办电正从"项目等电用"向"电等项目来"加速转变。供电能力显著提升，各地停电时间和停电次数持续下降，深圳等部分城市供电可靠性已达到国际一流水平。

虽然"获得电力"工作已经取得了积极成效，但各地"获得电力"服务水平还存在一些不平衡的问题，有些地方的营商环境还有一定差距。在经济社会高质量发展要求下，经营主体对电力供应诉求越来越高。过去办电多跑几趟、多费点劲，大家还能接受，现在人们有了更高的期待，希望能够"好用电""用好电"。

优化用电营商环境是营造市场化、法治化、国际化一流营商环境的重要组成部分。有关部门应当再接再厉，做到让"长板"更长，对标国际先进水平，深化"获得电力"服务水平提升，完善政企协同办电工作机制，重点解决部分地区低电压、频繁停电等突出问题，发挥"企业行动、政府监管、社会监督"合力作用，形成优化用电营商环境的长效机制，使我国"获得电力"整体服务水平迈上新台阶，为经济增长和社会进步提供强力保障。

（刊发于2023年6月29日产经版）

风电升级激活存量市场

风电场改造升级按下"加速键"。国家能源局近日发布的《风电场改造升级和退役管理办法》(以下简称《办法》)提出,鼓励并网运行超过 15 年或单台机组容量小于 1.5 兆瓦的风电场开展改造升级;并网运行达到设计使用年限的风电场应当退役。推动老旧风电场升级改造,不仅有利于提升风能资源和土地利用效率,提高存量风电场经济效益,还可大幅拓展风电市场空间,加强电力保供能力,为能源绿色低碳转型注入新动力。

何谓风电场升级改造?对于近年来大力推广的城镇老旧小区改造,大家都不陌生。一般来说,新建的小区要比老旧小区建筑标准高、配套设施齐全、居住环境优良,要提升老旧小区的居住品质就需要进行改造。风电场也一样,只不过改造的对象从房子变成了风力发电机。风电场改造升级,是指以大单机容量机组替代小单机容量机组,以性能优异机组替代性能落后机组,相应的对配套升压变电站、场内集电线路等设施进行更换或技术改造升级,从而实现风电场提质增效。

2003 年以来,我国风电进入产业化发展阶段,装机规模不断扩大。按风电机组设计寿命 20 年计算,早期投运的风电场已陆续进入运营后期。这些风电场多数集中在风资源较为丰富的地区,但受到早期风电机组技术的限制，使用的机组额定功率小，普遍不足1兆瓦，且发电利用小时数低。运行10多年之后，面临发电效率下降、运维成本高、安全稳定性不足等问题，使得风能资源无法被充分利用。

随着我国陆上风能资源的深度开发，各地对于风电项目在土地、环保、电网等方面的要求不断提高，陆上风电开发受到的土地资源和风能资源约束日益明显，新建风电项目开发难度逐年增加。若使用新机组进行改造升级，能够进一步用好优质资源，合理扩大装机规模，有效提升发电效率，切实盘活存量资产。数据显示，目前国内陆上主流风电机组单机容量已达到5兆瓦以上级，发电效率实现倍增。通过"以大代小，以优代劣"，原有风电场规划范围内的实际装机规模和发电量可增加数倍。

风电换新市场空间广阔。进入"十四五"时期，我国风电退役换新市场规模呈现指数级增长态势。有机构测算，到2025年退役机组将达近2000台，装机容量超百万千瓦；到2030年将超过3万台，装机容量近5000万千瓦。若这些风机全部退出，实施"以大换小"，有望带来上亿千瓦装机市场需求。与目前全国风电3.8亿千瓦的装机规模相比，这个数字非常可观，对于风电装备企业可谓重大利好。

从供应链角度看，风电换新还将打开风机叶片回收再利用的行业新蓝海。伴随风电场改造升级和退役而来的是叶片等大部件批量化处置问题。据估算，2029年国内退役叶片重量将是2018年退役叶片重量的上百倍。风机叶片绿色循环利用势在必行，相关产业将迎来重大发展机遇。

虽然蛋糕诱人，此前却是看得见，吃不着。《办法》出台之前，宁夏、河北、广东等部分地区已经开始了风电场改造升级试点探索。

但因审批、电价补贴等政策细节存在变数，项目具有一定的不确定性，改造升级步履蹒跚。及时出台相关管理办法，指导和推动风电场改造升级和退役工作十分必要。

此次《办法》的出台，在土地变更、电网接入、配套输变电工程改造、环评水保、价格和国家财政补贴衔接等方面作出了针对性的制度安排，技术可行、经济合理的风电机组改造项目不用再担心未来前景。此举有望打消市场顾虑，增强风电企业信心，加速推动升级改造需求释放。

风电场改造升级是一项事关风电行业可持续发展和"双碳"目标达成的重要工作。在推进过程中，应当鼓励经营主体采用先进机组代替老旧机组，采用多元化创新技改模式，因地制宜选择改造形式，提高发电效率。同时，要把生态保护放在首位，不能因风电场改造升级和退役破坏生态环境；发电企业应承担主体责任，依法依规负责风电场改造升级和退役的废弃物循环利用与处置，建立健全风电循环利用产业链体系。

（刊发于 2023 年 7 月 6 日产经版）

关注电力央企分拆上市

"双碳"目标下,新能源走上风口,拥有大量新能源资产的电力央企也在资本市场上做起了文章。近日,华润电力宣布筹划分拆华润新能源上市,预计分拆公司将于2023年下半年向深交所提交A股上市申请。此前,中国华电、中国电建等央企纷纷宣布分拆新能源业务独立上市,三峡集团旗下的三峡能源已于2021年完成分拆上市。电力央企如此热衷分拆上市究竟有何目的?

电力央企分拆新能源上市首先是在"算大账"。央企、国企肩负引领建设现代化产业体系的使命,早在2022年5月,国务院国资委印发的《提高央企控股上市公司质量工作方案》就提出,支持有利于理顺业务架构、突出主业优势、优化产业布局、促进价值实现的子企业分拆上市。分拆上市随之成为央企上市公司优化资源配置、提升企业价值的重要路径。

在深化提升国有企业改革大背景下,电力央企系统梳理未上市和已上市资源,加大新能源等优质资产注入上市公司,提高核心竞争力和增强核心功能,同时专业化聚焦发展大方向,培育战略性新兴产业,更大力度打造现代新国企,推动相关产业高质量发展。电力央企多是资本市场上的大块头,"分拆上市潮"也有利于吸引更多国资央企积极分拆优质资产,培育优质企业积极进入资本市场,为资本市场高质量发展注入更多动力。

电力央企分拆新能源上市也有自己的"小算盘"。在我国新能源产业链中，央企、国企一直是电站开发、运营的主体。新能源发电则是典型的重资产行业，投资额大、回报周期长。为抢抓"双碳"目标推进下的发展机遇，全面推进绿色转型，不少电力央企都提出了雄心勃勃的可再生能源装机目标，导致企业资本开支需求紧迫。但在相当长一段时间内，由于资本市场偏好原因，电站资产长期处于市场低估状态。电力央企若仅依靠母公司自身开展大规模权益融资，则融资效率较低，较难满足庞大的新能源装机需求。

随着"双碳"目标明确，新能源迅速成为资本市场火热的概念，受到各路资本追捧，新能源电站资产定价也水涨船高。电力央企分拆新能源独立上市后，不仅可用显著高于集团整体估值的倍数释放新能源业务的隐含价值，以更高的融资效率支撑装机目标实现，还可以统筹利用多个上市平台，共同在资本市场融资，在各自细分领域形成竞争优势，实现高质量差异化发展，并降低整体资产负债率，增强财务稳健性，显著优化资本结构，可谓一举多得。

电力央企分拆上市潮将给新能源行业带来什么影响？首先，更加激烈的市场竞争难以避免。目前风电、光伏项目开发建设分保障性规模、市场化规模两类，每年新能源新增装机以保障性规模为主。纳入保障性规模的项目，采用竞争性配置，由电网企业承担消纳任务。由于消纳不成问题，保障性规模就成了企业争夺的重点，再加上优质风光资源得到深度开发，企业获取新能源资源的难度不断加大。随着电力央企、国企纷纷分拆上市补充"粮草"，国内风光资源争夺必将加剧。

其次，有利于提升新能源产业链供应链协同创新能力。中国电建有关负责人曾表示，希望电建新能源公司借助增资引战契机，深化改革创新，把引入的资本管好用好，增强资源获取能力，创造超越本金的价值。充分发挥"资本+资源"耦合效应，为社会及市场带来更多效益和价值。从电建新能源公司引入的投资方来看，覆盖了国家级基金、产业合作方、大型银行保险等机构，有望在拓宽股权融资渠道的同时，通过建立资本纽带，深化企业与产业链上下游合作伙伴的战略协同，提升新能源产业整体发展质量。此外，通过产业链协同发展，国资民企优势得到深度嫁接，将进一步放大综合效益。

需要强调的是，电力央企分拆上市绝不能"赶时髦"，注重价值实现才是目的。要统筹未上市和已上市资源，结合战略定位、拟分拆业务独立性和成长性、分拆后的治理安排和管理成本等因素统筹考虑、充分论证，合理规划上市公司平台数量和战略定位，做到有进有退、有所为有所不为，促进上市平台完善产业布局、提升资产质量和运营效率，持续孵化和推动更多优质资产对接多层次资本市场。

（刊发于2023年7月13日产经版）

煤炭老矿区如何获新生

煤炭老矿区是新中国煤炭工业的摇篮和重要的能源基地，历史上曾为我国经济社会发展作出突出贡献。近年来，随着煤炭资源的逐步枯竭，一些老矿区出现了发展失速、产业衰退、环境约束等问题。老矿区转型不仅涉及企业、地方利益，更事关能源结构转换和生态文明建设，应拿出更大的决心和力度推动老矿区转型升级，让资源枯竭型企业转型重生。

在党中央、国务院高度重视下，徐州、开滦、枣庄、淄博等一批煤炭老矿区，抢抓机遇先行先试，加快产业结构调整和转型升级，走出一条新时代煤炭老矿区转型发展的新路。但在吉林、江西、四川、重庆以及辽宁省阜新县等一些老矿区，随着煤炭资源萎缩和煤矿加快退出，企业经营效益下滑，历史负担沉重，转型之路困难重重。如果不尽早谋划转型发展，没有接续产业和资源，不仅企业和职工面临生存困难，也会影响地方经济社会发展。

煤炭老矿区转型是一道世界性难题。煤炭属于高危行业，产业结构单一，与其他行业相比更为复杂和特殊。国际经验也表明，资源枯竭型企业转型难度极大，老矿区经过长时间的开采，面临基础设施陈旧、煤炭资源存量降低、留存人员年龄偏大、生态环境破坏严重、经营管理粗放、非煤产业开发经验较少等诸多挑战。不过千难万难，核心还在产业接续、人员安置、生态治理这"三难"上。只要号准脉，针对性施策，老矿区转型就有出路。

产业是老矿区的根基。煤炭资源日趋枯竭，煤炭企业靠什么谋生？煤炭企业的核心优势还是办煤矿，矿工的核心技能还是采煤。老矿区应找准煤炭相关产业，在挖掘存量资产剩余价值的同时，注重拓展煤炭生产空间及其上下游产业链，继续做好"煤"文章。推动煤炭开发战场转移，同时，实施煤电一体化、煤化一体化，推动产业结构多元化发展，解决产业接续问题。

比如，徐矿集团在关闭徐州本部16对矿井的同时，走出江苏到内蒙古、陕西、山西、新疆等富煤省份对接国家煤电大基地，走出国门到孟加拉国、马来西亚等"一带一路"共建国家开展互惠合作，布局建设六大能源基地，着力破解资源从哪里来、战场向哪里去的产业接续难题，再造了一个"新徐矿"。

职工是老矿区的财富。煤炭开采是劳动密集型行业，矿井关闭了，矿工就会失业。但是矿关了人才还在，既可以推动被关闭矿井的人才、技术和品牌"走出去"，开展以煤炭技术管理为主的服务外包，并从煤炭电力向物业、工程、救援等多领域延伸，也可以通过创业和技能培训，挖掘各类人才蕴藏的巨大潜能，实现再就业，真正把人员包袱转化成创效财富。徐矿集团正是通过发展服务外包，妥善解决了上万人的就业问题，通过创业"补血"有效解决了关井"失血"的行业难题。

生态是老矿区的未来。地陷、房裂、天灰、水黑、田荒，采煤塌陷地给矿区环境留下了令人心痛的伤疤。生态治理投入大，见效周期长，企业和地方政府要相互协作，积极探索塌陷地复垦、基本农田治理、生态环境修复和湿地景观再造的治理技术与实施路径，盘活土地、铁路、电网等存量资产，探索后煤矿时代的可持续发展之路。徐州贾汪潘安湖风景区原是徐州矿务局煤炭开采的一个老矿区，景区利用采煤塌陷形成的开阔水面，通过修复塌陷地生态、综合治理环境，打造出一座集生态湿地、人文景观、科普功能于一体的综合性景区，为全国煤炭老矿区转型发展作出了示范。

老矿区转型投入大、困难多，企业要积极作为，地方政府也要主动扶一把。要研究制定支持老矿区发展的配套政策和实施细则，在市场化配置资源基础上，加强国家统一规划，加大对老矿区异地办矿项目审批力度，支持有条件优势的企业与老矿区跨行业、跨区域兼并重组。在发展煤基高端化工、清洁高效煤电、煤炭设备制造等相关产业过程中，强化能耗、煤耗、土地等要素保障，鼓励重大项目建设、高新技术产业转化适当向老煤企倾斜。在光伏、风电等新能源项目配置上给予优先支持，推动传统煤炭企业绿色转型。

（刊发于 2023 年 7 月 20 日产经版）

迎峰度夏需求侧须多下功夫

电力迎峰度夏是场硬仗。入夏以来,全国多地遭遇持续高温天气,生产生活用电同步攀升。据预测,今年迎峰度夏期间,部分区域用电高峰时段电力供需仍然偏紧。做好迎峰度夏电力保供工作,要在合理保障支撑性电源和电网建设力度的同时,大力度挖掘电力需求侧的潜力。

电力是特殊商品,不易储存,做好迎峰度夏工作,核心就是保障电力供需两端实时平衡。煤电时代,面对用电需求波动较好平衡,电力需求大的时候,煤电机组可以调高功率,多烧煤;用电少的时候就调小功率,少烧煤。近年来,随着高比例"靠天吃饭"的新能源接入电网以及尖高峰时段电力需求刚性增长,叠加极端天气多发频发等因素,电力供需平衡压力日益增加。

单从今年迎峰度夏形势来看,一些地区电力保供压力并未缓解。电力供应方面,降水、风光资源等存在不确定性。尤其是去年下半年以来降水持续偏少,导致今年初主要流域水库蓄水不足,水电生产能力持续下降。电力消费方面,宏观经济增长、外贸出口形势以及极端天气等因素增加了电力需求。中国电力企业联合会预计,正常气候条件下,2023年全国最高用电负荷比2022年增加8000万千瓦左右。若出现长时段大范围极端气候,则全国最高用电负荷可能比 2022 年增加 1 亿千瓦左右。南方、华东、华中区域电力供需形势偏紧，存在电力缺口。

对于缺电，有人认为多建些发电厂就可以了。这个观点只说对了一部分，面对日益增长的用电需求，我国确实在加快推进新增电源项目建设和输电网架补强工作，但仅从供给端发力并不能解决所有问题。一方面，"双碳"目标下，上马过多火电厂会给将来实现碳中和目标带来更大的减碳包袱。新能源装机虽然增长迅速，但呈现"大装机、小电量"特点，在大规模储能系统完善前，不足以担当保供主力。另一方面，就像不可能按照春运期间人员流动总数来设计铁路运能一样，我们也不能根据短时尖峰期的用电量来建设电源，这样做会产生大量低效投资，推高电力供应成本。

既然如此，我们不妨关注一下电力需求端。电力行业有句老话，叫"重发、轻供、不管用"，描述了过去我国对发电侧、电网侧和用户侧的管理重视程度。在这种路径依赖下，一说起电力保供就是向供给端施压，而电力需求侧潜力一直没能得到有效挖掘。实际上，对电力需求进行有序引导和调节，同样能达到供需平衡的目的，且更加经济和灵活。

用电高峰和低谷的出现，本质上是用电行为高度一致的结果。电力需求侧管理，就是要通过分时电价、尖峰电价等市场化响应方式，合理引导大工业、一般工商业和居民用户的电力消费行为，避免高峰时段扎堆用电，助推电力系统削峰填谷，缓解电力供需缺口，提高电力系统运行效率，保障电网安全稳定运行。在优先保障民生用电、重点企业和行业用电的基础上，推广需求侧管理，不仅能缓解时段性电力供需矛盾，还能有效减少装机需求，节约厂网投资，提高设备利用效率。仅 2022 年，通过辅助服务市场化机制，挖掘系统调节能力超过9000万千瓦，相当于多建了90个装机规模100万千瓦的火电厂。

未来，应从多方面挖掘需求侧响应潜力。随着各地峰谷电价差的拉大，以及放电、容量、投资等补贴政策的出台，新型储能电站将成为需求侧响应的重要依托。虚拟电厂技术可将大量、多元、分散的灵活性电力资源集零为整，通过数字化手段形成一个非实体电厂进行统一管理和调度，共同参与系统调节，也是提升电网系统灵活性的高性价比之选。此外，借助车网互动技术，电动汽车也可以作为一种灵活性用电负荷参与用户侧与电网间的能量双向互动。应通过政策支持和商业模式创新，引导电动汽车有序充放电，促进车网双向互动规模化应用。

电力需求侧管理将在保障电网安全有序运行、助力新型电力系统和新型能源体系建设中发挥重要作用。《"十四五"现代能源体系规划》提出，大力提升电力负荷弹性，力争到2025年，电力需求侧响应能力达到最大负荷的3%~5%。方向已明，有关部门应及时推动相关制度体系完善落地，充分发挥电力需求响应的资源潜力，助力经济社会平稳发展和"双碳"目标实现。

（刊发于2023年7月27日产经版）

多举措化解充电桩涨价

近期，郑州、广州、上海、青岛、重庆等地电动汽车车主反映充电桩充电价格有所上涨，部分地区高峰时段涨幅甚至接近翻倍。涨价是普遍现象吗？未来价格还会进一步上涨吗？围绕充电桩充电价格上涨的话题引发热议。

要弄清涨价背后的真相，首先要厘清充电桩计费规则。公共充电桩收费主要分为两部分：电价和服务费。其中，电价由国家规定，充电桩运营商不能随意制定电价；服务费标准上限一般由省级人民政府价格主管单位或其授权的单位制定，用于弥补充电设施运营成本，运营商对该费用拥有一定调节空间。

部分地区充电费用上涨主要受三大因素影响。一是电价规则改变。根据今年5月国家发展改革委印发的《关于第三监管周期省级电网输配电价及有关事项的通知》，6月1日起实行新的电价方案。新电价方案将用户用电价格逐步归并为居民生活、农业生产及工商业用电三类，其中将大工业和一般工商业用电进行了合并，电价构成细则也有所变动。

二是分时电价、尖峰电价政策调整。近年来随着新能源装机快速增长和极端天气频发，电力峰谷差不断拉大，电力平衡压力陡增。电动汽车的爆发式增长，又进一步增加了电网负荷。如不加以引导，

2030年电动汽车充电峰值负荷可达全社会最大用电负荷的6%以上，且时空分布不均，高峰期电力平衡和系统安全稳定运行将面临极大考验。为引导车主错峰有序充电，一些地区拉大了峰谷电价差。比如，上海市今年7月至9月实行尖峰平谷4个时段电价，调整后峰段电价发生较大变化，12时至14时尖峰电价为每千瓦时1.6198元，加上服务费后充电总费用达每千瓦时2元左右。这是一些车主感觉充电费用大幅上涨的核心原因，不过车主通过错峰充电仍可享受低电价。

三是部分运营商上调服务费。国家发展改革委于2014年发布的《关于电动汽车用电价格政策有关问题的通知》要求，2020年前，对电动汽车充换电服务费实行政府指导价管理。此后，充电服务费逐渐市场化，出现价格弹性空间。由于充电桩运营效率不高，企业经营成本压力较大，此轮充电桩收费价格上涨，存在一些运营商根据自身成本和运营情况上调服务费的现象。虽然运营商调节服务费属于市场行为，但对于不合理的涨价行为，政府部门要加强监管。运营商则要创新商业模式，提升运营效率，增强盈利能力，而不是单纯依靠涨价获取生存空间。

当前充电桩发展的主要矛盾并不是电价问题，而是日益增长的充电需求与充电桩数量不足、布局不合理、充电慢之间的矛盾。截至2022年底，全国累计车桩比为2.5∶1。2022年全年充电基础设施增量为259.3万台，而同期新能源汽车销量为688.7万辆。预计我国新能源汽车保有量将持续快速增长，必须加快发展充电基础设施。

破除充电桩进小区难。居民充电桩充电费用远低于公共充电桩，但居民区私人充电桩安装难。老旧小区由于停车位紧张、电力容量不足等问题无法按需配建私人充电桩，部分小区物业不配合提供证明材料，导致用户无法安装私人充电桩。要在既有居住区加快推进固定车位充电基础设施，应装尽装，鼓励居住区公共充电基础设施建设。将充电基础设施建设纳入老旧小区基础类设施改造范围，同步开展配套供配电设施建设。新建居住区要确保固定车位按规定建设充电基础设施或预留安装条件。

优化充电桩布局。随着新能源汽车远途出行需求不断增长，高速公路服务区成为新能源汽车充电的重要场景。目前高速公路充电基础设施保有量约为 1.8 万台，仅占我国公共充电基础设施保有量的 0.8%，充电基础设施总量不够、密度不高、覆盖面不足等问题较为突出。要加快补齐重点城市之间路网充电基础设施短板，拓展高速公路网充电基础设施覆盖广度，打造有效满足新能源汽车中长途出行需求的城际充电网络。此外，我国农村地区千人汽车保有量较低，新能源汽车发展还有很大空间，当因地制宜逐步建设农村地区充电网络。

（刊发于 2023 年 8 月 3 日产经版）

电表升级向精准"碳计量"转变

继智能化后,电表再次迎来重要升级。近日,全国首个基于国网智能物联电表架构的电碳表项目在江苏苏州投入试点应用。该表可让电力用户和有关部门实时掌控碳排放情况,实现电力全链条碳排放量由"核算"向"计量"转变,为"双碳"工作推进打下坚实基础。

电碳表是一种什么表?从外观上看,它和普通电表并无太大差异,但"内核"却有不同:在表盘的显示器上,除了有电流电压、累计用电量等数据,还实时滚动显示着累计碳排放量等数据。这种表兼具电能和碳排放计量功能,可实现电力生产、传输、消费全环节碳排放量实时精准计量,让碳排放量像电能一样方便记录。

为何要给企业安装电碳表?"双碳"目标下,控碳降碳成为发展主旋律,但低碳减排有一个重要前提,就是把碳排放计算准确。缺乏客观准确、时效性强的碳排放数据,就无法评估绿色低碳转型的真实效果,也难以掌握未来国际贸易和谈判履约的主动权。可以说,计量技术作为"双碳"战略的底层驱动,对我国实现"双碳"目标至关重要。

近年来,我国加速推进碳达峰碳中和标准计量体系建设,但随着各地区、各领域、各行业对碳排放核算数据的需求显著提升,当前碳排放核算体系数据更新偏慢、核算口径不一、基础排放因子滞后等一系列问题也开始凸显。新形势下对碳排放统计核算数据的准确性、及时性、一致性、可比性和透明性等，提出了更高要求。

为提升碳排放数据质量，去年10月，国家市场监管总局会同国家发展改革委、生态环境部等九部门联合发布《建立健全碳达峰碳中和标准计量体系实施方案》，提出要开展重点行业和领域用能设施和系统碳排放计量测试方法研究，以及碳排放连续在线监测计量技术研究，探索推动具备条件的行业领域由宏观"碳核算"向精准"碳计量"转变。

精准计量碳排放并不容易。碳排放统计核算是一项复杂而庞大的系统工程，涉及多个层级、多类主体、多种维度。不同对象、不同用途的碳排放核算边界和方法也不同。目前，国内外尚未有成熟完善的碳计量标准和体系，企业大多采用将电量直接折算成碳排放的方式，缺乏计量支撑，无法实时精准计量碳排放。

电力数据可为碳排放监测提供优质、高效的基础数据源。一是实时性强，采集频度达到分钟级甚至秒级，数据自动传输并清洗校核；二是准确性高，广泛用于调度控制、营销计费和电力交易，数据准确性得到保证；三是分辨率高，用电数据在全国、省级、地市级等均按照统一行业细分采集；四是采集范围广，全国约有7亿只智能电表，可覆盖各地区、各行业。

电力碳排放测算的核心是电碳因子。传统电力碳排放测算方法采用固定的电碳因子，一般每年更新一次，不能体现电力生产的时间和空间差异，实时性低、误差大。通过在智能电表架构基础上增加碳计量模块，研制出兼具电计量和碳计量功能的电碳表，并在发电厂、输电网以及用电侧进行安装应用，可根据潮流分布追溯电力来源，以高频度更新电碳因子，实现对电力行业全链条碳排放的准确追踪和实时精准计量。

电碳表的示范应用为电力系统全过程碳足迹记录和分析提出了新思路，对于推动电力领域低碳发展具有重要意义。电碳表适用于所有电力用户，有关部门将在试点工作基础上，依托电网公司广泛部署的电能表，实现普及应用。就现阶段而言，电碳表更适用于有碳排放量核算需求的制造企业。未来大规模推广，还需要进一步提升可靠性、经济性，推动碳计量功能标准化，实现动态复杂电网运行方式下碳排放实时计量。

电碳表功能强大，却不能包打天下。电碳表更适用于电力场景下碳排放计量，无法覆盖全部碳排放领域。实现"双碳"目标是一项复杂艰巨的系统工程，建立科学核算方法，系统掌握碳排放总体情况，将为统筹有序做好"双碳"工作、促进经济社会发展全面绿色转型提供坚实数据支撑与基础保障。电碳表只是一个开始，如何在丰富庞杂的碳排放场景中，构建起适合我国国情特点、满足"双碳"工作需要的碳排放统计核算体系，还有很长的路要走。

（刊发于 2023 年 8 月 10 日产经版）

持续提升地热能发电水平

绝大部分能源都属于广义上的太阳能，如果没有太阳，人类如何获得充足的能源？今年9月，世界地热大会将首次在中国举办。作为少有的来自地球内部的能源，地热能绿色低碳，且总量惊人，约为全球煤炭储量的1.7亿倍，是个巨大的宝藏。我国地热资源丰富，市场前景广阔，为顺利实现能源绿色低碳转型，需进一步提升地热能利用水平。

地热能开发利用可分为直接利用和地热发电两个方面。地热直接利用包括供热、制冷、烘干、温泉洗浴等，地源热泵是全球地热直接利用最主要的方式。我国地热资源利用以直接利用为主，2020年我国地热直接利用量超40吉瓦，全球占比38%。我国地热利用虽然连续多年居世界首位，但却算不上地热强国，因为在潜力更大的地热发电领域，装机量甚至排不进全球前十。

早期地热能直接应用存在的问题是地理局域性，由于热能难以进行长距离传输，所以只能在产地附近利用。想要更好利用地热能，就需要将其变为电能，而电则可以较低损耗实现长距离传输，这也是一些地热大国更注重发电应用的原因。由于地热能利用水平不高，导致我国地热能只能就地消化，无法大范围转移。

地热发电原理并不复杂。在传统火电厂中，人们将煤炭、天然气、石油等化石能源用作燃料,以产生高压蒸汽进行发电。地热发电所不同的是地球起到了锅炉的作用,通过利用地热水形成过热蒸汽后,推动涡轮机旋转发电。除了能量来源外,地热电站使用的技术在本质上与煤电站、天然气发电站和核电站相同。

地热发电是稳定可靠的可再生能源,年发电利用小时数高达8000小时以上,可媲美核电,远高于风电和光伏。同时,地热发电还具有平均寿命周期内碳排放量低、负荷运行稳定、可调频调压、土地资源占用少、不受天气影响等优势特性,尤其在云南、四川等水电大省枯水时可派上大用场。在我国多元互补的新型能源体系中,地热发电应有一席之地。

我国地热发电起步早、发展慢。面对全球第一次石油危机,1970年原地质部部长李四光倡导开发地热能源,先后建成以广东丰顺邓屋为代表的7处小型分布式机组。1977年,我国第一台高温地热发电机组在西藏羊八井发电成功,其发电量曾高达拉萨电网的60%。由于政策支持力度不足等原因,后续地热发电发展缓慢,目前正在运行的地热电站屈指可数。截至2020年底,我国地热发电装机容量为44.56兆瓦,远未达到"十三五"规划提出的新增装机容量500兆瓦的目标。

"十四五"开局之年,国家能源局牵头八部门联合发布《关于促进地热能开发利用的若干意见》明确,在资源条件好的地区建设一批地热能发电示范项目,全国地热能发电装机容量应比2020年翻一番。目前,国内企业已掌握地热发电关键技术和成套装备核心技术,形成地热发电规模化发展能力。但如果缺少政策支持,地热发电存在第二次无法完成国家规划的可能。

促进地热发电开发利用,首要任务是摸清家底。与太阳能、风能不同，地热能藏在地下，看不见摸不着。只有真正掌握地热资源的储量和类型，才能更好地利用热源。要鼓励引导社会资本投资地热资源进行普查、详查、勘查和开发，重点是摸清地热能资源的类型、热源、热通道、热储特征和分布，评价地热能潜力，优选有利区，为地热能发电和梯级开发规模化利用提供资源基础。

出台电价和相关支持政策，是促进地热发电规模化发展的必要措施。参考我国风电、光伏产业的崛起，在推动其产业发展、技术升级方面，可再生能源电价附加分摊政策发挥了巨大作用。对标印度尼西亚、菲律宾、土耳其等领先的地热发电国家发展经验，也验证了技术进步与规模化发展离不开补贴政策支持。各级政府可考虑出台电价和相关支持政策，在西藏、川西、滇西等高温地热资源丰富地区组织建设中高温地热发电工程，支持地热发电与其他可再生能源一体化发展。

推动深层地热能利用技术突破，关乎产业长远发展。目前技术可利用的中浅层地热资源，并不足以支撑超大规模的地热发电装机。要鼓励地热发电企业提高地热田开发潜力，积极探索干热岩发电商业化，在科研院所和高校建立产学研联盟的方向上持续性投入，构建中国地热发电方案。

（刊发于 2023 年 8 月 17 日产经版）

挖掘存量电网输送潜力

促进新能源消纳有了新方法。近日，江苏扬州—镇江 ±200 千伏直流输电工程（以下简称"扬镇直流"）施工进入关键阶段，这是国内首个由交流输电改造为直流输电的工程，建成后将成为全球输电容量最大的交改直工程。工程投运后，将显著提升长江两岸电网互联互通能力，在较短时间内解决苏北中部新能源大幅增长后的消纳问题，对国内用电需求大、电网饱和度高、新建空间有限的区域电网结构优化，具有重要借鉴意义。

为何要对在运电网"动刀子"？核心原因是送电能力不足。一直以来，江苏电网负荷和电源总体呈逆向分布，风电、光伏等电源集中于长江以北地区，而用电需求却集中于长江南岸。目前，苏北富集电力送至苏南消纳，主要依靠省内 6 条过江输电通道。预计"十四五"时期末，苏北地区新能源装机容量将超过 5000 万千瓦，北电南送输电能力需进一步提升。同时，随着长江沿岸生态保护要求提升，新增跨江输电通道更为困难。有限的过江通道资源成了长江流域限制新能源开发和清洁能源利用的重要因素之一。

不新建通道可以破解电力输送难题吗？答案是肯定的。存量电网输送能力和新能源消纳水平取决于电网等级和导线线径，电压等级越高、线径越粗，传输能力越强。同时，相较于交流输电，同样电压等级的直流输电输送功率更大、电损更小。因此,除了新建输电通道外,在原有线路上进行交改直改造或交流升压改造,是提升存量电网输送能力行之有效的解决办法。在过江通道资源有限情况下,只要将原来的"普通公路"改造成新的"高速公路",就可以进一步满足新增电力输送需求。

交改直具有诸多优势。一是提高输送容量。以扬镇直流为例,工程建成后输电能力将由原来的50万至60万千瓦增加到120万千瓦,远景输送能力可提升至360万千瓦,相当于春秋季南京市近一半的用电负荷,输电能力实现数倍增长。

二是稳定可靠。交流线路输送的电能取决于负荷,只能被动响应。直流线路通过电能控制电路,可以灵活精确地控制功率。交改直可实现分区柔性联络,在低电压等级跨分区消纳新能源,减轻主网架负担;在送受端分区发生严重故障时还可提供可靠的电力互济,提升分区电网的可靠性。好比老旧房屋改造后,户型更加合理,分工有序。

三是经济高效。在不新建跨江输电铁塔情况下完成电网容量升级,不仅能大幅降低过江通道建设难度,缩短建设周期,还能显著提升已有输电通道输电密度和利用效率,实现对存量电网设备挖潜增效。就扬镇直流长江跨越段改造而言,工期缩短5个月至6个月,总投资减少近6000万元。

既然交改直好处颇多,为何工程新建时没有直接采用直流输电呢?那是因为早年受技术、材料限制,相较交流输电,直流输电在灵活组网和升压降压等方面存在劣势。并且结合当时电网发展状况,建设220千伏交流输电线路,完全可以满足当时乃至日后一定时期内的负荷增长需求。如今,新能源发展速度迅猛,存量过江输电通道已无法满足当前新能源消纳和电网发展需求，亟须进行输电通道改造。

扬镇直流是电网存量设备挖潜增效的创新典范，值得同类区域电网建设借鉴。随着经济社会快速发展，中东部地区用电需求日益增长，但往往这些人口密集地区建设电网的空间非常有限。交改直适合在输电通道资源相对紧张的情况下，两个不同区域电网之间长距离输送电能，可充分挖掘现有输电通道潜能，有效提高输电密度和电网稳定性。尤其在"双碳"背景下，随着新能源跃升式发展，推广交改直技术可以有效缓解国内新增通道代价高昂或实施困难场景下新能源输送消纳压力，对实现"双碳"目标具有重要意义。

能源转型不仅要追求绿色低碳，还要寻求社会总成本最低。事实证明，推动能源绿色低碳发展，促进新能源消纳并不只有新建电网工程一条路。扬镇直流工程是利用现有电网资产实现高质量发展的有益探索，它提示我们：存量电网资源也是一笔隐形财富，不妨多花点心思，充分挖掘存量电网潜力，形成更多更好的新型能源系统解决方案。

（刊发于2023年8月24日产经版）

核电站临海不是为方便排污

近日，不顾各界普遍反对，日本福岛第一核电站启动核污染水排海，引发全球关注。国际社会普遍担心核放射性元素和物质进入海洋，将给生态环境带来危害。这也进一步引发人们另一种担忧：核电站多选择在海边建设，是为了排污方便。事实果真如此吗？

回答这个问题，要从核电站选址标准说起。选择合适的地方建造核电站，是核电工程的第一个环节，也是核电安全管理的起点。如果选址不慎，就有可能引发重大事故风险。比如，我国有些地区处在欧亚大陆和印度板块断裂层，有些地区处在欧亚大陆和太平洋板块撞击处，这些地区在核电厂选址时要把地震、海啸等作为重点因素考虑。因为一旦发生超预期的地震或海啸，现有核电技术条件下，再强大的安全设备也发挥不了作用。日本福岛核事故就是一个典型的例子，核泄漏并不是因为核电厂本身出了毛病，而是由地震、海啸次生灾害引发安全问题。

为了保障核电运行安全，核电站选址非常苛刻，需要综合考虑区域能源需求、安全可靠性、环境相容性和经济合理性等因素，包括地震地质、气象、水文、危险源、交通、人口，以及拟建核电厂对生态系统所产生的影响。具体来说，需满足稳定的地震地质结构、适宜的气象环境、适合的水文条件、与危险源保持安全距离、远离

核电站临海不是为方便排污

人口聚集中心等基本条件。这些要求已经以法规形式确定下来，只有满足要求的厂址，才有可能得到国家核安全监管部门批准。可见，安全性才是核电站选址考虑的核心要素。

那为何人们普遍感觉核电站都建在海边？因为我国和邻国日本的核电站基本建设在沿海区域，所以给人们留下这样的印象。其实并非所有的核电站都临海而建，从全球范围来看，美国、法国、俄罗斯等国均有较多的内陆核电站，且占比较高。事实上，各国会结合自身国情，综合考量选择核电站的建设地点。我国出于地质结构稳定性、空气疏散条件、非生活用水水源、电力需求量等多重因素，将现阶段核电建设集中于沿海地区。虽然我国尚未建设内陆核电，但在我国核电选址规划中，也不乏内陆核电考虑。日本则是由于地形地貌和资源人口分布的局限性，选择建在临海。

需要指出的是，无论在沿海还是内陆修建核电站，充足的水源都是必须考虑的重要因素。核电站在运行过程中会产生巨大的热量，处理方式就是"冷却"。核电站要选择附近的海洋、湖泊、河流或大型水体，作为冷却水源，来吸收这些热量。从严格层面上来说，核电站并不是依海而建，而是依水而建。

不可否认的是，核电厂在运行过程中确实会产生核废物。这些核废物可分为气体、液体及固体三种，对此核电厂建有完善的气体、液体、固体废物处理设施。气体和液体废物的处理原则是：尽量回收，把排放量减至最少，并将放射性减至规定的允许值以下。经处理并在符合国家规定的条件下，气体由烟囱向高空排放，液体与循环冷却水混合及稀释后排放。对于放射性较高的液体废物则转化成固态，不向环境排放，根据其放射性水平分别进行处理。

经过严格处理后，核废物对环境的影响微乎其微。国务院核安全监督管理部门通过对我国核电厂流出物和周围环境的监督性监测，监督核电厂运行对环境的影响。历史监测结果表明，辐射环境监测数据正常，核电厂流出物中的放射性年排放量远低于国家限值，不会对公众健康造成不良影响。

我国能源消费量位居全球第一，人均能源资源缺乏，大力发展核电是缓解能源供应紧张局面、提高自主供应能力、应对气候变化的必然选择。"双碳"目标下，低碳且稳定的核电将成为构建新型能源体系的重要选项。未来，要顺应国际核电技术发展主流趋势，吸取国际几次重大核电事故的经验教训，在确保安全的前提下积极有序发展核电。

核电建设过程中，能够同时满足环境要素和地缘安全要素的核电站址，将是长期稀缺资源。要在对已有站址和备选站址进行比选、优化和综合评价的基础上，统筹考虑国民经济发展、能源需求和环境保护要求，实现核电发展的合理布局。此外，核电建设周期较长，需要研究建立核电及相关配套设施厂址保护制度，明确保护厂址的进入和退出机制，处理好核电建设与站址所在地区经济发展规划的关系，为核电及相关配套设施长远发展提供保障。

（刊发于 2023 年 8 月 31 日产经版）

废弃盐穴变身"空气充电宝"

百姓开门七件事,柴米油盐酱醋茶,盐之重要,可见一斑。近日,受日本福岛核事故污染水排海影响,人们对盐更加重视。其实,我国海盐消费占比不大,岩盐资源更值得关注。资料显示,仅河南省叶县一地的岩盐储量就高达3300亿吨,可供全国人民吃3.3万年。然而岩盐的价值远不止于此,盐矿采空后留下的盐穴,也是一笔巨大的绿色财富。

盐穴是盐矿开采后的废弃矿洞,通常位于地下近千米,容积可达数十万立方米,且穴壁结实,耐得住高压。即便腔体产生裂缝,天然矿盐遇水融化再凝固后,裂缝很快就会自愈,这使得盐穴具备良好密闭性和自愈性。以往盐矿采空后,常规处理方式是对老井进行注水封堵,防止发生地面塌陷等事故,未能实现综合利用。

在"双碳"目标下,新能源装机快速增长对储能需求大幅提升。其中,压缩空气储能是一种较为成熟的技术。这种"空气充电宝"的原理并不复杂,当电力过剩时,将空气压缩储存到足够大的腔体里,可将电能转化为压缩空气势能。当需要用电时,高压空气经过加热,进入膨胀机变成常压空气,在此过程中带动发电机发电,空气压缩势能即可转化成电能输出。

压缩空气储能的功率造价、容量造价、系统综合转换效率与抽水蓄能相比不相上下。但压缩空气储能选址比抽水蓄能更为灵活，建设周期远低于抽水蓄能，同时不存在移民搬迁及生态环境影响等问题。与电化学储能相比，压缩空气储能的单位容量造价低，且不存在资源开发瓶颈、循环寿命上限、安全环保风险等问题。大规模压缩空气储能技术是实现电网削峰填谷，解决新能源并网消纳问题的有效手段，是多元化储能体系的重要补充。

盐穴因上述天然优势特性，成为储存压缩空气腔体的首选。盐穴储气具有建设成本低、占地面积小、建设周期短、技术成熟、密封性好、系统寿命长、安全稳定等优点，可满足大规模先进绝热压缩空气储能的储气技术需求。随着山东泰安肥城、江苏常州金坛压缩空气储能电站等一批示范项目建设投运，废弃盐穴成了不可多得的宝贝。据统计，我国地下盐矿储量超万亿吨，盐穴资源主要分布在西北、华北、华东等新能源资源丰富区或负荷密集区。目前这些盐穴大多处于闲置状态，若能得到有效利用，将成为构筑新型电力系统的有生力量。

为推动压缩空气储能发展，2022年3月，国家发展改革委、国家能源局印发《"十四五"新型储能发展实施方案》，将百兆瓦级压缩空气储能技术列入"十四五"时期新型储能核心技术装备攻关重点方向之一。政策利好下，不断有企业入局压缩空气储能项目。截至2022年底，剔除已投运项目，备案项目规模远超已投运项目规模，参与企业包括中国能建、中储国能、中国电建、国家能源集团、国家电投、中国华能等。其中，中国能建计划在湖北、山东、辽宁、甘肃、青海等多地布局上百座压缩空气储能电站，远期规划上千座。有机构预测，压缩空气储能有望形成千亿元级市场规模。

目前压缩空气储能仍存在诸多问题，其中最重要的是地理条件约束。建造压缩空气系统需要特殊的地理条件用作大型储气室，如盐穴、高气密性岩石洞穴、废弃矿井等。但盐穴地质构造特殊，仅存在于少数地区，适用于压缩空气储能的废弃或天然地下盐穴资源有限，选址较难符合实际需求；地面高压储罐则会占用地上面积，且造价高昂。这些限制成为影响压缩空气储能推广的重要因素。

推动人工硐室储气技术走向成熟，将极大拓宽压缩空气储能市场空间。基于人工硐室储气的压缩空气储能项目，可在选址上摆脱对盐穴的依赖，同时还具有压力上限更高、波动可利用范围更大、系统转换效率更高、埋深更浅、易于检修等优点。有利于结合我国能源禀赋，使大规模储能与风光资源形成有效联动。2022年12月，辽宁朝阳、甘肃酒泉两个300兆瓦压缩空气储能电站示范项目开工，破解了压缩空气储能受地理条件制约的世界性难题，在压缩空气储能规模化推广、地下空间高效利用等方面具有重大示范意义。

经济性是压缩空气储能商业化发展的基础。当前，在储能技术装备研发和应用示范、电力市场建设和储能价格机制等方面，还缺乏更明确的政策支持与相关标准体系，制约了我国压缩空气储能规模化开发建设。在压缩空气储能电站相关电价政策仍不明确的情况下，可争取与抽水蓄能电站类似的两部制电价，通过容量电价和电量电价实现盈利。

（刊发于2023年9月7日产经版）

让退役新能源设施再显"风光"

随着大规模风电机组、光伏设备退役潮到来,大量新型固体废弃物的出现难以避免,如何对其进行可持续、绿色处理,成为人们关注的焦点。近日,国家发展改革委联合国家能源局、工业和信息化部等部门印发《关于促进退役风电、光伏设备循环利用的指导意见》,为风电、光伏产业全生命周期绿色发展提供了路线图,拉开了一个新兴产业大幕。

过去我们对于新能源的关注,多集中在装机规模、绿色清洁等方面,对其潜在的环境风险谈论不多。近年来,随着风电、光伏等新能源设备大量应用,产业加快升级,设备更新换代,新能源设备将批量"谢幕"。机构预测,我国风电产业将在2025年迎来第一批大规模退役潮,退役规模将超过1.2吉瓦;光伏组件则将于2030年进入密集报废期,预计可回收容量高达17.8吉瓦。2040年,这两个数字将分别增长至280吉瓦、250吉瓦。

推动退役风电、光伏设备循环利用意义重大,有效利用废钢铁、废有色金属、废玻璃等再生资源,避免不规范利用处置带来的土地占用和环境风险,是风电、光伏产业链绿色低碳循环发展的"最后一环"。

推动退役新能源设备循环利用,有利于产业实现全生命周期绿色发展。虽然新能源为生产生活提供了大量绿色电力，但从整个产业链条来看，新能源设备在生产过程中的能源消耗与工艺流程，都会产生大量二氧化碳排放。新能源设备固体废弃物的处置，将影响全产业链低碳发展效果，只有做好循环利用，才能实现产业全生命周期绿色无污染，促进整个行业可持续发展，助力实现"双碳"目标。

推动退役新能源设备循环利用，还有利于缓解环境污染与资源浪费。以风电为例，由于当前风机回收综合利用技术成本高、效益低，产业化尚难实现，导致企业采取简单的方式进行处置，在资源循环和高效再利用方面发展滞后。预计至2040年，风电行业将累计产生3000万吨废钢、80万吨废铜。同时，难以回收的风机叶片将产生220万吨废弃玻璃纤维，以及近120万吨废弃树脂和胶，若回收不当将造成生态环境污染。

新能源设备资源回收价值极高，产业潜力不小。以光伏为例，光伏组件90%的材料可进行循环再利用，通过废旧光伏组件回收再利用，可实现稀有金属、玻璃、铝材以及半导体等物质的循环使用。其中，晶硅电池电极制备需要消耗银、铜、硅等材料，这些材料在其他尖端技术领域也有广泛的应用前景。预计2040年，报废光伏组件中累计可回收利用的玻璃高达近1400万吨，其他材料也分别达数十万吨及数百万吨不等，累计可回收价值超千亿元。作为满足产业发展需求、推动科技创新、助力减污降碳的领域，新能源设备回收产业将在循环经济发展背景下，获得更大的政策支持和市场空间。

当前，发达国家都将新能源设备回收处理列为核心关注问题之一，开展回收试验和示范。我国部分发电企业、设备生产企业、回收利用企业也在积极探索退役新能源设备循环利用技术和应用场景，积累了一定经验。但相关工作尚处于起步阶段，退役设备处置责任不明确，专业化回收利用企业较少、商业模式不成熟，存在简单焚烧和填埋废弃风机叶片、光伏组件等现象，部分技术的效率和发展有待革新，相关政策尚需完善。

接下来，应综合考虑产业发展阶段、设备类型、退役情况等因素，聚焦绿色设计、规范回收、高值利用、无害处置等环节，积极构建新能源设备循环利用体系。政策层面，应推出支持性税收政策和专利保护制度，建立完善风电、光伏回收标准规范和技术要求，鼓励支持回收技术跨区域合作和技术交流等。市场层面，应推动实施绿色供应链，促进上下游合作探索新商业模式，加强跨领域合作，推动技术产学研转化，并将更多社会资本引入回收市场。

风电、光伏等绿色低碳的新能源设施，如果在设施退役环节处理不当，变成威胁生态环境的固废垃圾，绿色发展的成效就会大打折扣。如今，我们已成为世界上可再生能源利用第一大国，迈出了第一步，还要进一步补齐新能源产业链循环发展关键一环，让绿色底色越擦越亮。

（刊发于2023年9月14日产经版）

电费岂容随意加价

近段时间，一些地区因收取高价电费登上热搜。有的房东长期向租户收取每千瓦时 1.5 元，甚至更高的电费。由于租户所缴电费远高于国家规定的正常标准，引发争议。甚至有租户称，"靠电费赚差价，是房东重要的收入来源"。违规电费加价行为，在我国转供电主体中较为普遍，应当引起重视。

何为转供电？简单说，就是电网企业无法直接供电到终端用户，需由其他主体转供的行为。有一个简单的判断标准：如果终端用户的电费不是直接交给供电公司，而是交给转供电主体，就是转供电。在一些地区，由于一个产权证、相同用电性质的电表只能安装一个，供电公司暂时无法做到租户"一户一表"。"一楼一表"下，每个租户的分电表由房东自设，电费由房东代缴，这就给电费加价提供了空间。

转供电主体类型多样复杂，包括但不限于老旧小区、商业综合体、产业园区、物业公司、写字楼等经营者，其拥有转供电设施产权，以自主经营的方式对终端用户供电、收取电费。比如，多数商业综合体内的商户并不直接向电网企业缴纳电费，而是每月由物业公司收取后再统一缴纳给电网企业，在电网公司和终端电力用户之间的"中介"都是转供电主体。

由于历史原因，我国存在大量转供电现象。改革开放以来很长一段时间内，我国经济建设高速发展，但是电力基础设施建设存在滞后性。很多时候，供电企业只能将电力基础设施建设到变电站，无法触达每一个电力用户。但经济发展不能等待供电企业建设好基础设施之后再启动，于是出现了政府投资平台、企业自行投资、个人自建配电设施等多种社会配电网投资方式，从而形成了大量转供电主体。

转供电主体投资，就可以随意对电费加价吗？答案是否定的。《中华人民共和国电力法》规定，"禁止任何单位和个人在电费中加收其他费用"。这意味着，在政府制定的转供电价格政策外，没有售电资质的任何单位或个人不得随意定价，在电费中加收任何名义的服务类费用，赚取中间差价。

电力事业与人民群众日常生活息息相关，是经济运行和社会发展的重要保障。"降电价"是近年来政府惠企工作的一条主线。2018年《政府工作报告》首次提出一般工商业电价降低10%的任务要求，主要是从降低电网环节收费和输配电价格中挖掘潜力。2021年《政府工作报告》提出，进一步清理用电不合理加价，继续推动降低一般工商业电价。2022年5月，国务院印发《扎实稳住经济的一揽子政策措施》再次明确，降低经营主体用水用电用网等成本。

由于转供电主体与终端用户市场经营地位不平等、信息不对称，商户维权意识淡薄等因素，部分转供电环节存在截留电价、违规加价等行为，致使国家降电价的政策红利未能得到有效传递和落实，严重影响和妨碍了经营主体的健康发展。作为降电价的"最后一公里"，转供电环节规范与否，直接影响到国家降电价政策的实施效果，打通这一梗阻尤为迫切。

我国从2018年开始对转供电加价开展规范清理，取得了积极进展。有关部门要进一步加强转供电环节电价政策宣传，开展转供电环节收费专项检查，严厉查处不合理加价行为，引导转供电主体规范收取电费。同时，电网企业应加大对转供电主体的转改直工作力度，推进具备条件的转供电主体实行"一户一表"，推动转供电主体数量逐步下降。多措并举切实减轻终端用电企业，尤其是中小微企业、个体工商户负担，促进经济稳定发展。

电力用户遇到转供电主体违规加价时，又该如何维权呢？首先要学会判断自己的电费是否存在不合理的情况。如果是在国家电网公司经营区域内，电力用户可以打开网上国网APP，查询转供电费码状态。转供电费码分为红、黄、绿三种颜色，分别对应不同的转供电加价幅度。电价是否存在不合理的情况，一眼就看得明明白白。如果查询结果是黄码或红码，用户可直接向市场监管部门反映。

需要指出的是，不少转供电主体承担了配电网资产投资和运营管理成本，为电力基础设施建设付出了资金，转供电主体的合法利益也应该得到重视。应通过科学合理的市场化手段，为转供电主体找到分摊成本的合法出路，让转供电主体有内生动力提高供电效率，优化用户用电成本，而不是简单作为中间商"赚差价"。

（刊发于2023年9月21日产经版）

天然气发电为什么受青睐

电力保供舞台上，一个陌生角色越来越受关注，它就是天然气发电。今年迎峰度夏期间，单日最高发电用气超过 2.5 亿立方米，成为供电有力支撑。国家"双碳"目标下，煤电大规模发展受限，新能源发电尚不稳定，在能源绿色低碳转型的过渡时期，天然气发电的桥梁价值凸显。

在我国现有能源体系中，火电仍然是能源保供的绝对主力，除了人们熟悉的煤电外，天然气发电也属于火电的一种，发挥了不可或缺的作用。2021 年、2022 年全国多地出现电力供应紧张，甚至拉闸限电等现象。为提高能源安全保障能力，四川省、广东省、山东省等多区域规划增加天然气发电规模，优化调整电源结构。

在经历去年夏季极端干旱缺电后，四川省大幅提升天然气发电核准、建设速度，在省内负荷中心、天然气主产区新增布局一批天然气发电项目和应急保障电源，并且实现了天然气调峰电价改革破冰。预计到 2025 年，四川省在建和建成的天然气发电装机容量有望超过 1000 万千瓦。广东省同样提出，积极发展天然气发电。综合考虑调峰需求和建设条件，在珠三角等负荷中心合理规划调峰气电布局建设。"十四五"时期新增天然气发电装机容量约 3600 万千瓦。

天然气发电为何突然受到青睐？当前经济发展需要持续稳定的

电力支撑,"双碳"目标又对电力的低碳属性提出更高要求。同时,随着波动性、随机性和间歇性特征明显的风电、光伏等新能源规模迅速扩大,电网对于灵活性电源的需求越发迫切。天然气发电具有启停灵活、负荷调节速率高、调节范围广、碳排放水平仅为煤电一半等特点,刚好可以充当桥梁作用,缓解能源转型中的诸多矛盾。

从全球范围看,天然气发电是欧美国家能源转型的重要选项,装机规模庞大,对其区域内新能源规模化发展起到了重要保障作用。近年来,我国天然气发电保持较快增长,过去10年发电装机年均增速达12%以上,在保障北方重点地区冬季供暖、满足东部发达地区电力需求、改善大气环境质量等方面发挥了积极作用。但总体上看,装机和发电量占比仍远低于全球平均水平。

既然有诸多优势,天然气发电在我国为何存在感一直不高?这与我国"富煤缺油少气"的能源禀赋有关。我国天然气对外依存度较高,目前已经达到40%以上。气源的稳定性和较高的天然气价格,成为制约天然气发电发展的主要因素。从能源安全和成本的角度考虑,我国优先选择以煤电为主的发展路线,并一直致力于提升煤电发电效率,降低污染物排放水平。

"双碳"目标下,同时保障能源安全和绿色发展,我们需要重新思考天然气发电的定位。随着天然气增储上产和技术进步,我国天然气产量近年来持续增长,非常规天然气开采呈现巨大潜力,这为在一定规模内发展天然气发电创造了条件。考虑到我国资源禀赋和俄乌冲突的不确定因素,我国虽不能盲目扩大天然气发电应用规模,但完全可基于国内天然气储量和产量,因地制宜规划上马天然气调峰发电项目。

比如,在"水丰气多、煤少油缺"的四川省,可再生能源装机占据绝对主力，具有顶峰兜底作用的火电装机不足 1/5，"靠天吃饭"特征明显，电力系统存在突出短板。四川省可以凭借邻近气源地的优势，适度发展天然气发电，增强电力系统抗风险能力；在西部北部其他气源丰富、新能源装机较高的地区亦可适当布局调峰气电，更好促进新能源消纳；在东部能源需求快速增长、经济承受能力较强、土地资源紧缺的地区，发电效率更高、调峰能力更强、占地更小的燃机产品，可以在中短期内满足其电力保供和降碳的双重需求。

推动天然气发电健康发展，重在解决气源和价格两大核心问题。应从战略层面，明确天然气发电的发展定位、装机规模和实施路径；从政策层面，进一步深化天然气产供储销体系建设，落实利益共享机制，协调油气企业与气电项目签订长期供气协议，提高天然气保障能力。同时，推进天然气价格市场化改革，建立气电价格联动机制，因地制宜出台容量电价加电量电价的"两部制"电价等政策，合理疏导天然气发电项目成本。

（刊发于2023年9月28日产经版）

合理消纳新能源避免浪费

新能源合理利用率与新能源电量渗透率相关，要在明确全国整体利用率目标的基础上，根据各省资源禀赋和发展实际，以提升新能源发电量占比为导向，差异化设置各省利用率目标，不搞"齐步走"。

随着新能源装机快速提升，如何更好"消化"新增绿电，成为全球性难题。国网能源研究院近日发布数据显示，2022年我国新能源发电量首次突破万亿千瓦时。同时，新能源利用率继续保持较高水平，达到97.3%，自2018年以来连续5年超过95%。作为全球新能源装机第一大国，我国实现高水平新能源利用，为全球破解新能源消纳难题提供了有效样本。

为何新能源装机占比不断提升，我国还能保持较高新能源利用率？与欧美国家主要依靠灵活的天然气发电调峰，来支撑新能源规模化发展不同，我国不具备高比例气电装机，要驯服"靠天吃饭"的新能源，必须多管齐下。

其一，提升电力系统平衡调节能力。我国气电虽少，但煤电不缺。从2016年起，我国开始全面推动煤电机组灵活性改造，仅"十四五"前两年，煤电灵活性改造规模就达到1.88亿千瓦。通过技术手段提升煤电机组调峰能力，增加电网可灵活调节电源比重，成为我国短期解决调峰矛盾的主要措施；抽水蓄能是现阶段最安全、最稳定的储能方式，我国在加大建设力度的同时，优化抽蓄机组调度策略，持续提高抽水蓄能利用水平，促进新能源消纳；新型储能具有响应快、配置灵活、建设周期短等优势，是构建新型电力系统的重要组成部分。近两年，我国进一步提升新型储能的灵活调节能力，保障电力供应安全。

其二，加强新能源并网和送出工程建设力度。绿电要发得出，更要送得走。2022年，我国集中投产一批省内和跨省跨区输电工程，建成投运多项提升新能源消纳能力的省内重点输电工程。截至2022年底，国家电网累计建成33条特高压输电工程，全国跨省跨区输电能力达到3亿千瓦，新能源大范围资源优化配置能力进一步提升。

其三，加快建设适应新能源发电占比提高的电力市场。绿电和调节电源有了，物尽其用是关键。我国通过加快电力现货市场和辅助服务市场建设，加强省间调峰互济，推动市场调动各种资源参与系统调节的积极性，提升新能源消纳水平。2022年新能源市场化交易电量3858亿千瓦时，占新能源总上网电量的40.7%。

"双碳"目标下，随着新能源装机规模进一步提升，保持高水平消纳的难度也越来越大，一味追求高比例消纳并非良策。从全球范围看，在新能源发电渗透率提高的同时，弃电率呈上升态势，成为客观规律。欧美国家均存在不同程度的新能源弃电，2020年风电弃电率普遍处于3%~11%区间。丹麦、爱尔兰长期保持较低弃电率，但随着风电渗透率超过30%，近3年弃电率明显上升。有关研究认为，新能源发电渗透率临界点在30%~40%区间，临界值之内弃电率普遍不高，超过临界值弃电率将显著提升。

事实上，新能源利用率并不是越高越好。在一定发展阶段和数值之上，每提高1点新能源利用率，就要付出巨大的消纳成本，社会用能成本也会因此提升，新能源发展规模也将受限。国际上已有学者提出新能源"经济弃电"概念，即避免尖峰时刻消纳新能源产生的超额成本。有研究表明，若保障2020年完全消纳，德国海上风电发展成本将提高30%。可以说，经济弃电是市场化环境下新能源弃电的主要构成，这也符合市场优化配置资源的基本规律。国外新能源发电普遍通过市场消纳，正常交易导致的经济弃电占总弃电量的比例较高。比如，美国加州今年3月份弃光率高达22.3%，几乎全部为经济弃电。

在新能源高渗透率情景下，合理弃电是经济且必要的。《"十四五"可再生能源发展规划》提出，到2025年，全国可再生能源电力总量和非水电消纳责任权重分别达到33%和18%，利用率保持在合理水平。合理的新能源利用率，有利于使全社会电力供应成本保持低位。

新能源利用率目标将影响能源转型全局，应尽快分省明确合理利用率目标，引导新能源科学有序发展。新能源合理利用率与新能源电量渗透率相关，要在明确全国整体利用率目标的基础上，根据各省资源禀赋和发展实际，以提升新能源发电量占比为导向，差异化设置各省利用率目标，不搞"齐步走"。同时，定期滚动测算发布各省预期利用率，科学引导新能源发电企业投资，避免资源浪费。

（刊发于2023年10月5日产经版）

多举措破解假日汽车充电难

随着电动汽车渗透率不断提升，假日出行充电难成为人们新的烦恼。国家电网智慧车联网平台数据显示，中秋国庆8天假期，接入平台的高速公路服务区新能源汽车充电量达3895万千瓦时，创历史新高。由于电动汽车跨省份长距离出行明显增加，"抢桩"、长时间排队充电等现象在一些地区再度出现。不少车主表示，节假日高峰开电动汽车长距离出行，心里根本没底。小小的充电枪，已成为影响新能源汽车发展的大问题。

电动汽车早在100多年前就已问世，但由于自身性能、配套基础设施方面的短板，未能得到广泛应用。而便捷高效的石油产品在交通领域深度渗透，让人类的活动半径迅速扩大，贸易进一步繁荣。走得更远、更快，成为工业革命以来人们的不懈追求。"双碳"目标下，电动汽车重新迎来发展机遇期，消费者购买电动汽车的热情高涨。只有建成更加便捷高效的充换电体系，才能满足人民群众日益增长的补能需求，支撑新能源汽车进一步大规模推广应用。

近年来，我国高度重视充电基础设施建设。截至2022年底，累计国内车桩比达到2.5∶1。从供给总量看，我国充电桩规模、车桩比已达世界领先水平。近2辆车就拥有1台充电桩，为何还会出现充电难？这是因为充电设施结构不合理，现有充电桩多为自充自用的私人桩，公共桩依然短缺。目前，一线城市中心城区公共充电基础设施服务半径已与加油站相当，但城市周边、城市之间的充电设施覆盖仍然不足。截至今年5月底，我国具备充电条件的高速公路服务区达到4289个，约占服务区总量的65%。但据统计，高速公路充电基础设施保有量约为1.8万台，仅占我国公共充电基础设施保有量的0.8%。碰到节假日扎堆出行，自然"一桩难求"。

随着新能源汽车长途出行需求不断增长，高速公路服务区成为充电重要场景。破解充电难，要在目前已建成充电线路的基础上，以国家综合立体交通网主骨架为重点，加快补齐重点城市之间路网充电基础设施短板；拓展高速公路网充电基础设施覆盖广度，加密优化设施布局点位；新建高速公路服务区同步建设和既有充电设施改造并重，打造有效满足新能源汽车中长途出行需求的城际充电网络。

破解充电难不能仅靠多建桩，还要考虑经济性。目前，高速公路和国省干线公路服务区普遍存在平日充电桩利用率低、节假日无法满足充电需求的矛盾。据国网苏州供电公司统计，日常高速公路充电桩的整体利用率仅为22.5%，但节假日期间出行需求集中释放，整体利用率会大幅上升。这种情况下，如果盲目增加充电桩数量，发展不可持续。

在保证经济性的同时，满足人们的充电需求要用巧劲。今年"黄金周"期间，为增强高峰时段高速公路充电桩的承载能力，在苏州市阳澄北湖服务区内，电力部门通过安装组合式、可移动充电桩，为车主提供临时性充电服务，解决高速公路服务区"潮汐"充电问题。在不新建充电桩的情况下，根据不同时段新能源车辆分布特点，适度投放移动充电基础设施，对移动充电桩进行统调，通过让桩"动"起来，解决核心流量节点充电难题，是短期提高充电桩利用率的巧办法。

长期来看，从根本上解决车主们的里程焦虑，还要依靠技术和商业模式创新。加大快充技术研发推广，是缩短充电时长、提高利用率的核心措施。当前，大功率快充车载电气平台、大倍率补电动力电池、充电冷却和冬季低温速热等技术基本成型，有望实现"一杯咖啡，满电出发"的充电体验。现有换电技术则更加成熟，还能作为新型储能电站参与需求侧响应，获取额外收益。下一步，应加快既有高速公路服务区充电基础设施改造，新增设施尽可能采用大功率充电技术，并在具备条件的加油（气）站配建换电设施，强化路网关键节点充电服务能力。

发展新能源汽车，是我国从汽车大国迈向汽车强国的必由之路，也是保障能源安全、达成"双碳"目标的关键一环。只有持续完善高质量充电基础设施体系，方能巩固和扩大我国新能源汽车发展优势，引领全球能源绿色低碳转型。

（刊发于 2023 年 10 月 12 日产经版）

数字化助能源系统减重增智

资源密集、资金密集、人力密集……随着集中式生产普及，固定资产投资积累，传统能源的生产和消费变得越来越"重"，难以适应碳中和目标下打造新型能源体系的需要。一个更轻盈、更智慧的能源体系，才能支撑碳中和时代的经济社会可持续发展。

根据有关部门最新部署，要加快建设能源算力应用中心，支撑能源智能生产调度体系，实现源网荷互动、多能协同互补及用能需求智能调控。推动鼓励龙头企业以绿色化、智能化、定制化等方式高标准建设数据中心，充分利用现有能源资源优势，结合自身应用需求，提供"能源流、业务流、数据流"一体化算力。算力与能源将擦出什么样的火花？

传统能源生产以资源为导向，只要掌握丰富的能源资源，建设与之相匹配的产销储运基础设施，就能保障能源安全、支撑社会经济发展。碳中和目标下，能源系统形态深度演进变化：能源品类更加多元，电源数量大幅增加，电网架构更为复杂，能源消费灵活多变。要在确保能源安全和较低能源成本的前提下，顺利完成能源绿色低碳转型，必须对传统能源体系进行数字化改造。

在强大算力支撑下，互联网、物联网、人工智能、大数据、云计算等数字技术不断进步，可以使能源变"轻"提"智"，为能源转型开辟新的途径。利用数据要素流通，打通能源全产业链各环节，在最大范围内实现协作共享，提升能源生产、输送、消费等环节的效率，将更好地助推碳中和目标实现。

据国际能源署预测，数字技术大规模应用，将使油气生产成本减少10%~20%，到2040年将太阳能光伏发电和风力发电的弃电率从7%降至1.6%。研究显示，数字技术可以帮助我国每年减少二氧化碳排放14亿吨。当前，能源行业整体处于信息化向智能化迈进的过程。各类能源系统由于特性差异，发展程度不尽相同。其中，电力系统已经进入智能化阶段，是能源数字化先行领域。

在发电侧，无论是传统火电厂还是新能源电站，数字技术都可以赋能智慧发电，降低运行运检成本，提升能源转换效率，帮助电厂多发电，并支撑新能源大规模高比例并网和消纳。同时，还能通过实时感知和全生命周期管理提升安全水平，预防事故。国际能源署预测，采用数字化技术，可使2016年至2040年的全球年发电成本降低800亿美元，相当于全球发电总成本的5%。

在电网侧，数字化可提升资源高效配置的智能互联能力。电网连接能源生产和消费，在促进各类能源互通互济、高效配置、综合利用等方面的作用日益凸显。随着新能源大规模接入电网，接受统一调度的电源，从一个个"苹果"变成了一把把"芝麻"，电网管理难度加大。数字技术的介入，不仅能助力电力系统各要素可观、可测、可控，还能发挥能源数据要素的杠杆效应，支撑电网向能源互联网升级，实现多种能源的"横向"互补和高效利用，以及源网荷储的"纵向"贯通。

在用户侧，随着电能占终端能源消费比重的提升，电力用户用能需求呈现出多元化、智能化、互动化发展趋势。数字技术能够实现终端用户数据的广泛交互、充分共享和价值挖掘，提升终端用能状态的全面感知和智慧互动能力，支撑各类用能设施高效便捷接入，保障各类经营主体的互动与灵活交易，从而满足各类用户个性化、多元化、互动化用能需求。

与算力对多数行业的单向赋能不同，算力与能源的相遇更像是一场双向奔赴。电力是数字社会重要的物质基础和技术前提。1946年，计算机在美国费城首次出现时，它所使用的电力占所在城市用电量的30%。随着数字技术广泛应用，数据量将成千上万倍增加，巨量数据和算力都需要庞大的新增电力作支撑。用有限的"瓦特"电量，推动无限的"比特"数据发展，必须综合考虑清洁能源和电网布局选址，就近建设数据中心，增加与数据中心、5G基站等数字基础设施相适应的可再生能源供给，降低碳排放。

"双碳"目标的实现是一项长期复杂的系统工程，需要兼顾经济发展、产业升级、能源转型等各个方面。在实现这一雄伟目标的世纪征程上，数字经济要与绿色经济互相促进，共同推动我国经济高质量、可持续发展。

（刊发于2023年10月26日产经版）

"氢舟"待过万重山

继氢能汽车之后,氢能船也来了。近日,我国首艘内河氢燃料电池动力船"三峡氢舟1号"成功首航,标志着氢燃料电池技术在内河船舶应用实现零的突破,也意味着"氢化长江"迈出实质性步伐。可以说,"氢舟"问世对加快船舶业绿色低碳发展具有示范意义,但就此断言"氢舟"已过万重山还为时尚早,绿色船舶之旅路途漫漫。

相对于推广多年的氢燃料电池汽车,氢能船还是新事物。氢能是一种来源丰富、绿色低碳、应用广泛的二次能源,应用氢燃料电池技术,是未来船舶动力装置的重点方案之一。"三峡氢舟1号"靠氢燃料电池提供主要动力,巡航航速每小时20公里,续航里程可达200公里。氢燃料电池运行中,可将氢气和氧气的化学能直接转换成电能,不发生燃烧,发电效率更高,反应产物为水。相比传统燃油动力船舶,具有无污染、可再生、高效率等优势。

氢能船有了,氢气从何而来?早在2021年,中国三峡绿电绿氢示范站项目在三峡工程下游杨家湾码头正式启动建设。这是国内首个内河码头型制氢加氢一体站,可以一站式完成氢气的制备和加注。该示范站利用三峡水电站发出的绿电,进行电解水制氢,再将制备的氢气经压缩、储存、加注后,直接供给氢能源船舶,实现自给自足，提高供氢效率。

与氢能汽车相比，给船加氢并不那么容易。氢能车加氢主要依靠加氢枪，氢气加注时间短，但船舶加氢加注量大，且持续时间长。此外，由于船在泊岸状态存在晃动，加氢机与船舶充氢口距离难以完全固定，同时受季节性水位落差和强风影响，垂直距离也会存在偏差，陆用加氢枪无法直接复制给船舶使用。为在确保安全的前提下，更加精准、快速地给船舶充氢，示范站创新使用折叠机械臂牵引高压软管的加氢方式，解决了"氢舟"用能需求。

"三峡氢舟1号"成功首航具有里程碑意义，为氢燃料电池动力船在国内商业应用提供了实船示范，但离大规模推广还有一定距离。与油气燃料相比，绿氢生产使用成本偏高，配套基础设施不足，加氢环节存在高落差船岸对接、大容量短时间动态加注等技术难点。诸多发展中的新问题、新挑战有待解决。

航运业绿色转型，是达成碳中和目标的关键环节。全球90%的贸易活动由航运业完成，国际海事组织2020年的数据显示，全球航运业每年排放的二氧化碳、甲烷等温室气体，已超过10亿吨，该数值接近全球人为活动碳排放总量的3%。若不及时加以控制，预计2050年全球船舶碳排放量将飙升150%~250%，占全球碳排放比重增至18%。

据估算，交通运输领域碳排放量约占我国碳排放总量的10%，随着经济总量不断提升，还将面临持续增长的压力。相对于渗透率快速提升的新能源汽车，船舶的"脱碳"节奏则更为滞后。近年来，从中央到地方，都陆续出台了一些鼓励航运绿色发展的政策。比如，《三峡通航管理办法》对使用岸电的船舶给予优先过闸，为船舶污染物减排作出了较大贡献。但总体看，航运业低碳发展仍处于起步阶段，加快推进该领域低碳转型尤为迫切。

绿色船舶是未来发展方向，也是国家的战略需求。用低碳能源动力替代传统燃油推进，是船舶业破局的重要路径。目前，水运船舶燃料以燃料油和柴油为主，甲醇、绿氢、绿氨、锂电等清洁能源受技术、成本和基础设施制约，仍处于探索或示范阶段。其中，氢燃料的瓶颈主要在于储存、运输以及安全等方面；氨燃料泄漏则会产生有毒气体，且氨燃料燃烧利用率不高。与电动汽车和电动飞机类似，受能量密度限制，动力电池更适合在短途和轻型船舶上应用。

航运业低碳转型，需要更多像"氢舟"一样的绿色船舶。由于目前没有一种更完美的替代技术，在可预见的未来，航运业减排将呈现多种动力技术并存的局面。只要我们加大资金投入支持技术创新，出台政策鼓励绿色船舶替代，一定能看到"氢舟"已过万重山的那一天。

（刊发于 2023 年 11 月 2 日产经版）

煤炭真的是夕阳产业吗

煤炭真的是夕阳产业吗？如果在第二十届中国国际煤炭采矿技术交流及设备展览会上走一圈，当你看见摩肩接踵操着各国语言的观众和嘉宾，当你抬头仰望一台台高度智能化的机械，你一定会重新思考这个问题。40年来，该展会的展览面积、参展企业、参会人数不断创新高，在展会规模、关注度上甚至全面超越此前举办的北京国际风能展。一个"夕阳产业"的展会，怎能拥有如此魅力？

煤炭或许跟你想的不一样。如今备受追捧的可再生能源其实并不是什么新事物，植物就是一种典型的可再生能源，人类至今一直没有停止对这种生物质能源的利用。最初，我们只是简单地燃烧薪柴，技术进步后，用植物制造可持续燃料。同样，我们也要在历史背景下考虑煤炭的价值。

很多人对煤炭产业的印象还停留在"老皇历"上。有人说，煤矿工人是世界上最危险的职业。"远看像个要饭的，近看是个掏炭的"，这是以前煤矿工人的真实写照。其实今天的煤炭行业早已不是人们印象中的"傻大黑粗"，也不是昏暗危险的小煤窑。如今，年产120万吨以上的大型现代化煤矿产能，占全国煤矿总产能的85%左右。随着全国智能化煤矿建设推进，煤矿开采已经做到了少人化甚至无人化，大大降低了行业风险。

有人说，煤炭开采给自然环境造成了巨大破坏。地陷、房裂、天灰、水黑、田荒，采煤塌陷地曾经给矿区环境留下了令人心痛的伤疤。如今，很多矿区通过生态保护、修复、治理和重建，生态环境实现了从严重透支到明显好转的历史性转变，形成了一批自然风光与人文景观交相辉映、现代都市与田园乡村交融的新风景，蓝绿交织、山水相依、人与自然和谐共生的生态长卷正在矿区展开。

有人说，煤炭燃烧带来了污染物排放，引发了恶劣天气。近年来，我国煤炭清洁高效利用加快推进，不断淘汰能耗高、排放大的燃煤小锅炉，完成超10亿千瓦煤电机组超低排放改造，建成了世界最大的清洁煤电体系，先进燃煤发电机组污染物排放已经接近燃气机组排放水平，煤炭行业整体面貌已经发生了显著变化。

因为能源转型过快带来一系列矛盾，人们开始重新认识煤炭。2021年，除了疫情，人们关注的另一大焦点就是煤炭。那一年，煤价疯涨，创下了每吨2500元的历史新高。煤价居高不下，导致部分地区出现了不同程度的供电紧张局面，乃至影响了地方经济发展。习近平总书记指出，煤炭作为我国主体能源，要按照绿色低碳的发展方向，对标实现碳达峰、碳中和目标任务，立足国情、控制总量、兜住底线，有序减量替代，推进煤炭消费转型升级。这为新形势下煤炭行业发展指明了方向。

煤炭问题影响着国家能源安全、经济社会可持续发展以及"双碳"目标的实现，做好煤炭清洁高效可持续开发利用，是符合当前基本国情、基本能情的选择。由于新能源具有随机性、间歇性、波动性，高比例稳定安全并网问题尚未解决，在我国碳达峰前和碳达峰后的较长时期内，煤炭作为兜底保障能源的作用难以改变，远期仍将继续发挥支撑性、应急与调峰的作用。未来一段时期，要努力做好煤炭稳定供应和平稳接续工作，持续提升煤电节能减排水平，加快推进煤电节能降碳改造、灵活性改造、供热改造"三改联动"，深化煤电与新能源融合发展。

未来，随着发电功能的弱化，煤炭将进入超越燃烧新时代。煤炭的利用远不止发电，通过现代煤化工技术可以将煤炭转变为各种高端新材料，并大幅降低碳排放。煤化工还可弥补石油化工的短板，例如石脑油不足，造成烯烃和芳烃不足，直接影响下游精细化工产品生产加工，而煤直接、间接液化则不存在这一问题。两个行业各具优势，可以实现相互协同、联动发展。未来煤炭清洁高效利用最主要的方向就是现代煤化工，应当因地制宜合理布局现代煤化工项目，引导煤化工企业提升资源利用与能源转化效率，生产高性能、高附加值的高端差异化产品，加快煤化工低碳化战略转型。

（刊发于 2023 年 11 月 9 日产经版）

后　记

日历翻到2024年，经过700多个日日夜夜的持续打磨，《能源广角》专栏已突破100篇。感谢经济日报编委会的充分信任，为我提供了一个自由表达的平台，在经济日报开设《能源广角》专栏，让我能够潜心研究能源问题，输出我对中国乃至全球新一轮能源转型的观察与思考。

我们正处于能源革命的风口浪尖。"双碳"目标提出后，能源话题关注度高涨，人们迫切想了解关于能源绿色低碳转型的一切。在资本市场，锂电、光伏、风电、储能、氢能等纷纷成为最火热的概念。在产业层面，绿色能源技术和设备成为投资的热土。在政策层面，随着一系列支持清洁能源替代的政策密集出台，以及全球能源革命加速推进，能源问题将在相当长一段时间内，成为大国博弈和国家掌控经济发展的主线。面对百年未有之大变局，准确传递党中央的精神，深入浅出地解读能源问题，回应受众关切，是专栏努力的方向。

《能源广角》专栏的原点和灵魂在一个"广"字。随着科技不断进步和"双碳"目标的提出，全球能源逐渐从高能量密度的煤炭、石油等化石能源，转向低能量密度的可再生能源。以往传统的高度集中的能源生产方式，已然无法适应人类社会经济可持续发展的需

后　记

要。能源转型的核心就是要打通现有的一口口能源"竖井"，连成一个多领域、多层级、多维度密切交流的广泛网络，形成全新的能源生产关系，从而推动人类社会进步。面对这种能源生态转变，做好能源报道需要突出一个"广"字，这是观察视野的"广"，是谈论话题的"广"，也是解读角度的"广"。

经过两年多的尝试和探索，《能源广角》专栏被越来越多的读者所看见。专栏文章经各类媒体转载扩散，逐渐在能源行业内和社会面建立起一定影响力，发出了经济日报对于我国能源工作的权威声音。《油价每升超10元意味着什么》《新能源不是20年前的房地产》《莫让新基建变成"吃电"大户》《理性看待居民电费攀升》等一批文章登上热搜，引发热议，成为能源报道的"破圈"之作。这些文章一次又一次证明，能源报道可以更出彩。

在这个过程中，我也遇到了一些困难和挑战，有时候也会感到孤独和无助。但是我始终坚信，一个主要关注能源领域的记者能赶上一个能源大转型的时代，无疑是极为幸运的，唯有坚持写作才能不断厘清思路，找到自己内心的力量，不负时代赋予的使命。

星星之火，可以燎原。碳中和是一场世纪之旅，是一个超级周期，能源是其中的主战场，能源转型过程中一定会伴随着一系列矛盾和争议，在这个伟大的历史进程中，拨开迷雾、汇聚力量、形成共识，经济日报应该有也必须有自己的重要位置。专栏写作只是一个开始，希望未来能够继续深入研究能源问题。通过这个专栏，我希望能够给更多读者带来一些启示和帮助，为解决中国能源转型乃至全人类可持续发展面临的挑战作出更大贡献。

众人拾柴火焰高。专栏最终呈现的只是一个名字，但背后蕴藏着很多人的共同努力。我要再次感谢报社编委会，特别是庆东社长，如果没有他的全力支持和悉心指导，就没有专栏的呱呱坠地和本书的顺利出版。我还要感谢徐涵主任在写作过程中给予的指导和帮助，感谢专栏全体编辑的默默付出和所有报社同仁的鼓励。感谢国家能源局、中国煤炭工业协会、国家电网公司、三峡集团等外部单位的大力协助。大家的反馈和建议让我更加坚定了写作方向和目标。在未来的日子里，我希望能够继续与大家分享我的思考和感悟。最后，由于个人能力、精力所限，专栏文章若有不足之处，恳请读者朋友批评指正。

王轶辰

2024 年 1 月